『하나님의 아픔의 신학』은 일본 신학을 세계적인 수준으로 끌어 올리는 데 결정적으로 공헌한 책이다. 진노의 대상을 사랑하는 사랑이 곧 하나님의 아픔이며, 이 아픔 안에서 하나님의 진노와 사랑이 하나가 된다는 기타모리의 놀라운 주장은 몰트만이나 마이클슨을 비롯한 많은 서구 신학자들로부터 주목을 받았고, 이후 세계 신학계에 큰 영향을 미치게 되었다. 기타모리 가조는 '아파하시는 하나님'에게서 복음의 본질을 발견한 것인데, 이것을 오해하는 사람들에게 종종 성부수난설이라는 혐의를 받기도 했다. 이 책을 읽으면 여러 가지 생각을 하게 될 것이고, 어쩌면 이제까지 견지해온 신관(神觀)을 재점토해야 할지도 모른다. 하지만 독자들이 사랑에 기초한 기타모리 신학의 깊이를 접하게 되면 하나님에 대한 신앙의 지평이 넓어질 것이다.

낙운해

장로회신학대학교 외국인교수, 일본 세이가쿠인대학교 총합연구소 객원교수

고통은 인간이 겪는 것이지 신은 아파할 수 없다는 생각이 서구 사상의 일반적 견해였다. 상당히 오랫동안 신학계도 "하나님의 아픔" 문제를 잊고 지냈다. 비록 성경이 이 문제에 관해 집요하게 말했음에도 불구하고 말이다. 지난 세기 중반에 이르러 비로소 유대인 신학자들과 서구 유럽 신학자들이 하나님의 아픔 문제에 관심을 갖게 되었다. 그러나 그들과는 별개로 일본인 신학자 한 명이 여기에 이름을 올린다. 바로 기타모리 가조다. 예레미야서의 한 구절로부터 영감을 받은 그는 성서학자로서가 아니라 신학자로서 하나님의 아픔 문제를 집요하게 파고든다. 그가 일본적 배경에서 하나님의 아픔에 관한 신학적 성찰을 했다 하더라도 그가 다루고 있는 이 문제는 성서학도라면 진지하게 곱씹어 보아야할 성경의 강력한 주제다. 기타모리 가조를 통해 우리는 하나님의 사랑과 하나님의 아픔이 어떻게 연결되는지, 그리고 인간의 아픔을

근원적으로 어떻게 이해해야 하는지에 대해서도 배우게 된다. 이 책은 시대성과 영속적 가치를 동시에 표방한다. 하나님의 아픔 신학에서 나는 성서와 신학의 멋진 콜라보레이션을 본다. 책 말미에 실린 번역자의 비평적 해제는 본서에 대한 독자의 이해를 돕는 값진 상여금이다.

류호준
백석대학교 신학대학원 구약학 교수

하나님이 아파하신다는 것은 성서적으로 얼마든지 뒷받침이 가능한 표현이지만, 실제로 그리스 형이상학의 전통 위에서 전개된 서구의 그리스도교 신학은 이러한 성서적 표현을 우회적인 해석을 통해서나 개념적 부정을 통해 오랫동안 금기시해왔다. 하지만 하나님이 병들거나 아파하거나 슬퍼할 수 없으며, 죽을 수 없다는 고대 신학과 스콜라 신학의 공식은 종교개혁자 루터의 십자가 신학에서 비판의 대상이 되었다. 오늘날 특히 개신교 신학에서 하나님의 약함과 고난은 기존의 형이상학적 하나님 이해와는 구별되는 독특한 그리스도교적 하나님 이해의 특징으로 언급되고 있다. 이런 점에서 기타모리 가조의 『하나님의 아픔의 신학』은 전후(戰後) 서구 개신교 신학의 주제가 되었던 하나님의 고난을 일본인의 관점에서 앞서 제시한 선구적 작품이라 할 수 있지만, 이제 한국 신학계는 일제강점기에 극심한 아픔을 경험한 한국인의 시각에서 이 작품을 비판적으로 세심하게 검토할 필요가 있을 것이다. 이 작품을 영어와 독일어, 일본어에서 꼼꼼하게 새로 번역하신 이원재 목사님의 해제도 이런 점에서 크게 도움이 되리라 생각한다. 현대의 고전이 되어 버린 기타모리의 작품이 하나님을 깊이 생각하고자 하는 모든 이들에게 귀한 디딤돌이 될 것이라 확신한다.

박영식
서울신학대학교 조직신학 교수

지금까지 아시아에서 생산된 신학사유를 대표한다고 단언할 만한 기타모리 가조의 『하나님의 아픔의 신학』이 새로운 한글 번역판으로 독자에게 찾아왔다. 초판 이후로 판을 거듭할 때마다, 언어를 바꾸어 번역판이 늘어날 때마다 『하나님의 아픔의 신학』은 읽는 이의 몫, 즉 시대적 질문을 지속적으로 더하며 거기에 응답해왔다. 나는 이 책을 오래 전, 전적으로 역사적 이해의 전제를 두고 읽었다. 즉 신학적 이해에 앞서 저자 기타모리가 서 있던 사유처의 출발점인 '성문 바깥', '도시 바깥'의 역사적 연장에 유의하였다는 말이다. 그것은 일본과 아시아를 의미한다. 크게 갈라보면 서구 신학은, 비록 때로 부분적 반성과 회귀가 있었다고 해도, 대체적으로 승리자의 신학, 영광과 은총의 기독교 신학이 바탕이다. 때로 고난을 말하고 십자가를 논의하여도 그것은 초극과 부활이 선재된 논의다. 이에 반해 『하나님의 아픔의 신학』은 새로운 성서 읽기에 있어 엄중하면서도 자유롭다.

그러나 역사적으로 근대 이후 아시아에서 일본은 다르다고 말한다. 그들의 제국주의와 전쟁 가해자로서의 책임 문제가 여전히 질의되며, 기타모리마저 그런 책임을 통감하지 않았다고 비판받기도 한다. 일부 서구 신학자들과 한국의 독자들도 마찬가지로 '일본'이 지닌 '아시아'의 보편성 문제를 질문하였다. 그러나 나는 기타모리의 편에서 그의 사유에 공감을 보태어왔다. 판단은 전적으로 독자의 몫이다.

영문판과 일본어 원문의 적절한 참고적 연계 방식, 알찬 옮긴이 주, 정제된 번역어가 이 책의 강력한 힘이다. 그리고 원저자의 거듭된 판별 서문 소개, 역자의 수려한 이해를 기반으로 한 해제는 이 번역서의 수준을 한층 더 높였다. 평론과 추천 자체가 굳이 필요하지 않은 책이다.

서정민
일본 메이지가쿠인대학 교수, 동 대학 그리스도교연구소 소장 기타모리 가조의 신학은 한국의 민중신학과 함께 하나님의 고난을 새롭게 해석한다. 그리고 이 두 아시아 고난의 신학은 세계 신학사의 한 장에 기록된다. 500년 전 종교개혁자들은 영광의 신학 너머의 십자가의 신학에서 그들의 새로운 운명을 예감하였다. 20세기 아시아 신학자들은 역사의 폐허와 실존의 소외가 가득한 고난의 현장에서 2천 년 전 성문 밖의 그리스도를 대면한다. 기타모리 가조 또한 세계대전의 참혹한 흔적 앞에서 아픔, 고난, 진노, 탄식, 연민, 사랑의 모자이크로 하나님의 마음을 새롭게 그려낸다. 인간을 사랑과 분노로 바라보는 하나님의 마음은 '아픔'(렘 31:20)이며 이는 결코 전능의 결핍이 아니라 오히려 인간에 대한 깊은 연민과 사랑이며 새로운 창조이다. 진정한 사랑과 창조는 피조물에 대한 뜨거운 관심과 깊은 애정이다. 사랑이 없으면 아픔도 없다.

기타모리 가조는 『하나님의 아픔의 신학』에서 하나님의 자식이자 죄인인 인간이 직면하는 고통의 실상과 그 아포리아를 매우 적극적으로 해석하며, 연민과 고통의 신론으로 확대한다. 그가 제시한 고통의 신론은 주석적이고 심미적이며 동시에 논쟁적이다. 또한 우리나라는 세계와 일본이 가한 이중적 수난을 겪은 역사적 교차지였기에 이 텍스트에 대한 섬세한 한국적 독해가 필요하다. 분명 이 책은 신학의 전통과 비판적으로 대화하면서 신의 고통과 인간을 향한 그 구원과 화해를 성실하고 과감하게 모색한 역작이다.

여전히 인간과 역사의 바다는 수많은 눈물과 고통의 결들이 서로 얽히며 이토록 슬프게 흐르고 있다. 인간과 역사에 대한 지극한 사랑과 분노로 인하여 열리는 '하나님의 아픔'을 우리는 이 작품을 통하여 더욱 가깝게 만날 수 있을 것이다. 특히 이 아픔의 신학(*theologia doloris*)이 한국의 아파하는 교회(*ecclesia doloris*)에게 큰 위로와 희망이 되기를 기대한다.

전철
한신대학교 조직신학 교수

神の痛みの神学

English translation edition copyright © 1965, 2005 Kitamori, Kazoh.
Originally published in Japanese as *KAMI NO ITAMI NO SHINGAKU* by
Shinkyo Shuppansha, Tokyo, Japan © 1958 (5th Edition).

This Limited edition licensed by special permission of Wipf and Stock
Publishers (www.wipfandstock.com) through arrangement of rMaeng2, seoul,
Republic of Korea.

This Korean Edition Copyright © 2017 by Holy Wave Plus Publishing
Company, Seoul, Republic of Korea.

이 한국어판의 저작권은 알맹2 에이전시를 통하여 Wipf and Stock Publishers와
독점 계약한 새물결플러스에 있습니다. 신저작권법에 의해 한국 내에서 보호받는 저
작물이므로 무단 전재와 무단 복제를 금합니다.

하나님의 아픔의 신학

神の痛みの神学
Theology of the Pain of God

Holy WavePlus

영어판 서문

내가 보기에 엄밀히 말해서 이 책은 영어권에 소개되는 최초의 일본 신학 서적이다. 비록 가가와 도요히코와 우치무라 간조의 저술이 영어로 번역되어 있기는 하나, 이 책들은 문자 그대로 엄밀한 의미의 신학은 아니다. 이 번역은 부분적으로는 칼 마이클슨 교수의 『그리스도교 신학에 대한 일본의 기여』(*Japanese Contribution to Christian Theology*)에 소개된 덕분으로, 거기서 그는 내 신학에 대해 "현재 일본 신학의 경향 가운데 가장 자의식이 강하고 일본적이며, 이 신학은 서구 특히 미국 신학자의 큰 관심과 매력을 끌 것으로 보인다"고 말했다.

여기서 나는 이 책의 일본적 성격, 그리고 이 신학과 서구 신학 사이의 관계에 대해 언급하려 한다. '일본적'이란 말은 '아시아적' 또는 '비서구적'이란 용어 아래 포함될 수 있다. 과거에 그리스도교 신학은 거의 전적으로 서구에서 저술되었다. 20세기가 되어서야 비로소 그리스도교 신학이 비서구 세계에서도 저술되기 시작했다. 역사의 일정 기간 동안 특수한 그리스도교 신학이 형성되었던 것처럼 이제는 보편적인 혹은 에큐메니컬한 신학이 나타날 때가 되었다.

하지만 어떤 근거로 비서구 신학인 일본신학이 그리스도교 사상사의 한 부분이라 주장할 수 있는가? 단순히 일본적 다양성이 서구 신학과 비교해서 이국적이기 때문에 가능한가? 이른바 피선교국 교회younger church의 성숙함의 증거일 수 있는가? 나는 이들 중 어느 것도 일차적인 이유는 아니라고 본다. 오히려 비서구 신학은 복음의 이해에 대해 자신만의 독특한 기여를 주장할 수 있다. 3장 '하나님의 본질로서의 아픔'과 11장 '하나님의 아픔과 복음사'를 쓰면서 특히 그 점에 유념했다. 에큐메니컬 신학은 구체적이고, 추상적이지 않으며, 보편적이다. 즉 특수한 것에 의해 매개되는 보편적인 것이다. 예를 들어 그리스적 신학은 특수한 신학이다. 에큐메니컬 신학 같은 정통 교의는 특수한 신학에 의해, 이 경우에는 그리스적 신학에 의해 매개된다. 그리스적 신학은 정통 교의를 낳았기에 보편적 타당성을 요구할 수는 있으나, 특수한 신학이기에 여전히 의문의 여지가 있다.

비록 서구에서 이런 의문을 제기하기 어렵더라도, 비서구 신학이 이런 양상에 도전한다면 놀랍지 않을 것이다. 어떤 근거로 비서구 신학이 그리스적(서구) 신학에 대해 의문을 제기하느냐고 물을 수 있다. 답변은 이 신학이 복음의 메시지를 올바로 전달했는가이다. 비서구 신학이 서구 신학보다 이 점에서 더 섬세하다고 나는 느낀다. 성서의 메시지를 전달하기 위해 노력하는 그리스적 신학은 자기 자신의 방법으로 그 기능을 수행하지만, 정확히 그 이유로 문제도 만들어낸다. 그렇다면 그리스 철학의 특수성으로부터 자유로운 비서구 신학으로서 일본 신학이 신선한 관점으로 성서에 다가가는 것도 타당하지 않겠는가?

동시에 이 비서구 신학은 분명히 서구 신학으로서의 그리스적 신학을 통해서 매개되어야만 한다. 그것이 정통(서구) 교의의 전통에 의해 매개되는 한에서, 그것은 성서의 바로 그 메시지에 다가가기 위해 노력하는 만큼 그 전통을 갱신하려고 시도한다.

나는 하나님의 아픔에 대해 한 마디 더하려 한다. 이것은 내 신학에서 기술적 용어로 사용된다. 즉 그것은 전제에 기초한 특별한 내용을 가진 표현이다. 이 어구는 예레미야 31:20에서 옮겼다. 처음에 나는 이 어구를 일본어 문어역성서에서 발견했는데, "내 마음이 아프다(My heart is pained)"[1]로 번역될 수 있다. 루터의 번역은 "Darum bricht mir mein Herz"(Therefore my heart is broken, 그러므로 내 마음이 부서졌다)로 그 번역에 가장 가깝다. "…내 창자가 그로 인해 괴로우니"(my bowels are troubled for him)"라는 흠정역King James Version도 그와 비슷하다. 부록에서 제시한 대로 이런 일련의 번역은 학문적 기반을 가지고 있다. 불행하게도 최근 번역본은 서서히 이런 형식의 번역을 거부하고 있다. 따라서 나는 '하나님의 아픔'이라는 어구를 나중의 번역에 대한 나의 불만을 표현하는 기술적 용어로 사용해야 한다는 의무감을 느낀다(5판 서문이 이 점에 대해 더 상세한 논의를 담고 있다).

1965년 도쿄 기타모리 가조

---

1) [옮긴이] 일본어 문어역성서에는 "내 창자가 아프다"고 되어 있다. 영역판은 개정표준역RSV을 따랐기에 "내 마음이 아프다"는 표현을 사용한다.

재판 서문

이 책의 초판(1946년)은 서문 없이 출판되었다. 당시 나는 써야 할 것은 본문에서 거의 다 이야기했다는 생각이었으므로, 새삼스레 서문을 쓸 필요를 느끼지 않았다. 하지만 1년이 지난 지금 사태도 변하고 심경도 변하여, 쓸 것이 생긴 듯하다.

나는 이 책의 '맺는 말'에서 하나님의 아픔의 신학은 어디까지나 **성문 바깥에, 도시 바깥에** 머물러야 한다고 기술했다. 하지만 오늘날 나는 하나님의 아픔의 신학이 문 안에, 도시 중심으로 끌려들어 온 사실에 대해 놀라고 곤혹스러워하며 경계해야만 하는 상태가 되었다. 이른바 '아픔의 신학'이 일종의 유행어가 될 것을 일 년 전의 내가 어찌 예상할 수 있었겠는가. 여기서 나는 다시금 "그의 수치를 짊어지고, 진영으로부터 나가서 그 곁에 가야" 할 각오를 새롭게 해야만 할 것이다. 하지만 이 각오는 두 가지 모순되는 감정에 봉착할 수밖에 없다. 하나는 이 책을 통하여 사랑으로 결합된 형제자매에게 응답하려는 사랑의 강한 충동이며, 다른 하나는 이 책에서 계속될 하나님의 은총을 찬미하고 고백하려는 강한 충동이다. 나는 이 책의 독자 중에서 이미 단순한 독자의 범위를 넘어서 문자 그대로 형제자매들의 진실에까지 도달한 사람들을 안다. 그래서 이러한 사랑의 진실에 응답하기 위해서 이 책이 점점 더 현실이 되기를 염원하지 않을 수 없다. 여기에 '성문 바깥에'라는 각오가 봉착한 모순된 감정이 있다. 두 번째 점에 대해 새삼스럽게 쓸 필요가 있을까? 나는 이 책의 주제가 단지 '자기 입장'의 주장이 아니라, 은총을 찬미하는 고백이라고 계속해서 이야기하고 있다. 찬미하는 고백을 억지로 할 수 있을까? 이처럼 찬미하며 고백하려는 강한 충동은 이 책이 점점 더 현실이 되기를 염원하게 한다. 여기에 또 '성문 바깥에'라는 각오가 봉착한 모순되는 감정이 있다.

이 판에서는 초판의 오자와 오식을 정정했을 뿐, 내용은 가필하지 않았다. 하지만 이전의 책 『신학과 신조』神学と信条(87 이하)에 수록된 '예레미야 31:20 그리고 이사야 63:15'은 이 책에 참고가 되고, 더욱이 요망도 많이 받았기에, 이 책의 부록으로 더했다. 이 글은 극히 미숙하고 불비한 것이지만, 여기에 옛글 그대로 수록했다. 가필은 훗날을 기하고 싶다.

끝으로 신쿄출판사新教出版社의 여러분께 평소의 후의에 깊이 감사드린다.

1947년(쇼와 22년) 10월

도쿄東京 사기노미야鷺宮에서 저자

3판 서문

이 책은 재판 이후 여러 가지를 경험했다. 그때까지는 주로 교회 안에서만 유통되다가, 다시 교회 밖에까지 널리 퍼진 것은 새로운 경험이었다. 철학자와 문학자가 관심을 가졌다. 저자 자신은 놀라움과 당혹감으로 그들의 말을 들어야만 했다.

하지만 가톨릭교회와 무교회주의로부터의 말은 놀라움과 당혹감이 없을지라도 듣지 않을 수 없었다. 그중에서도 무교회주의와의 의논은 최근 이 책이 경험한 큰 사건이었다. 지금까지의 비생산적인 대화가 겨우 생산적 대화로 바뀌기 시작했다. 이 책이 그 매개의 하나가 될 수 있어서 기쁘다.

재작년 가을 일본에 왔던 에밀 브루너Emil Brunner 박사가 일본을 떠나기 직전에 나에게 말했다. "당신의 신학은 새로운 길a new line을 열어가고 있다." 나는 브루너 박사와 여러 번 대화할 기회가 있었으나, 나 자신이 나의 신학에 대해 말한 적은 없었다. 하지만 박사는 '여러 곳에서' 나의 신학에 대해 들은 모양이다.

*　*　*

이 책에 대한 많은 언급 중에 나를 가장 사로잡은 것은 이 신학의 **실천적** 의의에 대한 것이었다. 이것에 대해 나는 두 가지로 답해야만 한다. 첫째, 하나님의 아픔의 신학은 문자 그대로 **하나님**

의 아픔에 관한 것이기 때문에, 이 책의 일차적 문제는 하나님의 아픔을 우러러 보는 것이다. 따라서 가령 이 책에서 '윤리'로 대표되는 것과 같은 [**인간**] **자신**의 아픔이 언급되고 있어도, 그것은 어디까지나 **하나님의** 아픔을 섬기는 자로서의 위치를 가지는 데 그친다.

하지만 둘째, 하나님의 아픔의 신학은 진실한 의미에서의 **실천**으로서 자신의 아픔의 행위를 낳는 것이다. 하나님의 아픔이 '아픔'이라는 것은 **모순**을 짊어지고 있는 것이기 때문에, 그것은 일체의 현상 긍정을 허락하지 않는다. 이것으로부터 하나님의 아픔의 신학은 인간의 **실존**을 통하여 실천을 낳는다. 이런 진리는 이 책에서는 아직 잠재적이었다. 그것은 현실적이 되어 나의 저서『하나님과 사람』神と人間에서 좀 더 분명하게 드러났다.

그러나 지난 3년간 나의 삶(Leben)은 이 진리의 실천 그 자체로 끌려들어가지 않을 수 없었다. 이것은 곧 일본에서의 새로운 **교회형성**의 문제이다.[2] 만일 하나님의 아픔의 신학에 '체계'가 있다면, 그것은 결국 '분열의 통일'이라는 진리임에 다름 아니다. 일

---

2) [옮긴이] 기타모리 가조는 원래 일본복음루터교회(日本福音ルテル敎會) 소속 목사이자 신학자였다. 그러나 1941년 일본의 모든 교회와 교단이 제국정부에 의해 일본기독교단(日本基督敎団)으로 통합되어 전쟁에 협력하게 된다. 패전 후 몇몇 교단이 일본기독교단을 떠나서 독립할 때, 그의 모교단인 일본복음루터교회도 1947년에 분리되어 나갔으나, 기타모리는 교회 연합에 대한 신념으로 일본기독교단에 남았다. 또 이 서문을 쓴 1951년은 한국전쟁이 발발하여 전쟁의 참상이 다시 한 번 대두되었던 때이다. 하나님의 아픔의 신학에 입각해서 '분열의 통일'을 말하는 이 서문은 이런 심경을 담고 있다.

본에서의 **새로운** 교회형성이 '분열의 통일'을 목표로 하는 것이었기 때문에 나는 이 신학과 함께 교회형성 계획에 참여하지 않을 수 없었다. 동시에 이런 '분열의 통일'이 안이한 이상주의에 기초할 수 없다는 점을 지적하는 일도 하나님의 **아픔**의 신학의 과제에 속한다.

* * *

오늘날 **세계**는 '분열'의 극한을 향하여 계속 나아가고 있다. 제2차 세계대전 중에 집필된 이 책이 바라보아야만 했던 '파괴, 끝까지 간 파괴'가 오늘 다시 철저한 모습으로 드러나고 있다. 여기에서 우리는 단적(端的)일 수밖에 없다. 그리고 이 책의 단적인 주제, '감싸 안을 수 없는 것을 철저히 감싸 안으시는 하나님' 곧 '아픔의 하나님'을 오늘 다시 반복해야 한다. 그것도 '철저한 모습으로!'

세계에서 '분열의 통일' 곧 평화의 문제도 위와 같은 '모퉁이 머릿돌'에 의해 지지되지 않고서는 헛될 것이다. '감싸 안을 수 없는 것을 감싸 안는' 하나님의 행위야말로 하나님과 세계 사이의 평화(고후 5:18-20)일 것이다. 하나님의 아픔은 하나님과 세계 사이에 있어서의 '분열의 통일'이다. 전쟁하는 세계는 상호간 분열된 세계이기 이전에 하나님과 분열된 세계이다. 참된 평화는 세계 상호간에 있어서의 '분열의 통일'이기 전에 하나님과 세계 사이의 '분열의 통일'로서 성립되어야만 한다. 이러한 참된 평화를 아는 자만 세계에서 '분열의 통일'로서의 평화를 위해 기도할 소망을 가질 수 있을 것이다. 오늘날은 '소망을 가진다'는 것이 이미 최대의 실천이다! 하나님의 아픔의 신학은 여기서도 또한 실천적인 의의를 가져야만 한다.

1951년(쇼와昭和 26년) 1월 저자

4판 서문

3판 이후에 이 책이 마주했던 새로운 경험은, 이 책을 연구하고 이해하는 독자를 외국에서도 발견하기에 이른 것이다.

그밖의 경험은 이미 이 책의 내용에 나타나 있는 일이 나선형을 그리며 심화되어 가는 것이었다.

첫째, 본래 신학이 하는 일은 '형식'적인 것보다 '질'적이고 '내용'적인 것을 향해야만 한다(참조. 이 책 49-50, 113-14)는 나의 확신이 점점 깊어지고 있다. 복음이 가진 내적 사실의 훌륭함은 다른 모든 것을 퇴색시킨다.

둘째, 이 내적 사실은 한편으로 우리나라에서 새로운 교회형성에 즈음하여 실존적인 섬김으로써 구체화된다. 아픔의 신학(*theologia doloris*)은 아픔의 실존(*existentia doloris*)을 매개로 아픔의 교회(*ecclesia doloris*)를 섬기는 것이다.

셋째, 다른 한편 이러한 내적 사실은 윤리(172-74)에 있어서 개별적 존재와 만남으로써 궁극적이 된다. 적어도 이러한 점에서 아픔의 신학(*theologia doloris*)은 그것의 소재로서 한 생애를 요구한다.

1954년(쇼와昭和 29년) 6월 저자

5판 서문

이 새로운 판의 서문을 쓰고 있는 내게 가장 깊은 관심사는, **실존과 교의**의 문제이다. 실존이란 '하나님 앞의 단독자'로서 '예외자'이며, 보편적인 것이나 일반적인 것 '바깥에' 나와서 존재하는 것이라는 키에르케고르Kierkegaard의 사고방식은 영구한 진리다. 그러나 신학의 과제가 보편적이고 공적인普公的 교회를 섬기는 데 있다는 것도 불변의 진리다. 신학이 보편적이며 공적인 교회로부터 인정될 때, 신학은 교의가 된다. 신학의 궁극적인 존재방식이란 실존과 교의의 상즉相卽[1]에서 구해야 하지 않을까. 아타나시오스Athanasius도 루터Luther도 일반적이고 보편적인 것 '밖'에 쫓겨나서 출발했지만, 마침내 보편적이고 공적인 교회에 의해 인정되어 교의의 형성자가 되었다.

하나님의 아픔의 신학의 출발점은 '성문 바깥에서'(히 13:12) 괴로움을 받으신 예수를 본받아 보편적이고 일반적인 것의 '바깥에' 서 있는 것이었다(300). 그러나 이 신학이 다음과 같이 취급받기에 이른 것을 어떻게 판단할 것인가? "기타모리 신학의 해결 방식을

---

1) [옮긴이] 불교 용어. 두 가지 사물이 그 본체에서는 서로 하나인 관계에 있는 일.

'문제제기'라기보다 대부분의 사람은 완성된 '대답'으로 받아들였다. 거기에 기타모리 신학 붐이 있었으니, 그것으로부터 일본의 교회에 새로운 문제의식을 부여하거나 해결의 재료를 제공하지 못하고, 하나의 정통(orthodoxy)이 되었다고 해야 하지 않을까? 그리스도교의 어떤 영역이든 기타모리 교수의 이론에 매여 지나치게 의존하고 있지 않은가?"[2]

이와 같이 이 신학은 한 측면에서 정통교의인 것처럼 취급받고 있지만, 그러나 다른 측면에서 이 신학은 여전히 '바깥에'의 성격을 가진 것으로 취급받고 있다. 그중 하나가 오늘날에도 이 신학을 성부수난설父神受苦說과 동일시하려는 시도이다. 십자가에서 괴로움을 받은 이가 아버지 하나님이었다는 의견을 지적할 수 없는 한, [이 신학을] 성부수난설과 동일시할 수 없다. 이렇게 주장하는 사람은 이 책 어디서도 그와 같은 의견을 발견할 수 없었고, 이 책 자체가 명확히 성부수난설과 다르다고 기술하는데도(227-28) 불구하고, 여전히 이렇게 주장하는 현상을 어떻게 판단해야 하는가? 그것은 이렇게 주장하는 사람의 신학적 입장이 결국 '영광의 신학'에 속해 있다는 것을 보여주지 않는가? 하나님의 아픔의 신학은 '실체'로서의 하나님에게 아픔이 있다고 말하지 않는다. 하나님의 아픔은 '실체 개념'이 아니라 '관계 개념'이다. 곧 '하나님의 사랑'의 성격이다. 이 점에 대한 이해가 결여되어 있는 것이 이 신학을 성부수난설과 혼동하는 근본 원인이다. 하나님의 아픔의

---

[2] 일본 NCC 발행, 『教會敎育』, 1947년 11월호, 6.

신학은 '영광의 신학'으로부터 끝까지 '바깥에' 서 있기를 계속할 것이다.

또 하나의 현상은 구어역성서口語譯聖書의[3] 출현이다. 이것에 의해서 이 신학은 '바깥에'의 성격을 다시 자각하게 되었다. 구어역이 예레미야 31:20을 "내 마음이 그를 연모하니"라고 번역했을 때, 내가 20년간 두려워하며 경고해왔던 일이 그대로 실현되었다. 곧 근대주의 신학의 '하나님의 사랑 일원주의'에 영향받은 번역이다(307 이하 참조). 루터나 칼뱅이 명확히 '하나님의 아픔'으로 번역하고 석의한 이 텍스트가 직접적인 '하나님의 사랑'으로 변질되었다. 언어적으로는 '아픔'의 방향으로 번역할 수 있다는 것을 구어역성서 자체도 인정한다. 그 증거로 같은 히브리어가 예레미야 48:36에서는 '탄식하며'로, 시편 55:17에서는 '탄식하면서'로, 시편 77:3에서는 '탄식하며 슬퍼하다'라고 번역되어 있다. 따라서 예레미야 31:20이

---

3) [옮긴이] 기타모리 가조가 일관되게 사용하는 『문어역성서』文語譯聖書는 1887년에 완성된 구메이지역明治元譯 구약성서와 1917년에 나온 다이쇼개역大正改譯 신약성서를 합본하여 출판한 성서이다. 『구어역성서』口語譯聖書는 1942년경 다이쇼개역의 구약 번역이 중단되면서, 현대어 번역으로 전환된 후 1955년에 완성된다. 이를 협회구어역協會口語譯이라고도 부른다. 구어역의 자유주의적 신학 경향에 불만을 품은 복음파는 1970년 『신개역성서』新改譯聖書를 출간하였고, 1978년 2판, 2003년 3판 등 개정을 거듭하고 있다. 2017년 10월 전면개정판 출판이 예고되어 있다. 한편 프로테스탄트와 가톨릭이 함께하는 『공동역』共同譯은 1978년에, 이를 개정한 『신공동역』新共同譯은 1987년에 각각 출간된 바 있다. 일본 기독교 교세를 낮게 평가하는 사람도 있지만, 일본에는 이외에도 이와나미 출판사 판등 다양한 번역본이 나와 있다. 기타모리의 석의는 거의 전적으로 『문어역성서』를 따르고 있다. 이 서문에서는 『구어역성서』가 확산되는 데 대한 심경을 표현하고 있다.

'연모하다'로 번역된 데는 언어적 근거 이외의 신학적 경향이 있다 해도 어쩔 수 없을 것이다. 하나님의 아픔의 신학은 구어역성서라는 일반적인 것의 '바깥에' 서 있고, 루터 및 칼뱅과 문어역성서와 함께 서 있을 것이다. 그리고 구어역성서가 일반적이 되어가면서, 이 신학은 점점 더 '바깥에'의 성격을 자각하고, 이것을 신학적 용어로 사용할 것이다. 나 자신은 이미 '하나님의 아픔'을 신학적 용어로 대할 필요를 거의 느끼지 못한다. 직접적인 '하나님의 사랑'을 중보하고 매개하는 하나님의 사랑에 주목하기 위해서라면 이 말은 이미 충분히 역할을 다했기 때문이다. 그러나 구어역성서의 출현이 나로 하여금 다시 한번 이 말을 자각하면서 사용하도록 할지도 모르겠다.

* * *

출판사의 요청에 따라 이 판부터 새 가나新仮名를 사용하여 고쳤다. 책 끝의 색인은 도쿄 신학대학 학생인 미네 히사시嶺尙군의 노력으로 이루어졌다. 깊은 감사를 표한다.

1958년(쇼와昭和 33년) 9월

도쿄東京 다나시田無에서 저자

고단샤講談社판 서문

'5판 서문'을 쓴지 이미 10년 이상이 경과했다.

이제 새 판을 맞아 이 책과 인연이 있는 돌아가신 두 분에 대해 쓰는 것을 허락해 주기 바란다.

한 사람은 소가 료진曾我量深 선생[1]이다. 소가 선생은 우리나라 불교학계의 최고 원로로서, 나도 이전부터 존경해온 분이다. 소가 선생은 돌아가시기 수년 전부터 이 책을 본격적으로 다루어 주셨고, 나에게 분에 넘치는 반응을 보여주셨다. 나는 이 책의 1장에서 쇼토쿠聖德 태자의 『유마경의소』維摩経義疏를 매개로 불교의 '비'悲와 하나님의 '아픔'에 대해 서술했다. 그 요점은 불교의 '비'가 '비통'悲痛이라는 무르익은 의미의 '슬픔'かなしみ에까지 이르지 못하고, '동정'同情, '불쌍히 여김'あわれみ의 의미에 머물고 있지 않은가라는 질문이다.

이에 대해 이 책이 나온 후 20년에 걸쳐 불교에 질문해왔다. 20년이 지나서야 겨우 불교 측에서 나의 질문을 받아들였다. 그런데 이를 받아들인 분은 바로 불교계 최고 원로였다. 소가 선생은 '비'를

---

1) [옮긴이] 소가 료진曾我量深. 1875~1971. 일본 신쇼 오타니眞宗大谷파의 승려. 불교사상가.

둘러싼 나의 질문에 대해 솔직히 인정하며 지금까지 불교가 '비'를 '동정', '불쌍히 여김'의 영역에 머물게 해 두었다고 자기비판하면서, '비'는 '아픔'을 통한 슬픔으로 다시 생각해야 한다고 인정했다[2]. 물론 이것은 불교가 그리스도교화 된다는 것을 곧바로 의미하지 않는다. 오히려 소가 선생의 다음과 같은 말을 더해야 할 것이다. "우리 역시 그리스도교든지 불교든지 서로 대화를 나누고, 그 후에 특별히 불교인이 그리스도교로 바뀌거나 그리스도교인이 불교로 바뀌거나 하지 않는다 해도 양쪽이 서로 대화하고 양쪽이 서로 수행할 필요가 있다고 생각한다"[3].

다른 한 사람은 미국의 신학자 고故 칼 마이클슨Carl Michalson 박사다. 마이클슨은 유능한 소장 신학자로 주목 받아왔으나 뜻밖의 사고로 타계했다. 나와의 인연은 『그리스도교 신학에 대한 일본의 기여』*Japanese Contribution to Christian Theology*라는 책 속에 나의 신학을 위해 한 장을 할애한 데 있다. 이 책의 영역판(*Theology of the pain of God*, 1965) 간행에 앞서 구미 신학자와의 대화가 시작된 것은 전적으로 마이클슨의 책 덕분이다. 이 책을 둘러싼 열린 대화가 최근에 몰트만의 『십자가에 달리신 하나님』(Jürgen Moltmann, *The Crucified God: The Interpretation*, July, 1972)에까지 이르렀다.

1972년(쇼와昭和 47년) 9월 저자

---

2) 잡지 『中道』 1967년(쇼와 42년) 10월호, 소가 료진曾我量深, 「왕생과 성불(往生と成仏)」.
3) 소가 료진曾我量深, 「왕생과 성불往生と成仏」, 11-12.

고단샤講談社 학술문고판 서문

올해로 이 책의 초판 간행(1946년) 이래 40년이 지났다. 40년이란 오랜 세월에 걸쳐 계속 읽혔다는 것은 저자로서 참으로 뜻밖의 행복이다.

구미 학자들과 접촉할 수 있게 된 것도 뜻밖의 행운이다. 상세한 내용은 '해설'을 참조하라. 이 해설 이후로는 H. G 푈만$^{Horst\ Georg\ Pöhlmann}$의 『현대 교의학 총설』現代敎義學總說(Abriss der Dogmatik, 1980, 하스미 카즈오蓮見和男 역, 1982)을 특히 기록해두려 한다.

푈만은 '희생당했기 **때문에** 승리자'(victor quia victima)라는 아우구스티누스의 명제를 주도하는 모티프로 자신의 교의학을 전개한다. 보통은 "희생**되었지만** 승리자가 되었다"고 말하지만 푈만은 그런 사고방식을 그만두자고 말한다. '~이지만'이 아니라 '~때문에'인 것이다. 이것이 결정적인 사유방법이다.

그런데 푈만은 이런 사유방법을 『하나님의 아픔의 신학』이 시사했다고 밝힌다. "희생당했기 때문에 승리한 분…기타모리의 '하나님의 아픔의 신학'이 '아픔' 속에서 '하나님의 본질'을 보고 있다면, 이 방향을 생각하고 있는 것이다"(일본어역, 167).

1986년(쇼와昭和 61년) 저자

일러두기

1. 본서는 기타모리 가조의 KAMI NO ITAMI NO SHINGAKU (Shinkyo Shuppansha, Tokyo, Japan, 1958 [5th Revised Edition])를 영어로 옮긴 *Theology of the Pain of God: The First Original Theology from Japan* (1965; Wipf and Stock Publishers, 2005 reprint)을 번역한 것이다. 번역하는 과정에서 저자의 일본어 최종판인 고단샤講談社 학술문고판(1986년 6월 간행)을 저본으로 한 교분칸敎文館 판과 1972년 독일어판 *Theologie des Schmerzes Gottes* (Göttingen: Vandenhoeck & Ruprecht)를 참조하였고, 각주의 서지사항 및 옮긴이 주에서 도움을 받았다. 이미 1987년에 양서각에서 간행된 박석규 역 한국어판 『하나님의 아픔의 신학』의 도움을 크게 받았다.

2. 이 책에서 인용된 성서 구절은 대부분 일본어 『문어역성서』文語訳聖書이다. 소수의 저자 사역을 포함하여, 모든 성서 구절은 일본어에서 직역하였다. 칼 마이클슨도 지적하는 대로 기타모리 가조가 문어역성서의 자구와 그 의미에 의존하여 신학을 전개하기에 이는 꼭 필요하다. 1950년대 이래로 새로운 일본어 번역 성서가 다수 나왔으나, 그는 한 번도 이 책을 고치지 않았다.

3. 옮긴이 주는 일본사상과 일본문화에 대한 내용을 가급적 기입해 두었다. 기타모리의 신학, 특히 '아픔' 개념이 일본의 문화, 사상, 전통예술 등에 크게 의존하고 있기 때문에, 한국어판 독자도 그 내용을 이해해야만 일본 고유의 신학으로서 『하나님의 아픔의 신학』의 위상을 파악할 수 있으리라 생각된다. 독일어판과 영어판 옮긴이 주도 참고하였다.

4. 불교 용어는 그대로 두고 '옮긴이 주'로 그 뜻을 표기하였다. 이는 저자에게 미친 교토 학파의 영향을 보여주는 사례이며, 하나님의 아픔의 신학이 서구에서 주목받게 된 이유이기도 하다. 같은 이유로 철학 용어도 가급적 그대로 두었다.

5. 본문 중 강조는 모두 저자를 따랐다. 본문 중 ( )표시는 모두 저자의 것이며, 『』과 「」은 문헌표기에만 사용하였고, 저자의 ( ) 중 문헌인용은 주로 처리하였다. 옮긴이 주는 모두 각주로 처리하였고, 주 번호 다음에 [옮긴이]로 표시해 구별해 두었다. 본문 중에 나오는 [ ] 표시는 모두 이해를 돕기 위해 옮긴이가 넣은 것이다.

6. 저자가 히브리어나 그리스어 음역 등 외래어를 표기했을 때, 이를 표시하였다. 서양인 신학자의 이름이나 서명 옆에는 독자의 편의를 위해 가급적 원서명을 확인하여 병기해 두었다.

차례

영어판 서문 008
재판 서문 011
3판 서문 013
4판 서문 017
5판 서문 018
고단샤판 서문 022
고단샤 학술문고판 서문 024

1장 아픔과 하나님 029
2장 하나님의 아픔과 역사적 예수 057
3장 하나님의 본질로서의 아픔 081
4장 하나님의 아픔에 대한 섬김 095
5장 하나님의 아픔의 상징 111
6장 아픔의 신비주의 139
7장 하나님의 아픔과 윤리 167
8장 하나님의 아픔의 내재성과 초월성 195
9장 하나님의 아픔과 '숨겨진 하나님' 207
10장 사랑의 질서 231
11장 하나님의 아픔과 복음사 253
12장 하나님의 아픔과 종말론 277
13장 맺는 말 289
부록: 예레미야 31:20 그리고 이사야 63:15 301

해설 336
역자 해제 343

1장

아픔과 하나님

1

우리는 하나님의 뜻을 자세히 알고(골 1:9), 하나님의 깊은 곳까지 연구하여(고전 2:10) **복음의 마음**을 통찰해야 한다. 이것을 염원하여 다음과 같은 키에르케고르의 기도를 그대로 우리의 기도로 삼는다.

> 주여! 무익한 사물에 대해
> 우리 눈을 어둡게 하소서. 당신의 모든
> 진리에 관해 우리의 눈을 한 점 그늘 없이
> **맑게 하소서.**

복음의 증인에게는 이런 '한 점 그늘 없이 맑은 눈'이 요구된다. 신학이 복음의 증인인 한, 이 눈은 바로 신학적 감각이다. 이 눈이 없다면 증인은 단순히 환상가視幻者에 지나지 않고, 이 감각이 없다면 신학자는 단순히 요설가饒舌家에 불과하다.

이것은 복음에 관한 것이므로 이 눈과 감각은 어디까지나 하나님으로부터 **주어진** 것임이 명백하다. 결코 우리 자신이 가진 눈이나 감각이 아니다. '공로 없이' 주어진 선물이다. **그러나** 우리는 주어진 이 선물을 땅 속에 숨겨 두어서는 안 된다(마 25:18). 이것이 '일하게 하고'(장사하고, 마 25:16), 이것을 **날카롭게 하고**, 한 점 그늘 없이 더욱 맑게 해야 한다. 확실히 하나님이 이것을 맑게 하신다. 하지만 우리는 "더욱더 한 점 그늘 없이 맑게 하시기"를 **기도로 요**

청해야 한다.

나에게 복음의 마음은 **하나님의 아픔**으로 나타났다. 이렇게 나타난 것을 따르는 일은 예언자 **예레미야**의 길을 걷는 것이었다(렘 31:20 참조). 예레미야는 '하나님의 마음을 가장 깊이 본' 사람이다(키텔). 내가 그와 함께 하나님의 마음의 깊은 곳까지 들어가도록 허락받으니 감사로 가득할 따름이다. 예레미야는 구약의 바울이고, 바울은 신약의 예레미야다. 바울에게 나타난 '십자가에서의 하나님'은 예레미야의 경우에는 '아픔에 있어서의 하나님'이다. 예레미야의 하나님은 바울의 하나님에 대한 예언이며 증언이다. '십자가에서의 하나님'의 마음이 어두워질 때, '아픔에 있어서의 하나님'의 신학이 증언으로 섬기기를 요구받을 것이다. 신학은 **복음의 엄밀한 이해**이다. 이 점에서 보면 갈라디아서를 쓴 바울은 가장 적확한 의미에서 신학자이다. 갈라디아서만큼 복음을 엄밀히 이해하고 있는 것은 없기 때문이다. 예레미야가 '하나님의 마음을 가장 깊이 본' 사람인 한에서 그 역시 복음의 가장 엄밀한 이해자라고 해야 한다.

'하나님의 아픔의 신학'은 이러한 의미에서 복음의 엄밀한 이해에 주의를 기울인 것이다. 예레미야와 바울의 길을 걸어가면서 '하나님의 뜻을 자세히 알고', '하나님의 깊은 곳까지 연구하는' 것이 이 책에서 나의 염원이다. '하나님의 아픔'이란 개념에 대한 기초적·석의적 연구에 대해서는 나의 『신학과 신조』神学と信条(85이하)를 참조하라. 이 책은 이 연구를 전제로 하여 출발했다(이 책의 부록).

2

아픔에 있어서의 하나님은 자기 자신의 아픔으로 우리 인간의 아픔을 해결하여 주는 하나님이시다. 예수 그리스도는 자기 자신의 상처로 우리 인간의 상처를 치유하여 주는 주님이시다(벧전 2:24).

이 명제에는 두 가지 계기가 포함되어 있다. 첫째, 우리 하나님은 어디까지나 **해결자**이고 **치유하는 주님**이시라는 것. 둘째, 더욱이 이 하나님은 자기 자신이 아픔으로 **상처 입으신 주님**이라는 것. 이 두 가지 측면을 다음과 같이 생각해보고 싶다.

첫째, 우리가 선포해야 할 것은 무엇보다도 먼저 복음이 문자 그대로 **기쁜** 소식이라는 것이다. 복음에서 하나님은 우리 아픔의 해결자이고, 우리 상처를 치유하는 주님이시다. 한 마디로 그는 **구주**이시다. 구원이란 무엇인가? 구원은 우리의 부서진 현실을 하나님이 끝까지 **감싸 안으신다**는 소식이다. 철저히 감싸 안으시는 하나님, 이는 구주인 하나님이시다. 세상에 어떤 기적이 있다 해도, 하나님이 우리의 부서진 현실을 감싸 안으시는 것 이상으로 놀라운 기적이 있을까? 우리의 현실은 부서지되, 희망이 없어지기까지 깨지고 끝장이 나도록 부서졌다. 하지만 복음은 '희망 없는 사람도 희망이 있다'는 소식이며, 아니 오히려 '희망이 없는 사람**이야말로** 희망이 있다'는 소식이다. 이 복음을 믿는 자는 "희망에 거슬러서"(롬 4:18, 개역개정, 바랄 수 없는 중에 바라고) 믿는다. 이러한 감싸 안으시는 하나님이기에 우리의 아픔은 **해결되고** 우리의 상처는 **치유된다**. 하나님의 아픔이 우리의 아픔을 해결하는 것인 한, 그 하나님의 아픔은 바로 하나님의 아픔에 기초한 **사랑**이다. "내 창자가 아프다"(렘 31:20)로 번역된 것과 동일한 히브리어가 곧바로 "간절한 인자"(사 63:15)로도 번역될 수 있기 때문이다. 이미 주님의 상처가 우리의 상처를 치유하는 것인 한, 그 주님의 상처는 "천사들도 엎드리기까지 **찬란히 빛나는**"[1] 상처이며, 십자가의 주님은 바로 **부활**의 주님이시다. 따라서 바울이 "십자가의 말씀"(고전 1:18)의 경우에 "십자가와 부활의 말씀"을 의미함과 같이, 지금 나는 '하나님의 아픔의 신학'의 경우에도 실은 '하나님의 아픔에 기초한 사랑의 신학'을 의미하고 있다. 루터는 그리스도의 죽음을 "죽음에 대적하는 죽음"(mors contra mortem)[2]이라 부르는데, 하나님의 아픔은 "아픔에 대적하는 아픔"(dolor contra dolorem)이다. "죽음에 대적하는 죽음"이 바꾸어 말하면 이미 "부활"인 것과 같이 "아픔에 대적하는 아픔"은 우리의 아픔을 해결하는 하나님의 사랑이다. 그래서 바로 하나님의 아픔의 소식은 **기쁜** 소식이다.

둘째, 그렇지만 이 기쁜 소식은 왜 끝까지 하나님의 **아픔**의 소식인 것인가? 우리의 상처를 치유하시는 주님은 왜 **자기 자신**이 상처를 입으신 주님인가? 하나님에게 우리의 현실은 어떻게 해서도 용서할 수 없는 것이고, 어떻게 해서도 감싸 안을 수 없는 것이다. "내 용서가 그쳤나"(사 1:13). "내가 불쌍히 여기기에 지쳤다"(렘 15:6). 하나님이 살아 있는 하나님이며 진실한 하나님이라는 것은

---

1) [옮긴이] みつかいらも打ち伏すまで照り輝く, 일본 찬미가讚美歌 164번 2절, 새찬송가 25장 2절.
2) Luther, *WA*, vol. 40, part 1, 273.

그가 우리 죄인에게 죽음을 명령하시는 데서 비로소 분명해진다. 이 사실이 바로 **하나님의 진노**이다. "이렇게 진노를 다 쏟고, 내가 노여움을 그들 위에 덮어씌우고 마음을 가라앉힌다. 우리가 노여움을 그들 위에 모두 쏟을 때, 그들이 나 여호와가 열심으로 말한 일인 줄 알게 되리라"(겔 5:13). 이런 하나님의 진노는 절대로 완고한 현실이다. 그리스도교적으로 말하자면, 하나님의 진노에 대한 인식이 지혜의 시작이다. 하나님의 **아픔**은 이러한 하나님의 진노의 대상을 사랑하시려는 하나님의 마음이다. 테오도시우스 하르나크Theodosius Harnack는 십자가에서 하나님의 진노와 하나님의 사랑이라는 두 가지 것이 **제3의 것**(tertium)을 낳았다고 말한다.[3] 그 '제3의 것'이 바로 하나님의 아픔이다.

루터에 따르면 골고다에서 "하나님이 하나님과 싸웠다."(da streydet Gott mit Gott)[4] 어떻게 해서든 죄인에게 죽음을 명령하셔야 할 하나님과 그 죄인을 사랑하시려는 하나님이 싸웠다. 이 하나님이 다른 하나님이 아니라 **동일한 하나님**이시라는 사실이 바로 하나님의 아픔이다. 여기서는 하나님 속에서 마음과 마음이 대립하는 것이다.[5] "하나님은 말할 수 없는 고통을 맛보고, 참혹한 절차를 거쳐, 몸을 희생제물로 내어놓고, 사람을 위해 속죄의 길

---

3) Theodosius Harnark, *Luthers Theologie*, Neue Ausgabe, vol. 1 (München: Christian Kaiser Verlag, 1927), 338.
4) Luther, *WA*, vol. 45, 370.
5) Luther, *EA*, vol. 24, 422.

을 열었다."⁶ 이 '참혹한 절차'에 대한 해명이 바로 속죄론이다. 하나님의 진노에 맞서서 얻은 우리의 상처를 치유하려는 주님은 자기 자신이 그 진노에 맞아 상처를 입으셨다. "그 맞은 상처로 우리는 치유된다"(사 53:5). 그리스도의 죽음은 '죽음의 죽음'(mors mortis)이다.⁷ 주님은 자기 자신을 죽음에 내주지 않고서는 우리의 죽음을 해결하실 수 없었다. 하나님은 어떻게 해도 감싸 안을 수 없는 것을 감싸 안으시기 위해, 그 자신이 부서져 상처 입고 아프신 것이다. 하나님이 우리의 현실을 감싸 안으시는 것은 우리에게 절대적 평안을 보증하시는 것이다. **그러나 우리에게 절대적 평안을 보증하시는 주님은, 자기 자신으로부터는 평안을 완전히 빼앗기신 분이시다.** "나의 하나님, 나의 하나님, 어찌하여 나를 버리셨습니까?"

---

6) 植村正久, 『植村全集』(東京: 植村全集刊行会 1932) 四卷, 331. [옮긴이] 우에무라 마사히사, 1858~1925. 일본의 초창기 목사, 전도자, 신학자로 개신교 형성에 큰 영향을 끼쳤으며 자유주의 신학과 근본주의 신학에 모두 반대하고 정동주의 신학을 추구하였다. 니시다 학파와 함께 교토대학에서 종교철학을 가르친 하타노 세이이치波多野精一는 그의 제자로 직접 세례를 주었다.

7) Luther, *Luthers Vorlesung über den Römerbrief 1515-1516*, ed. by Johannes Ficker, *Anfänge reformatorischer Bibelauslegung*, vol. 1 (Leipzig: Dieterich'sche Verlagsbuchhandlung, 1908), II, 153-154. 이하 Römerbrief.

3

'하나님의 아픔의 신학'은 아픔이 없는 하나님을 가르치는 신학에 대하여 '절복'折伏[8]의 역할을 이행해야 한다. 앞에서 기술한 것과 같이 하나님의 아픔의 신학은 두 측면의 진리를 품고 있기 때문에 '절복' 또한 두 측면에 대해 이루어져야 한다. 첫째, 하나님이 철저하게 **감싸 안으시는** 하나님이라는 것을 부정하는 입장에 대하여. 둘째, 감싸 안으시는 하나님의 사랑으로부터 하나님의 **아픔**을 밀어내는 입장에 대하여.

첫째, 30년 전 이 세계의 비극[제1차 세계대전]을 눈앞에 보면서 태어난 [바르트] 신학의 모티프는 무엇이었는가? 그 신학이 보았던 하나님은 인간과 '**대립**'(Gegenüber)하는 하나님이었으며[9], 그 신학의 시종일관된 모티프는 '하나님과 인간의 원리적 대립'을 주장하는 것이었다.[10] 그 '대립하는 하나님'에 대하여 인간은 '**순종하는 자**'(Gehorsamer)로서 설 것을 요구받는다.[11]

그[바르트] 신학에서 '은총'이란 무엇인가? '은총'이란 '하나님이 자기 행위를 **배타적으로** 스스로 홀로 말하는 것'이다.[12] 그 신학

---

8) [옮긴이] 절복折伏. 불교 용어. 나쁜 사람이나 외도外道·사도邪道를 꺾어 굴복시키는 일.
9) Karl Barth, *Die Theologie und die Kirche* (München: Christian Kaiser Verlag, 1928), 190 이하.
10) Barth, *Theologie und Kirche*, 200.
11) Barth, *Theologie und Kirche*, 190.
12) Barth, *Theologie und Kirche*, 211.

에서 '신앙'이란 무엇인가? "신앙이란 하나님의 익명^{匿名}에 대한 경외이며, 하나님과 인간이 또 하나님과 세계가 질적으로 다름을 의식하면서 하나님을 사랑하는 것이고, [그 자체가] 세계의 전환인 부활에 대한 긍정이며, 따라서 그리스도에 대한 하나님의 아니오!를 긍정하는 것이고, 하나님 앞에서 두려워하며 멈추어 서는 것이다."[13]

그 신학에서 '계시'란 무엇인가? 계시란 "너희가 나와 견줄 다른 어떤 신들도 가지면 안 된다고 하는 **제1계명**의 명령법을 해명하기 위한 직설법이다."[14] '계시의 하나님'이란 주제는 '일반적인 신'에 대한 배타성(Exklusivität)을 말하며, "우리는 이 주제의 배타성을 가리킴으로써, 이미 사실상 그 주제 자체를 보기에 이르렀다. 곧 인간을 향해 오는 현실, 아버지와 아들과 성령이면서 그 영광을 다른 무엇에게도 허락할 수 없는 하나님의 주권이다. 제1계명의 직설법은 확실히 단순한 형식적 발언이 아니다."[15]

그 신학에 따르면 오늘의 교회가 신앙고백 해야 할 사항은 **제1계명**이다.[16] 제1계명은 그 신학의 '신학적 공리'이다(Das erste Gebot als theologisches Axiom). 가령 그 신학에서 논의되는 내용이 '복음'이라고 해도, 그 내용을 결정하는 참모습인 형식은 어디까지나 율법인 제1계명이다. 곧 그 신학의 '혼네'(本音, 속마음)인

---

13) Karl Barth, *Römerbrief* (München: Christian Kaiser Verlags, 1933), 14.
14) Karl Barth, *Credo* (München: Christian Kaiser Verlags, 1935), 17.
15) Barth, *Credo*, 20.
16) Karl Barth, *Gottes Wille und unsere Wünsche* (Theologische Existenz Hente, Heft 7) (München: Christian Kaiser, 1934), 6.

'서설'은 **율법**이다. 가령 '중보자'에 관해 말할 때도 그 '전제'인 서설의 주제는 일반계시와 특별계시의 '대립'이다.[17] 무릇 신학의 성격을 결정하는 것은 그 **모티프** 곧 혼네인 의도^{意圖}이다. 대립·배타성·질적 다름·부정·제1계명과 같은 표현에서 꾸준히 주장되는 모티프와 **감싸 안으시는** 하나님이란 복음의 모티프는 명백히 다른 것이다. 그 신학으로부터 우리가 다음과 같은 말을 듣는다 해도 이미 놀라지 않을 것이다. 하나님은 "**갈라진 틈이나 아픔이 없는 하나의 전체**"(ein Ganzes ohne Risse und Schmerzen)이다.[18] 감싸 안지 않는 하나님은 당연히 아픔이 없는 하나님이다.

우리는 바울과 함께 "**그렇지만 우리는 십자가에 달리신 그리스도를 선포한다**"고 대답해야 한다. 30년 후 오늘 다시 세계의 비극[제2차 세계대전]의 한가운데 있는 우리에게 하나님은 저 신학이 보았던 하나님과 **다른** 하나님이어야만 할 것이다. 오늘의 사태는 30년 전에 비해 더욱 심각하고, 오늘의 비극은 최후의 모습을 취하고 있다. 그렇다면 오늘의 복음 또한 최후의 결정적인 모습으로 나타나야 한다.

둘째, 일찍이 알브레히트 리츨^{Albrecht Ritschl}은 "하나님에 대한 충분한 개념이 **사랑의 개념** 속에 표현되어 있다"는 점을 발견하고, '하나님의 사랑'으로 "**세계의 문제가 해결될 수 있다**"는 것을 확신

---

17) Emil Brunner, *Der Mittler* (Tübingen: J. C. B. Mohr, 1927).
18) Karl Barth, *Kirchliche Dogmatik*, II/1 (Zürich: Theologischer Verlag Zürich, 1938), 690.

하며 기쁨으로 충만했다.[19] 우리도 가능하다면 리츨과 그 기쁨을 함께하고 싶다. 세계의 문제를 해결하는 하나님의 사랑이라는 소식 이상으로 기쁜 소식이 있을까? 슐라이어마허Schleiermacher, 리츨, 헤르만Herrmann, 하르나크 등은 모두 바로 그 '하나님의 사랑'이란 소프라노를 소리 높여 노래할 수 있었던 사람들이다. 그러나 우리는 그 소프라노를 듣고 "벗이여, 이 곡조는 아니오!"[20]라고 말하지 않을 수 없는 것을 슬퍼한다. 우리는 여기서 키에르케고르의 아름다운 말을 상기한다. "가지 위의 새도, 들판의 백합도, 숲속의 사슴도, 바다 속 물고기도, 그리고 무수한 즐거운 인간도 '하나님은 사랑이다!'라고 노래하고 있다. 그러나 이런 소프라노 아래서 마치 감추어진 베이스 소리처럼 희생제물이 되어주신 사람의 '심연으로부터'(De profundis) 소리가 울려 '하나님은 사랑이시다!'라고 말한다." 슐라이어마허 이후의 근대주의 신학[21]에서 '하나님의 사랑'은 요컨대 그런 '즐거운 인간'의 소프라노에 지나지 않는다. 그들은 '심연으로부터' 울려퍼지는 하나님의 아픔의 베이스를 들을 귀를 갖지 못했다.

---

19) Albrecht Ritschl, *Die christliche Lehre von der Rechtfertigung und Versöhnung*, 3rd ed. (Bonn: A. Marcus und E. Webers Verlag, 1888/89), vol III, 260.

20) [옮긴이] Freunde, nicht diese Töne! 베토벤의 교향곡 9번 합창 4악장 중 환희의 송가 도입부에 등장하는 바리톤 솔로로서 바로 앞의 팀파니가 주도하는 혼란과 불협화음을 젖히고 나와 합창으로 이끈다.

21) [옮긴이] 近代主義神学, 자유신학, 자유주의신학, 현대신학, 신신학이라고도 한다. 기타모리 가조는 서구의 근대주의modernism와 일본사상 또는 일본 문화를 대비하기 위해 이 용어를 사용하는 것으로 보인다.

그들[근대주의 신학자들]이 보았던 '하나님의 사랑'은 하나님의 아픔이 된 중보자(mediaor, Mittler)를 굳이 피하면서 만들어낸 **직접적인**(im-mediate, un-mittelbar) 하나님의 사랑임에 틀림없다. "어린아이들 같은 수동성으로 우주의 **직접적** 영향에 의해 파악되고 충족되는 상태", "우주에 의해 환대받고 포옹되어 있는 상태", 한 마디로 무한과 유한의 '결혼'이 슐라이어마허가 본 '하나님의 사랑'이다.[22] 슐라이어마허는 매우 솔직하게 그리스도의 피를 언급하는 모든 속죄론은 '마술적'인 것으로 부정되어야 한다고 주장한다.[23] 실로 그에게 그리스도의 십자가는 '**없어도 좋은 것**'(entbehrlich)이다.[24] 리츨이 "하나님에 의한 죄인과의 화해와… 하나님 나라를 건설하는 수단인 하나님의 사랑 사이에는 **어떤 모순도 없다**고 생각할 수 있다"라고 말할 때,[25] 무엇을 의미하고 있는지 우리는 더 이상 오해하지 않을 것이다. 헤르만은 그의 경건함에도 불구하고 매우 비약하여 주장한다. 예수의 '신비한 속죄하는 힘'에 완전히 무관심해도 지장이 없다고.[26] 그리고 아돌프 폰 하르

---

22) Friedrich Daniel Ernst Schleiermacher, *Reden über die Religion*, ed. by R. Otto (Göttingen: Vanderhoeck und Ruprecht, 1926), 50, 267.
23) Friedrich Daniel Ernst Schleiermacher, *Der christliche Glaube*, (Berlin: G. Reimer, 1835), 100, 3, 101,4.
24) Johannes Wendland, *Die religiöse Entwicklung Schleiermachers* (Tübingen: J. C. B. Mohr, 1915), 181.
25) Wendland, *Religiöse Entwicklung Schleiermachers*, 309.
26) Wilhelm Herrmann, *Der Verkehr des Christen mit Gott* (Tübingen: J. C. B. Mohr, 1921), 75.

나크의 유명한 말이 이어진다. "아들이 아니라 오로지 아버지만이 예수가 선포한 복음에 속한다."[27] 나는 하르나크를 향해 그가 가장 사랑하는 공관복음서의 예수의 말씀으로 물어보고 싶다. "그렇다면 사람의 아들에 관하여 많은 고난을 받고 또한 멸시당할 일이 기록된 것은 **무엇인가?**"(막 9:12) 근대주의 신학처럼 대규모로 하나님의 아픔을 부정한 예를 교회사는 알지 못한다. 베드로로 하여금 그리스도의 십자가에 대하여 "주님, 그렇게 하지 마십시오"라고 말하게 한 사탄의 영이 여기서만큼 활발히 일한 적도 달리 없으리라!(마 16:22)

이상의 두 입장은 그 성격이 서로 정반대인데도 불구하고 우리 현실에 **맞지 않는다**는 점에서 공통이다. 맞지 않는다는 것은 구원할 수 없다는 것이다. '절복'[꺾어 굴복시키는 일]은 이 점을 명확히 해야만 한다. 그러나 그 '절복'이 하나님의 **아픔**의 신학에 의해 이루어지기 때문에, 그것은 또한 '섭수'[28]여야만 한다. 아픔의 하나님은 철저히 감싸 안으시는 하나님이었다. 만일 그 하나님이 어떤 다른 입장에 **대립**하여 그들을 단지 '절복'시키기만 한다면, 그것은 이미 하나님이 자신의 본질로부터 일탈하였다는 것을 의미할 것이다. 하나님의 아픔의 신학은 일단 자기와 대립하는 입장도 궁극적으로 감싸 안아 살려야만 한다. 이것이 곧 '섭수'이다. 더욱이 그때 단지 감싸 안는 것이 아니라 상대로 하여금 그 추상성

---

27) Adolph von Harnark, Das Wesen des Christentums (Leipzig: J. C. Hinrichs, 1920), 91.
28) [옮긴이] 攝受. 불교 용어. 자비로운 마음으로 중생을 거두어 들여서 보살핌.

을 자각하고 그것으로부터 탈각하여脫却 구체적 진리로 **변하는 것**처럼 감싸는 것이어야 한다. '절복'은 즉 '섭수'이다.

4

하나님의 아픔이 만일 하나님의 **계시**가 아니라면, 우리는 그것을 도저히 믿을 수 없을 것이다. 이러한 진리는 결코 인간의 사상에서 생겨날 수 없다. 그러므로 하나님의 아픔은 **신학**으로서만 진리일 수 있지, 철학이나 종교라는 인간의 사상에서 생겨날 수 없다. 그럼에도 불구하고 세계에서 생겨난 **가장 깊은** 사상은 부지불식간에 하나님의 아픔을 모색하며 지시하고 있다. 그런 사상들은 하나님의 아픔이란 곡조에 자기의 곡조를 맞추어 보려 모색하고 있다. 무릇 사상이란 그런 모색이 하나님의 아픔의 곡조에 가까이 갔을 때, 깊은 사상이라 부를 수 있다. 다만 안타까운 것은 그것들이 어디까지나 사상에 그치는 한, 우리는 결국 "벗이여, 이 곡조는 아니오!"라고 응답해야만 할 것이다. 그러나 그때에도 그런 사상들이 우리 인간의 세계에서 가장 가치 있고 존귀한 것이라는 점은 변하지 않는다. 하여간 나는 여기서 그러한 의미로 가장 깊은 사상이라고 생각되는 것 두어 가지를 들어 고찰하려 한다.

먼저 첫째로 들고 싶은 것은 **셸링**Schelling의 후기 철학이다. 곧 『인간적 자유의 본질』 속에서 전개된 '**하나님 안의 자연**'Natur in Gott이라는 사상이다. 셸링은 "하나님 자신 안에서 하나님 자신이 아닌 것"을 보았다.[29] 그것은 '하나님 안의 자연'으로 "하나님과 떼어 놓을 수 없는 것이지만, 그럼에도 여전히 구별되는 존재자이다."[30] '하나님 안의 자연'은 본질로서의 하나님으로부터 구별되는 '근저'根底로서의 하나님이다. 본질로서의 하나님은 사랑의 의지의 하나님이며, 근저로서의 하나님은 진노의 의지의 하나님이고, "유일한 존재자는 그런 두 가지 일하는 방식에서 실제로 두 존재자로 스스로 구분하는" 것이다. 그리고 그 '두 원리의 절대적 통일'이 '정신精神으로서의 하나님'이다.[31] '정신으로서의 하나님'은 실제로는 높은 차원의 '사랑의 하나님'에 다름 아니다.[32] 셸링의 이러한 사상은 하나님의 진노와 하나님의 사랑보다 '제3의 것'으로서 하나님의 아픔이 생긴다는 복음을 가리키는 것으로 보이며, 그런 한에서 진리의 굉장한 기세를 느끼게 한다. 셸링은 "**고뇌하는 하나님**이라는 생각 없이 모든 역사는 필경 불가해不可解하다"라고 까지 발언하고 있다.[33]

---

29) Friedrich Wilhelm Joseph von Schelling, *Philosophische Untersuchungen über das Wesen der Menschlichen Freiheit* (Leipzig, Felix Meiner, 1809), 西谷啓治 訳,『人間的自由の本質』, (京都: 世界文学社, 1948), 55. [옮긴이] 니시타니 게이지, 1900~1990. 교토학파를 이끈 니시타니 기타로西田幾多郎(1870~1945)의 제자. 교토대학에서 종교철학을 기르쳤다. 전시에 근대초극론에 가담, 전후에 일시 공직에서 추방되었다가 복귀했다. 현대 일본 불교 철학에 크게 영향을 미쳤고, '절대무'와 '공' 등에 대한 사상은 미국과 유럽에도 널리 알려졌고 큰 관심을 받았다.
30) Schelling,『人間的自由の本質』, 58.
31) Schelling,『人間的自由の本質』, 158-159.
32) Schelling,『人間的自由の本質』, 151, 157.
33) Schelling,『人間的自由の本質』, 147.

또한 그는 말한다. "어떠한 본질도 그 반대자에 관해서만, 즉 사랑은 미움에 관해서, 통일은 투쟁에 관해서만, 분명해질 수 있기 때문이다. 원리의 분열이 없다면, 통일은 그 전능을 증명해 보일 수 없을 것이다. 불화가 없다면 사랑은 현실적이 될 수 없을 것이다."[34] 하지만 셸링은 결국 모색자에 지나지 않았다. 모색자의 특징은 자신이 진리에 접근하면서도 다시 이것으로부터 일탈하는 것이다. 셸링은 하나님의 아픔 그 자체에 닿지 못했기에, 그것의 지시자로 머무르지 못하고 끝내 '악의 설명'이라는 사변思弁으로 달려갔다. 그러나 셸링의 철학에서 이 '악의 설명'이 가장 혼미하다는 것은 분명하다. 여기서는 이미 진리의 굉장한 기세는 느낄 수 없고, 혼미하고 우울한 기분이 느껴질 뿐이다. 이 사변성思弁性은 '하나님 안의 자연'에서도 완전히 불식되지 않는다. "벗이여, 이 곡조는 아니오!"

둘째로 우리의 아픔을 치유하는 하나님의 아픔이라는 복음에 가장 가까운 종교사상은 **쇼토쿠 태자**聖德太子[35]의 『유마경의소』維摩経義疏[36]에서 다루어지는 것이다.[37] 거기서 "중생의 실병実病[실제로 있

---

34) Schelling, 『人間的自由の本質』, 84.
35) [옮긴이] 576-622, 일본 아스카飛鳥시대의 황족, 요메이用明 천황의 둘째 왕자로 스이코推古 천황 때 섭정을 맡아 중앙집권을 강화하고, 견수사遣隋使를 파견하여 중국의 문물과 제도를 받아들였으며, 독실한 불교신자로서 불교를 융성케 함. 훗날 태자신앙의 대상이 되어 행적이 미화되기도 함.
36) [옮긴이] 재가불자인 유마힐 거사가 병을 칭하고 있을 때, 문병 온 문수보살 등과 대승大乘에 대해 논하며 불법을 가르치는 재가불교운동의 경전인 유마경에 대한 쇼토쿠 태자의 주석서.
37) 金子大榮, 『日本仏教史観』 (東京: 岩波書店, 1940), 147 이하 참조. [옮긴이] 가네코 다이에이. 1881~1976. 일본 신쇼 오타니眞宗大谷파의 승려.

는 병]은 어리석은 사랑으로 인해 생기고, 보살菩薩의 응병応病[대응하는 병]은 대비大悲에서[38] 일어난다"는 놀라운 말이 발견된다. 보살의 응병은 "대비의 노고勞苦에 의한 것이다. 그리고 그 대비의 노고의 대상이 되는 것은 중생의 악덕이다. 곧 중생의 병이다. 그래서 대비의 병은 중생의 병을 섭수攝受[거두어들여 보살핌]하여 그것을 구원하는 의미를 가진다. 병은 병으로 구원되는 것이다."[39] "상처는 상처로 치유된다"라는 복음에 가장 가까운 사상이 "병은 병으로 구원된다"는 말 속에서 발견될 것이다. 조국[일본]의 존귀한 종교적 대선배들에 의해 이러한 사상이 다루어진 것을 보고 우리는 감사하지 않을 수 없다. 일본사상사에 깊이가 생긴 것은 확실히 이 사상을 섭수한 후일 것이다.

그러나 그 종교 사상 속에 지금 이질적인 곡조가 하나 울리고 있는데, 듣고서 못들은 것으로 할 수는 없다. 그것은 곧 대비의 병은 어디까지나 응병이지 결코 **실병**은 **아니라는** 사상이다. 따라서 보살은 "언제나 계속해서 누워 있으나 한 번도 앓아눕지 않는다"고 말한다. "대비의 병은 병이라고 해도, 실제로 병드는 것은 아니다."[40] 이러한 사상은 왜 생겨났는가? 아무래도 이와 같은 종교사상이 불교인 까닭이라고 답해야 할 것이다. 불교에 제1계명의 하나님이 없는 한, 절대로 융동성을 발휘할 수 없는 절대자의 진노

---

38) [옮긴이] 불교 용어. 중생의 괴로움을 구제하려는 부처의 큰 자비.
39) 金子大榮, 『日本仏教史観』, 148.
40) 金子大榮, 『日本仏教史観』, 149.

라는 사실은 존재하지 않는다. 진노 없는 절대자에게 **진실한** 아픔은 생기지 않는다. 대비大悲나 자비慈悲라고 말하는 경우의 '비'悲[슬픔]라고 해도 단지 '동정'同情의 의미에 그치고, 우리가 말하는 것과 같은 '아픔'과 동일시 될 수 없다. 하나님의 아픔은 하나님의 진노라는 절대로 융통성을 발휘할 수 없는 현실을 전제로 하여 쏟아 붓는 하나님의 사랑이다. 따라서 하나님의 아픔은 **진실한** 아픔이며, 주님의 상처는 **진실한** 상처이다. 그런데 불교는 그것이 불교인 한, 그 진실한 아픔을 결코 알 수 없다. 이것은 정토종淨土宗 내지 정토진종淨土眞宗에서 아미타불阿弥陀仏의 자비라는 사상적 단계에서조차 변화하지 않는다. 여기서도 다시 "이 곡조는 아니오!"이다.

셋째로 들고 싶은 것은 **헤겔**의 역사철학 사상이다. 헤겔이 『역사 속의 이성』에서 전개하고 있는 사상(혹은 오히려 믿음!)은 이성이 세계를 지배하고 있다는 것, 따라서 세계사도 합리적이라는 것이다. 이것을 종교적으로 표현하면 하나님의 섭리가 세계를 지배하고 있다는 것이며, 우리의 표현으로 하면 하나님이 우리의 현실을 절대적으로 감싸 안고 있다는 것이다. 물론 헤겔은 이 사상을 그의 배후에 짊어지고 있는 그리스도교 신앙으로부터 얻었으나, 그는 그것을 어디까지나 자신의 철학으로 전개했다. 이런 한에서 헤겔의 사상은 신학이 아니라 철학에 의한 모색이다.

우리나라의 철학계 등에서 헤겔의 이러한 사상은 '목적론적 결정론'으로서 그것의 '추상성'이 지적되며, 매우 인기가 없다. 그렇다 해도 헤겔의 이러한 사상의 위대함은 결코 상처입지 않는 것이며, 하물며 우리나라의 철학이 헤겔에 비해 '**구체적**'이라는 등으로 단순히 생각할 수 없다. 나는 오히려 헤겔의 이러한 사상을 오늘날 끝까지 **살려야** 한다고 생각한다. 무릇 철학이 오늘날 어떤 힘 있는 것으로 나타나려면, 아무리해도 헤겔의 이러한 사상을 무시할 수 없을 것이다. 이러한 사상으로 헤겔은 우리가 앞에서 기술한 하나님의 아픔의 신학의 첫째 계기를 가리킨다. 곧 우리의 현실을 빈틈없이 감싸 안는 하나님이다. 그러나 안타깝게도 헤겔은 첫째 계기를 전개했지만, **둘째 계기**를 간과했다. 복음에서 감싸 안으시는 하나님은 바로 그 까닭에 **아프신** 하나님이었다. 하지만 헤겔에게 있어 감싸 안는 하나님은 **아픔이 없는** 하나님이다. 헤겔의 하나님은, 가령 현실의 특수자特殊者 내지 개인이 서로 상처 입게 하기는 해도, 그 자신은 결코 교란당하거나 상처를 입지 않는 일반자一般者로 머문다. 그리고 그 하나님이 자기를 지키는 수단은 바로 '이성의 간지'狡智(List der Vernunft)임에 틀림없다. 헤겔의 하나님은 이성의 간지에 의해 자신은 결코 상처 입지 않는 하나님이다. 헤겔 철학에서 추상성을 지적하려 한다면, 바로 이 점을 지적해야 한다. 세계를 감싸 안는 하나님을 설명하는 것이 추상적이 아니라, 그 하나님을 아픔 없는 하나님으로 설명했다는 점이 추상적이다. 헤겔의 합리주의가 현실에 맞지 않아 구원을 가져올 수 없는 이유가 실로 이 추상성에 있다. 여기서도 또한 "벗이여, 이 곡조는 아니오!"이다.

앞에서 기술한 여러 사상이 하나님의 아픔의 신학을 모색하면서 지시할 때, 지시받은 신학 자신은 그러한 사상에 대하여 어떠한 태도를 취해야 할 것인가? 신학은 그러한 사상들이 결국 '사상'에 불과하다는 이유로 모두 공허하다고 물리쳐야 하는가? 만일 신학이 하나님의 아픔의 신학이 **아니었다면**, 그러한 태도를 취했을 것이다. 하지만 신학이 하나님의 **아픔**의 신학인 한, 그러한 태도를 취할 수 없다. 그 신학은 '사상'이 자신을 모색하면서 지시하는 모습을 무한한 사랑으로 바라볼 것이다. 그리고 그러한 사상들이 자신을 접촉하기를 염원하면서, 자기 몸을 뻗어 다가가려 한다. 이러한 태도를 취할 때 비로소 하나님의 아픔의 신학은 명실상부한 **진리**가 된다.

5

하나님의 아픔의 신학도 어디까지나 **학문**^{學}이어야 한다. 이제 나는 이 신학의 학문성^{學性}을 둘러싼 두 가지 점을 생각해보려 한다.

첫째, 알려진 바와 같이 헤겔은 종교와 철학의 대상이 같은 것을 인정하면서도, 그 대상을 파악하는 방법이 종교에서는 아직 **표상**(Vorstellung)에 불과한 데 비하여 철학에서는 개념(Begriff)인 까닭에, 후자[철학]가 전자[종교]보다 상위에 있다고 생각했다. 만일 이런 논법을 적용한다면 하나님의 '아픔'과 같은 표현은 아직 '표상'의 단계를 벗어나지 못한 것이며, 더욱이 사태를 엄밀한 학문으로 파악한다면, 그 표상에 적응하는 어떤 **개념**을 요구해야만 하고, 이러한 개념이 발견되는 날에 하나님의 '아픔'과 같은 표현은 포기되어야 할 것이라고 주장할지도 모른다. 그러나 그런 주장은 과연 올바른 것인가? 무릇 **복음**에 관한 한, 학문의 엄밀화는 이러한 방향으로 나아가지 말아야 한다고 나는 생각한다. 만일 하나님의 아픔에 해당하는 '개념'을 헤겔식으로 요청한다면 '부정의 부정'이나 '절대 부정' 즉 '절대 긍정' 같은 개념을 발견할 수 있을 것이다. 그러나 만일 하나님의 아픔이란 말을 그런 개념으로 치환한다면, 그것은 복음이라는 사태의 엄밀화가 아니라 오히려 반대로 **비非엄밀화**인 것이다. 무릇 학문은 사태에 입각하는 만큼 엄밀해진다. 어떤 철학적인 개념이 복음의 사태를 규정하려고 할 때, 거기서 **복음의 결정적인 것을 잃어버리고** 만다. 따라서 그만큼 그 사태의 학문적 파악은 엄밀하지 않게 된다. 그런 복음에 결정적인 것은 바로 하나님의 '아픔'과 같은 표현에 의해 지시되는 것이다. 가령 '하나님의 아픔'과 '부정의 부정'이 그 **형태**形는 같다고 해도, 후자는 전자가 가진 **성질**質**의 세계**를 모두 잃어버리고 있다. 그러나 복음이란 사태에서, 그리고 대체로 절대적인 사태에서, 성질의 세계야말로 결정적인 것이다. 이 성질의 세계를 지시하는 표현이 바로 학문을 엄밀화하는 것이다. 여기에 **신학**이란 학문의 특질이 있다. 신학은 결코 헤겔이 말하는 '종교'와 같은 단계에 있는 것이 아니다. 궁극의 사태·절대의 사태가 대상이 될 때, 도리어 철학의 '개념'이 비엄밀하다고 비판하는 것과 같은 엄밀성을 신학은 주장할 것이다. 하나님의 '아픔'은 결코 헤겔이 말하는 것과 같은 '표상'이 아니다.[41]

---

41) 이 점에 대한 상세한 내용은 北森嘉藏, 『神學と信条』(東京: 長崎書店, 1943), 72이하, 102이하를 참조하라.

철학에서 다음과 같은 글을 읽을 때, 우리는 하나님의 '아픔'과 같은 표현이 이미 '개념'의 하위에 있는 '표상'의 영역을 넘어선 것으로 사용되고 있다고 느낄 수 밖에 없다. "매개는 매개되는 것에 의해 한정되는 한에서 부정되지만, 오히려 그 부정을 매개로 긍정되는 것에 의해서 자립성을 유지한다. 동시에 매개되는 것도 매개하는 것의 자립성을 인정하고 그것의 자의적恣意的 자유를 위해 자기에 대한 반항에 의한 그만큼의 부정을 받아들이면서, 오히려 자기의 **상처**를 자기의 적극적 매개성인 사랑의 부정적 계기가 되게 한다.…오히려 자기에 대한 반항 곧 모든 개체의 근본악에 의해 **상처 입은 아픔**이면서, 더욱더 그것을 허용하고, 그것을 자기에게 섭취攝取[42]하여, 특수가 자발적으로 회심전환回心轉回하는 매개로 자기를 소환하는 것이어야만 한다. 이것이 자비라든지 사랑이라고 말하는 까닭이다. 인간의 죄와 함께 스스로 **아프거나 고뇌하지** 않고 다만 초연하게 그것을 넘어서는 절대는, 그것을 사랑이라 부르는 하나님이라고 칭하고 자비라 외치는 부처라 불러도, 우리의 종교적 요구를 만족시키지 못하며, 이와 함께 그런 보편성은 무매개적인無媒介 포월包越[43]에 그치고, 절대매개의 의미에서 구체적 보편일 수 없다.…그런데 헤겔은 앞에 든 이성의 간지奸智라는 개념이 보여주는 것 같이 인간개체의 자유 특히 그 자의恣意를 보편이자 절대이념의 수단으로 해석한다. 이것은 명백히 칸트가 말하는 인격의 자기목적성을 부정하는 것임에 틀림없다. 그

---

42) [옮긴이] 불교 용어. 자비심으로 중생을 거두어들임.
43) [옮긴이] 야스퍼스. 초월적 존재가 모든 것을 포괄함.

에게 인간의 근본악은 충분히 적극적 의미가 없고, 단지 보편에 비하여 특수한 것의 유한성과 추상성의 의미를 갖는 데 그치는 경향이 있는 것도 당연하다. 따라서 그것을 지양止揚하고 구원救濟에 들어가게 하여도, 절대 그 자신에 대한 부정적 한정을 매개로 하여, 특수자의 자의적 배반에 대해 **스스로 아프고 고뇌하면서**, 피한정성에서 특수의 위치로 내려가는 것에 의해 그를 섭취攝取하여 절대선으로 끌어올리는 것과 같은, 강하 곧 상승의 매개운동을 필요로 하는 것이 아니다."[44] 이러한 글에서 도달해 있는 단계는 다음과 같은 글에서 보이는 단계도 이미 넘어서 있는 것이라 생각된다. "암흑 그 자체를 바닥으로부터 감싸 안는 광명이 참된 이성이다. 이른바 원수를 사랑하는 사랑이야말로 참된 사랑이다. 동시에 그런 사랑이 비로소 절대 변증법적인 이성에 대한 감정적 뒷받침을 이룬다 할 것이다."[45]

둘째, **말을 자제**하는 것은 인간적인 미덕의 하나이다. 사태의

---

44) 田辺元,「実仔概念の發展」,『哲学研究』, 309호, 10-11. [옮긴이] 다나베 하지메. 1885~1962. 니시다 기타로와 함께 교토학파를 이끈 사상가로 기타모리 가조의 스승. 수리철학을 전공했으나 독일 유학 후 하이데거 철학 및 변증법 등을 일본에 소개하였다. 전시에 한때 국가주의적 경향으로 치우쳤다. 1945년 대학을 퇴직한 후, 패전 직전에 기타가루이자와北輕井沢에 침거하며 점령군인 미군과 패전 후 일본의 퇴폐를 참을 수 없다고 나오기를 거부하였다. 1948년 출간한『懺悔道としての哲学』을 출간하고, 전쟁 중 자신의 언행 등을 참회했으나, 일본의 전쟁 책임을 참회도라는 보편성 속에서 해소해버린 측면이 있다. 참고, 한국어판『참회도의 철학: 정토진종과 타력철학의 길』, 김승철 역, 서울: 동연, 2015.
45) 田辺元,『ヘゲル哲学と弁証法』(東京: 岩波書店), 53.

엄밀한 파악을 목적으로 하는 학문에서도 가능한 한 이 미덕을 발휘해야 할 것이다. 우리 신학에서 이 미덕을 발휘하는 것은 불가능한 것인가? 구체적으로 말해서 하나님의 '아픔'이라는 몹시 격렬한 말은 자제할 수 없는 것인가? 그렇다, **자제할 수 없다**. 다른 모든 **인간적**인 일에 관한 말이라면 자제가 가능하고, 또 바람직하기도 하다. 그것이 가능한 이유는 무릇 인간적인 일은 말하는 인간과 듣는 인간 양쪽 모두에 **내재적**이기에 자제하는 말로써도 그런 것을 충분히 이끌어낼 수 있기 때문이다. 오히려 말을 자제하는 경우에 반대로 효과적으로 **이끌어 낼 수도 있을** 것이다. 그런데 하나님의 일인 복음이 문제가 될 때, 사정은 완전히 달라진다. **하나님의** 일은 말하는 인간에게도 듣는 인간에게도 전적으로 초월적이기에, 인간의 말을 최고도로 동원했을 때조차도, 그 내용을 이끌어내기가 무한히 **곤란하다**. 복음에 대한 증언은 이런 곤란을 무릅쓸 것을 요구한다. 어떻게 그런 증언이 말을 자제하는 것처럼 여유 있는 **심미적인** 태도에서 나올 수 있겠는가? 복음의 엄밀한 이해로서의 신학은 그런 심미적인 덕을 발휘할 수 없다는 것을 자각해야 한다. 이런 의미에서 신학은 '촌스럽다'野暮고 해야 할지도 모른다. 신학은 이 부끄러움을 견뎌내야 한다. 그러나 '촌스러움'을 자각하고 부끄러움을 아는 사람이 어떻게 여전히 촌스러울 수 있는가? 신학의 '촌스러움'은 인간적인 모든 '세련'보다 훨씬 뛰어난 것이다.

언어를 자제하거나 감정을 억제하는 것은 어떤 면에서 일본적인 도道가 지닌 덕德이라고도 말할 수 있다. 하지만 주의해야 할 것은 일본적인 것이 결코 이런 면에만 국한되지 않는다는 것이다. 모토오리 노리나가^{本居宣長}⁴⁶가 야마토타케루노미코토^{日本武尊}⁴⁷의 비운과 관련해 다음과 같이 기술하는 말에 충분히 주목해야 한다. "이후에도 용기는 조금도 휘어지지 않으시고 성공을 거두고서도 아버지 천황의 대명을 어기지 않는 용기 있고 올바른 마음이면서도, 이렇게 원망해야 할 일을 원망하고 **슬퍼해야 할 일을 슬퍼하여 우시니**, 이것이야말로 사람의 참된 마음이다. 이것은 만일 중국인^{漢人}이라면, 이 정도인 사람은 마음 속으로 깊이 원망하고 슬퍼하면서도 그것을 감싸 숨기고 기색을 보이지 않으며, 이런 때에도

---

46) [옮긴이] 모토오리 노리나가 本居宣長. 1730~1801. 에도^{江戶}시대 국학^{国学}자. 당시 일본에 퍼져 있던 유교 특히 주자학을 외래사상이자 일본 고유의 자연스러운 정서를 왜곡하는 윤리와 도덕이라고 비판하고, 당시 읽지 못하던 『古事記』 연구에 몰두하여 여기서 인용된 『古事記伝』을 저술했다. 『겐지이야기』^{源氏物語}를 통해 '모노노아와레もののあはれ'라는 사물의 슬픔이나 비애의 정서를 일본 고유의 정서라고 주장한다. 그는 자기 학문을 고학^{古學}이라고 불렀으나, 후대에서 국학이라 부르게 된다. 그의 국학은 히라타 아츠타네^{平田篤胤}로 이어지고, 훗날 일본 군국주의의 사상적 기원을 이룬다. 노리나가의 국학의 영향은 한국에서도 자연스럽게 찾아볼 수 있다. 초창기 한국 국학이 신라 향가나 고려 가요 등 문헌상 흔적이 얼마남지 않은 고대 가요를 연구하고, 『삼국유사』에 몰두하는 것 등이 노리나가 이후 일본 국학의 방법론을 자연스럽게 수용한 것으로 볼 수 있다.

47) [옮긴이] 『古事記』에 나오는 일본 야마토조정의 전설적 왕자. 전설에 따른 연대로는 72~114. 12대 게이코^{景行} 천황의 둘째 아들로서 자신의 형을 처형했기에 아버지로부터 돌아오지 말라는 명령을 받고 쫓겨나 이즈모^{出雲}(오늘날 시마네현)와 구마소^{熊襲}(오늘날 구마모토현) 및 동쪽을 정벌했으나 그 와중에 아내를 잃는다. 4세기경의 실존 인물의 이야기를 가공했으리라고 보는 경우가 많다. 오사카의 오오토리다이샤^{大鳥大社}를 비롯 전국 각지에 그를 모시는 신사가 있다.

그저 여느 때처럼 시끄럽게 무용^{武勇}만 대강 운운하니, 이로써 오랑캐^{戎人}의 겉모습을 꾸미는 거짓과 황국^{皇國} 옛 사람^{古人}의 진심이 만사에 생각나고 깨닫게 된다."[48] 일본적인 것은 "슬퍼해야 할 일을 슬퍼하며 우는" 데 있고, 이를 "감싸 숨기고 기색을 보이지" 않는 데 있지 않다.

---

48) 本居宣長, 『古事記伝』 27권. [옮긴이] 노리나가는 중국을 통해서 들어온 유교의 윤리나 도덕을 '가라 고코로^{漢心}'라고 부르며 위선적인 것이라고 비판하고, 일본적인 것, 자연스럽게 슬픔을 느끼고 드러내는 '모노노아와레もののあはれ'를 높이 사는 일본적 심미주의를 추구했다.

2장

하나님의 아픔과 역사적 예수

1

바울은 '육체를 따라'(*kata sarka*) 그리스도를 알고 있지 않았다(고후 5:16). 그러나 동시에 그 바울에게 그리스도는 어디까지나 '육체에 있어서의'(*en tē sarki*) 그리스도였다(롬 8:3). 하나님의 아픔과 역사적 예수의 관계에 대해서도 이 두 가지 측면이 충분히 보존되고 유지된다면 해결이 가능하다. 역사적 예수만 보고 하나님의 아픔을 보지 않을 때, 우리는 '육체를 따라'서만 그리스도를 알게 된다. 또한 하나님의 아픔을 보고 역사적 예수는 보지 않을 때, 우리는 '육체에 있어서의' 그리스도를 간과하게 된다. 예전에 쓴 다음 글에서 나는 이 문제를 어떻든 바르게 서술했다고 생각한다.

"복음은 사실이다. '우리가 들은 바, 눈으로 본 바, 유심히 보고 손으로 만진 바'의 사실이다. 복음이 사실이라는 것은 복음이 우리의 사상이나 감정이나 경험 바깥에서, 한마디로 **우리의 바깥에서** 일어났다는 것을 의미한다. 복음은 1회에 한해 일어났고 반복될 수 없는 사건이다. 곧 **예수 그리스도라는 이름**으로 대표되는 사실이다. 가령 세계 어딘가에서 예수 그리스도의 복음과 내용이 거의 같은 종교사상이 존재한다 해도, 그것이 예수 그리스도라는 이름을 가지고 있지 않은 한 그것은 복음이 아니다. 예수 그리스도라는 이름이 우리의 사상이나 종교감정 또는 철학체계의 **바깥에** 서 있다는 사실은 어떻게 해서도 함부로 처리할 수 없는 객관적 사실이다. 사실로서 복음이 **우리**

의 바깥에 서 있다는 것은 확실한 진리다."

"그렇지만 여기서 우리는 더 깊은 진리에 주목해야만 한다. 확실히 복음은 사실이지만, 그것은 단순히 사실이 아니라 어디까지나 **복음으로서의** 사실이다. 복음은 하나님이 우리를 **사랑**하고 계신다는 사실, **하나님의 사랑**의 사실이다. 그리고 하나님의 사랑은 사랑받는 **우리 자신**을 안에 품고 있을 때에만 하나님의 사랑이다. 곧 복음은 단지 우리의 바깥에 서 있는 사실이 아니라 우리를 **안에 품고 있는** 사실이다. **예수 그리스도라는 이름**으로 대표되는 복음을 **우리에 대한 하나님의 사랑**으로부터 떠나서 생각하는 것은 불가능하다. 하나님의 사랑만이 복음의 사실로 하여금 올바른 복음의 사실답게 한다. 내가 예수 그리스도의 사실을 '하나님의 아픔에 기초한 사랑'으로 나타내는 이유이다.…"

"이제 분명해진 것은 예수 그리스도의 사실을 하나님의 사랑으로부터 떼어놓는다는 생각이 추상적이며 허위라는 것이다. 복음은 단지 우리의 바깥에 객관적으로 서 있는 사실이 아니라, 항상 동시에 우리를 안에 품고 있는 **주관적인** 사실이다. 그리고 우리가 하나님의 사랑 속에 포함되어 있다는 것이 바로 신앙이기에, 예수 그리스도의 사실은 항상 **신앙의 사실**이다. 단지 객관적으로 신앙자가 아니라도 볼 수 있는 듯한 예수 그리스도의 사실은, 이미 **복음의 사실**이 아니다. 단지 객관적으로 하나님의 사랑으로부터 떼어놓고 바라볼 때, 예수의 탄생은 단지 한 종교 창시자의 탄생이며, 예수의 십자가는 한 이상주의자의 비참한 결말이고, 예수의 부활은 종교적 열광이 낳은 환각이다. 예수 그리스도의 사실이 복음의 사실이 되는 것은 그것이 우리를 안에 품고 있는 **하나님의 사랑**의 사실로 보일 때만이다. 곧 예수 그리스도의 탄생과 죽음이 '하나님의 아픔'으로, 예수 그리스도의 부활이 '하나님의…사랑'으로 보일 때만 그러한 사실은 복음의 사실이 된다. 그리고 여기에만 **진리**가 있다. 믿는 사람만이 진리를 보는 것이다."[1]

그런데 이 글에서는 '역사적 예수로부터 **하나님의 아픔**으로'라는 방향으로 나아가고 있다고 할 수 있다. 말하자면 왕상적住相[2]이다. 이런 의미에서 나는 이 글을 보충할 필요를 느낀다. 그것은 '하나님의 아픔으로부터 **역사적 예수**로'의 길을 다시 나아가는 것이다. 말하자면 환상적還相[3]이다.

여기서 우리는 다시금 **브레데**Wrede의 그 유명한 주장을 진지하게 다시 생각할 필요가 있다.[4] 브레데에 의하면 바울은 역사적 예수를 신앙하기 전에 이미 '하늘의 존재자'로서 그리스도를 믿고 있었고, "이리하여 본래 인간 예수는 이미 성립되어 있었던 모든 강력한 속성을 단순히 맡고 있었던 데에 불과하다."[5] "이미 바리새인 바울은 하나의

---

1) 北森嘉藏, 『十字架の主』 (東京, 新生堂 1940), 43-46, 「事実としての福音」.
2) [옮긴이] 불교 용어. 자기가 쌓은 공덕을 모든 중생에게 베풀어 함께 극락에 왕생하기를 원하는 일 또는 현세에서 정토로 가는 것.
3) [옮긴이] 불교 용어. 극락왕생한 사람이 세상에 다시 태어나 극락에서 얻은 공덕을 중생에게 돌리는 일, 또는 극락정토에 왕생한 후 다시 중생교화를 위해 이 세상에 돌아가는 것.
4) William Wrede, *Paulus* (Tübingen: J. C. B. Mohr, 1907) 2nd ed.
5) Wrede, *Paulus*, 86.

신적 존재에 대한 기성旣成 표상을 소유하고 있었고, 그것이 역사적 예수로 전이된 것이다."[6] "바울에게 유일하면서 전부였던 것에 대해, 예수는 아무것도 알지 못했다."[7] "예수의 제자라는 이름은, 만일 이로써 예수와의 역사적 관계를 의미한다면, 바울에게 해당되지 않는다."[8] 요컨대 브레데에 따르면, "예수의 인격에 대한 인상으로부터 그리스도 상像이 성립되지 않았다는 것이다."[9] 참으로 이런 주장은 일면적이며, 발견자에게 흔한 성급함과 편협함을 가지고 있을 것이다. 그럼에도 불구하고 그 주장이 여전히 의의와 가치를 잃지 않고 있다고 생각한다. 곧 '바울주의적'인 사고방식으로 하여금 **자각적으로** '하나님의 아픔으로부터 **역사적 예수로**'의 길을 걷게 하는 기연機緣[10]을 제공한다는 점에서 그렇다. 우리는 그 주장에 따라 역사적 예수의 **고유한** 의의에 대해 새로이 반성해야만 한다.

역사적 예수의 고유한 의의를 인식하는 것이 오늘날 신학의 새로운 과제이기는 하나, 우리에게 그 길은 단지 '역사적 예수로!'가 아니라, 어디까지나 '**하나님의 아픔으로부터** 역사적 예수로'이다. 브레데는 그의 『바울』을 마치면서 "**순수하게 역사적인** 관찰에서

---

6) Wrede, *Paulus*, 87.
7) Wrede, *Paulus*, 94.
8) Wrede, *Paulus*, 95.
9) Wrede, *Paulus*, 84.
10) [옮긴이] 불교 용어. 부처의 가르침을 받을만한 인연.

파악하고 평가한다"[11]라는 태도를 표명하고 있지만, 이 점에서 우리의 길은 브레데로부터 완전히 멀어져 있다. 그 거리는 앞에서 인용한 나의 글에 이미 분명하게 나타나 있을 것이다.

"하나님의 아픔으로부터 역사적 예수로"라는 것은 하나님의 아픔의 필연적인 **성립 계기**로서 역사적 예수의 의의를 인정하는 것이다. 단지 역사적 예수의 '의미'가 하나님의 아픔이고, 하나님의 아픔의 '구체화'가 역사적 예수이다라는 뜻이 결코 아니다. 하나님의 아픔이란 **개념** 그 자체 속에 이미 역사적 예수의 필연성이 포함되어 있다는 것을 의미한다.

> 이런 사고과정에 대한 비교 사례로 나는 안셀무스의 '신의 존재에 대한 본체론적 증명'[존재론적 신 존재 증명]을 들 수 있다고 생각한다. 거기서 하나님의 '사실로서의' 존재는, 하나님의 '개념'과 다른 어딘가에서 요구되는 것이 아니라 바로 하나님의 '개념' **그 자체 속에서** 요구되고 있다. '하나님'이라는 개념 그 자체 속에 '사실로서의' 존재가 그 필연적 성립계기로서 포함되어 있다. 마치 그것처럼 하나님의 아픔이라는 개념 그 자체 속에 일단 개념과 대립하는 예수의 역사적 존재가 그 필연적인 성립 계기로서 포함되어 있다. '사실로서의' 존재 없이는 '하나님'이라는 개념이 성립될 수 없는 것처럼, 예수의 역사성 없이는 하나님의 아픔이라는 **개념** 그 자체가 성립될 수 없다. 이것은 구체적으로 어떤 것을 의미하는가?

---

11) Wrede, *Paulus*, 106.

하나님의 아픔이란 현실의 **역사적** 세계가 짊어져야 할 하나님의 진노를 이런 현실의 **역사적** 세계 속에 있는 하나님의 사랑이 극복했다는 것이다. 따라서 하나님의 아픔의 페르소나[위격]는 **필연적**으로 역사 속으로 들어가야만 했다. 이것이 "자기 아들을 죄 된 육체의 형태로 죄 때문에 보내고, **육체에** 죄에 대한 형벌을 선고하셨다"(롬 8:3, 야마야 세이고山谷省吾 역)라고 기록된 진리이다. 하나님의 아픔의 페르소나 곧 '구주'가 만일 역사적 인격이 아니었다면, 하나님의 아픔 그 자체가 성립될 수 없었을 것이다.

루터의 언어로 말하면 하나님의 아픔은 어디까지나 '진실한 죄'(*verum peccatum*)를 상대하지, '거짓 죄'(*fictum peccatum*)를 상대하지 않는다.[12] 역사의 세계만이 진실한 죄의 세계이며, 어떠한 이념적 세계라도 거짓 죄의 세계에 지나지 않는다. 하나님의 아픔의 페르소나인 예수는 이런 역사적 세계의 '육체'를 취하셨다. '**육체** 안에 계신' 예수는 '진실한 사람' 곧 **역사적** 인격이다. 하나님은 진실한 죄에 대한 **책임**을 짊어지기 위해 자기 자신이 진실한 죄의 세계로 들어오셔야만 했다.

―따라서 모든 모양의 '가현설'(Doketismus)은 하나님의 아픔을 부정하는 결과를 낳는다. 예수가 진실한 역사적 인격이 아니라는 것은, 어떤 이념적 세계의 존재라는 것을 의미한다. 그런데 이념적 세계는 결국 '진실한 죄'가 존재하지 않는 곳이다. 죄는 이념

---

12) Ernst Ludwig Enders, *Martin Luthers Briefwechsel* (Calwer & Stuttgart: Verlag der Vereins-buchhandlung, 1889), vol. III, 208.

화될 때 이미 '미워해야 할' 죄(딛 3:3)가 되지 않는다. 아우구스티누스가 말한 것 같이 "죄란 어떻게 해서도 용서할 수 없는 것"이나 이념적인 죄는 이미 어느 정도 '용서해야 할 죄'이다. 용서해야 할 죄에 대한 용서는 하나님의 아픔에 대한 부정을 의미한다. 하나님의 아픔이란 절대로 융통성을 발휘할 수 없는 하나님의 진노를 극복하는 하나님의 사랑이지만, 이념적 세계에 대해서는 그러한 하나님의 진노가 일어나지 않는다. 따라서 하나님의 아픔만이 모든 모양의 가현설을 원리적으로 부정할 수 있다. 이렇게 하여 하나님의 아픔이란 개념이 역사적 예수의 고유한 의의를 확보했음이 분명해졌을 것이다.

이상에서 걸어온 '하나님의 아픔으로부터 역사적 예수'로의 길은 동시에 끝까지 '역사적 예수로부터 하나님의 아픔으로'의 길을 배후에 짊어지고 있다. 하나님의 아픔은 역사적 예수의 무한히 깊은 **배경**이다. 이 배경이 없는 모든 '예수론'은 깊이라는 것을 가지고 있지 않다. 가령 그것이 중보자로서 그리스도론의 모양을 가지고 있다 해도 이런 배경에 대한 통찰을 결여하고 있는 어떤 논의도 깊이가 없다.

2

역사적 예수의 문제는 단지 그의 인격에 관해서만이 아니라 거듭 그의 교설敎說에 관해서도 제시되었다. 그것이 가장 첨예화된 형태로 나타난 것이 하르나크의 『그리스도교의 본질』을 대표로 하는 이른바 '이중 복음'의 주장이다. 복음은 '예수**의** 복음'과 '예수**에 대한** 복음'으로 구별되어야 하며, 전자는 주님으로서 '아버지 되는 하나님', '하나님 나라의 도래', '보다 높은 의' 등을 중심 내용으로 하는 예수 자신의 종교이며, 후자는 예수 그리스도의 죽음과 부활에 의한 인간의 속죄를 중심 내용으로 하는 바울적인 종교라고 주장한다. 이미 브레데도 이 양자 사이의 예리한 대립을 인정하고, "예수의 설화나 비유 속에 살아 있는 종교를 묘사하려고 하는 자는 속죄 종교에 대해서 말하는 것 따위는 생각도 못한다"[13]고 말하고 있다. 브레데에 의하면 예수가 유대 종교로부터 떨어져 있는 것보다 바울이 예수로부터 더 멀리 떨어져 있다.[14] "예수인가, 바울인가? 이 양자택일이 현대의 종교적, 신학적 싸움을 최소한 부분적으로는 표현한다."[15]

'예수인가, 바울인가?' 이런 문제 설정措定의 의의는 역사적 예수의 교설이 가진 고유성을 주목하는 데 있다. 널리 알려진 대로 약 반세기 전에 이 문제가 제시되자 당시의 교회와 신학계는 엄청난 충격을 받았다. 그 후 그 충격의 파도도 점차 가라앉았고, 최근에는 이 문제 전체가 잊혀지고 만 듯한 느낌도 있다. 그럼에도 불구하고 이 문제는 오늘도 여전히 미해결인 채 남아 있다고 해

---

13) Wrede, *Paulus*, 103.
14) Wrede, *Paulus*, 95.
15) Wrede, *Paulus*, 105.

야 하지 않을까? 적어도 나 자신은 이 문제에 관해 적확하고 명쾌한 말을 아직 들어본 적이 없다. 따라서 오늘날 조금이라도 더 해결하려고 노력하는 것이 우리의 공동 의무여야만 한다. 나는 이미 이 문제에 대한 나 자신의 생각을 기술했다.[16] 여기서 다시 상술하는 것은 자제하고, 그 요점만 기술하면 다음과 같을 것이다.

특히 공관복음서에서 나타난 예수의 교설이 이른바 바울주의적 교설에 비하여 가지는 특질은 **한결같은 하나님의 사랑**이 우세하게 설명되고 있는 점이라 할 수 있다. '예수의 명랑한 신관'神觀 같은 것을 말하는 까닭이다. 이에 대해 바울주의는 가령 하나님의 사랑에 대해 할 말을 알고 있어도, 그것을 어디까지나 예수 그리스도의 속죄라는 '참혹한 절차'를 거쳐서만 말하려고 한다. 후자[바울주의]에서 하나님의 사랑은 끝까지 **하나님의 아픔**에 기초하고 있다. 따라서 예수와 바울의 대조는 그것의 참모습에 입각해서 말하자면 하나님의 사랑과 하나님의 아픔의 대조가 된다. 그러나 이 대조는 곧바로 **대립**을 의미하는가? 문제는 여기에 집중된다. 예수에게서 나타난 하나님의 사랑의 교설은 바울이 예수 그리스도에게서 보았던 하나님의 아픔에 **기초한 것**이 아닌가? 바울이 보았던 하나님의 아픔이란 요컨대 예수 그리스도의 **인격**의 의미임에 틀림없다. 그러므로 예수의 교설이 바울의 교설에 기초하고 있다는 것은 실은 예수의 교설이 예수의 **인격**에 기초하고 있다는 것이다. 이것은 곧 '하

---

16) 北森嘉藏, 『十字架の主』, 38이하, 88이하 및 『神學と信条』, 26이하, 52이하, 93이하.

나님의 아픔에 기초한 사랑'이다. 그리고 **교설**이 그것을 설명하는 사람의 **인격**에 기초한다는 것보다 더 자연스러운 일이 있을까?

그러나 우리는 이러한 상황을 더 깊이 생각해야 한다. 우리가 죄인인 한(이 사실은 바울에게와 같이 **예수**에게도 또한 확정적인 것으로 승인되어 있다) 하나님의 사랑은 우리에게 향해 올 수 없다. 아니, 오히려 하나님의 사랑이 죄인에 대한 반응으로 나타날 때, 그것은 하나님의 진노이다(그런데 이 사실 또한 바울과 같이 **예수**에게 승인되어 있다). 하지만 하나님은 그 진노의 대상인 우리를 사랑하셨다. 이렇게 진노를 극복하는 하나님의 사랑이야말로 하나님의 아픔이다. 바울은 그 하나님의 아픔의 사실을 예수 그리스도의 인격에서 보았다. 그러나 주의해야 할 것은 **예수** 또한 그 아픔의 사실을 명백히 말하고, 그 사실을 **자기** 인격에 결부시키고 있다는 것이다. 마태복음 9:13(=막 2:17, 눅 5:31), 마태복음 16:21-23(=막 8:31-33, 눅 9:22), 마태복음 17:9-13(=막 9:9-13), 마태복음 17:22, 마태복음 20:28(=막 10:45, 눅 18:27), 마태복음 26:6-13(=막 14:3-9), 마태복음 26:24(=막 14:21, 눅 22:22), 마태복음 26:26-29(=막 14:22-25, 눅 22:15-20), 마태복음 26:42, 마태복음 26:54, 마가복음 9:12, 누가복음 7:41-50, 누가복음 9:44, 누가복음 13:6-9, 누가복음 15:1-33, 누가복음 18:9-14, 누가복음 19:1-10, 누가복음 23:34, 누가복음 23:39-43 등등. 이런 구절들에서 적어도 **사태**事態로서 바울이 보았던 것과 동일한 것을 언급하고 있다(여기에 여전히 남은 문제에 대해서는 후술한다).

그런데 하나님의 사랑을 등지고 있는 죄인에게 다가오는 하나님의 사랑 곧 하나님의 아픔 속에서, 죄인은 완전히 하나님께 정복당하여 순종하는 자가 된다. 순종이란 하나님의 사랑으로부터 떨어지지 않는 것이지만, 죄인을 파악하는 하나님의 아픔으로부터 어떻게 해서도 떨어질 수 없기 때문이다. 여기서 일어나는 것은 죄인에 대한 하나님의 승리이다. 하나님의 아픔의 승리는 이 아픔도 관통하는 한결같은 하나님의 사랑, 곧 하나님의 아픔에 기초한 사랑이다. '예수의 명랑한 신관'이라 부르는 사태는 이러한 한결같은 하나님의 사랑을 의미하는 것이어야 한다. 예수에게서 이 사랑은 두 가지 형태로 나타난다. 첫째는 **윤리**의 문제를, 둘째는 **행복**의 문제를 둘러싸고 있다. 예수의 윤리적 계명은 한결같은 하나님의 사랑의 영역에서만 성립할 수 있는 것이다. 아픔을 경과하지 않는 직접적인 하나님의 사랑의 영역에서는 도저히 성립할 수 없는 것이다. 또한 들의 백합꽃과 공중의 새에 나타나는 하나님의 사랑은 인간에 대한 사랑이 되었고 참된 행복의 원천이지만, 그러나 그것 또한 한결같은 하나님의 사랑의 영역에서만 성립할 수 있는 것이다. 하나님의 아픔을 경과하지 않는 하나님의 진노의 영역에서 그러한 하나님의 모습은 망상이라 불릴 만하다. 하나님의 모습을 이러한 것으로 나타내는 일은 예수에게만 가능한 일일 것이다. "거의 모든 그리스도의 도덕적 교설은 히브리·유대 문서 속에 유사물이 있다. 그러나 이러한 꽃의 아름다움에 대한 찬미(마 6:28 이하)에는 그런 유사물이 없다고 생각한다.…모든 그리스도의 말씀 중에 그것이 **가장 독창적**이다."[17] 우리는 오늘날 예수의 교설

---

17) Edwin Abbott Abbott, *The Son of Man*, XIV, 3565d., cited in James

의 고유성을 충분히 살려야만 한다. 이상이 일단 '예수와 바울'의 문제에 대한 해답이다.

이러한 인식을 촉진하는 하나의 기연機緣을 만든 것은 브레데, 하르나크 등의 근대주의 신학자이며, 여기에 그들의 신학적 의의가 있다고 할 수 있다. 그러나 그들은 두 가지 점에서 잘못을 범했다고 생각된다.

첫째, 근대주의는 예수에게서 보이는 하나님의 사랑을 **직접적인** 사랑이라고 생각했다. 직접적(im-mediate, un-mittelbar)이란 중보자(mediator, Mittler)를 제외하는 입장이다. 바울의 이른바 "그리스도의 죽으심을 헛되이 한다"는 입장이다(갈 2:21). 이러한 일은 하나님의 사랑을 완전히 자연화自然化한다. 가령 마태복음 5:45나 6:25 이하 등은 '자연'에 드러난 하나님의 사랑을 설명하고 있다고 생각된다.[18] 여기서 하나님의 사랑은 예수 그리스도 **없이도** 있을 수 있는 것이고, 예수는 단지 이러한 '진리'를 체득하고 인간에게 '전하는' 자에 불과하다. 그리스도 없이도 있을 수 있는 것은 엄밀히 말하면 **그리스도교**가 아니다. 따라서 하르나크류의 '그리스도교의 본질'은 실은 이미 그리스도교가 **아닌** 것의 본질이다. 가톨릭 신학자 데니플Denifle이 하르나크의 『그리스도교의 본질』에 대해 "*Sein* Christentum ist *kein* Christentum"[그의 그리스도교는

Moffatt, *The Theology of the Gospels* (London: Duckworth & Co., 1912), 94.

18) Alfred Ernest Garvie, *The Christian Ideal for Human Society* (London: Hodder & Stoughton, 1930), 455.

그리스도교가 **아니다**] 라고 평가한 것은 단순한 빈정거림 이상의 참모습이다.[19]

이미 앞장 3에서 기술했던 것처럼 근대주의의 본질은 하나님의 아픔을 부정하는 데 있다. 역사적 예수 문제를 둘러싸고 제공된 것도 실은 그런 근본적 입장의 한 가지 변주變奏에 지나지 않는다. 우리는 그런 입장에 대하여 절복折伏의 '아니오!'로 대답해야 한다. 그러나 앞에서 기술한 대로 참된 절복은 동시에 섭수攝受이어야 한다. 예수의 교설에서 한결같은 하나님의 사랑의 고유성을 충분히 인정하고 살리는 것이 근대주의의 의도를 진실하게 섭수하고, 나아가 그것을 구원하는 일이 될 것이다. 아픔에 기초한 하나님의 사랑도 그 언어에 있어서는 직접적인 하나님의 사랑과 완전히 같은 '사랑'이다. 이것은 아픔에 의해 직접적인 사랑이 **회복**되는 것이라고도 해석될 수 있을 것이다. "내가 율법 또 예언자를 부수기 위해 왔다고 생각하지 말라. 부수기 위해 오지 않았고 반대로 **성취**하기 위해서다"(마 5:17)라는 예수의 말씀이나 "그러면 우리 신앙으로 율법을 헛되게 하는가? 결코 그렇지 않고 도리어 율법을 **견고히 한다**"(롬 3:31)라는 바울의 말은 이러한 상황을 나타내는 것으로 해석할 수 있을 것이다. 하나님의 아픔의 신학은 끝까지 **대답으로서의 신학**이어야만 한다. 단순히 질문이어서는 안 된다.

---

19) Heinrich Denifle, *Luther in rationalistischer und christlicher Beleuchting: prinzipielle Auseinandersetzung mit A. Harnack und R. Seeberg* (Mainz: Verlag vor Kirchheim, 1904), 34.

마태복음 6:25 이하에서 나타나는 공중의 새와 들의 백합꽃은 확실히 하나님의 아픔에 기초한 사랑을 상징하지만, 그러나 그것이 직접적인 하나님의 사랑 곧 **자연**의 정경情景인 것도 부정할 수 없다. 여기서 은총은 자연을 매개로 하여 자신을 말하고 있다. 하나님의 아픔에 의해 직접적인 하나님의 사랑으로서의 자연이 회복되고 살아나고 있는 것이다. 하나님의 아픔에 기초한 사랑의 영역에서는 **자연의 아름다움**도 그것의 고유성에서 인식될 것이다.

둘째, 예수에게서도 바울에게서도 하나님의 아픔과 하나님의 사랑은 철저하게 **결합**되어 '하나님의 아픔에 기초한 사랑'이란 통일체를 이루고 있으며, 결코 하나님의 아픔과 하나님의 사랑은 분열하여 대립하고 있지 않다. 이것을 인식할 수 없었던 것이 근대주의의 극심한 추상이다. 예수가 단지 하나님의 사랑만이 아니라 하나님의 아픔도 말씀하셨다는 것은 우리가 이미 본 대로다. 여기서 주의해야 할 것은 바울에게서도 단지 하나님의 아픔만이 아니라 동시에 하나님의 사랑도 깊이 체득되고 또한 표현되고 있다는 점이다. 구체적인 구절로서 로마서 8장, 고린도전서 13장 및 15장 이 세 가지를 들면 이미 충분하다고 나는 생각한다. 여기에 더하여 극히 세심한 윤리적 배려, 그 무엇도 빼앗을 수 없는 절대적인 평안 및 기쁨과 감사, 이런 두 가지 측면을 말하는 바울의 언어는 헤아릴 수 없을 정도로 풍부하다. 가령 일단 그것의 형태가 예수와 다르다 해도, 거기서 보이는 사태는 완전히 동일하다. 하나님의 아픔에 기초한 사랑 전체가 천의무봉하게 체현되어 있는 점이 오히려 바울의 비견할 데 없는 위대함을 나타내는 이유이며, 이런 점에서 루터 같은 사람도 구체성에서는 바울에게 미치지 못한다고 생각된다. 이런 내용을 전혀 인식할 수 없었다는 것도 근대주의자의 신학적 감각을 의심하기에 충분하다고 하겠다.

3

역사적 예수와 그 교설의 연관에 대해서는 이상으로 일단 결론이 주어졌다고 생각되나, 이 문제에 여전히 두 가지 해명해야 할 의문점이 남아 있다. 가령 예수가 하나님의 사랑과 동시에 하나님의 아픔에 대해 말씀하셨다 해도, 그것이 바울에 관해서와 같이 **현저한** 모양으로 나타나지 않는 이유는 무엇인가? 또한 이와 연관된 것으로 예수에 관해서 하나님의 아픔보다도 오히려 하나님의 사랑 쪽을 **우위**에 놓은 것처럼 말하는 이유는 무엇인가? 이런 두 가지 의문이 해결되지 않는 한, 근대주의 진영으로부터 제시된 문제는 충분히 대답되었다고 할 수 없다.

첫째 의문에 대한 대답은 다음과 같다. 예수에게서 하나님의 아픔이라는 십자가의 의의가 바울에게서만큼 현저한 모양으로 언급되지 않는 것은 예수의 죽음·부활·승천에 이어 **성령**이 강림하셨을 때까지는 이 진리를 충분히 나타낼 수 없었기 때문이다(요 14:26; 15:26; 16:7; 16:13). 따라서 이 진리의 충분한 현시를 사도들에게 부탁하셨다. "사도적 영감은 그리스도께서 자기 자신의 사업에 대해 행하시는 **사후주석**死後註釋(posthumous exposition)이다."[20] 십자가의 진리를 **말했던** 것은 사도들이었다. 예수 자신은 그것에 대해 충분히 '말할' 수 없었고, 다만 그것을 **행하실** 수 있었을 뿐이었다. "자기의 죽음에 대한 그리스도의 사상은 행위로서가 아니라면 언표할 수 없었다."[21]

둘째 의문은 더욱 깊은 사색을 필요로 한다. 예수의 인격은 하나님의 아픔 그 자체인데도 불구하고, 그의 교설은 하나님의 아픔보다도 오히려 하나님의 사랑을 우위에 놓고 있는 것 같다고 생각되는 이유는 무엇인가?

―하나님의 아픔이란 구체적으로 말하면 죄의 **용서**이다. 이 의문을 해석하는 길은 **용서**라는 것의 본질을 깊이 생각하는 것에 의해서 열린다고 나는 생각한다. **용서라는 것은 잊는다는 것이다**. '용서는 하지만 잊지는 않는다'라는 것은 실은 용서하지 않는 것이다. 자신이 얼마나 쓰라리게 생각하며 상대의 죄를 용서했는지 **기억하고** 있으며, 그것을 계속해서 말하고 있는 한, 그것은 진실로 용서하고 있다고 말할 수 없다. 또한 그렇게 용서받은 당사자도 용서받은 평안을 진실하게 향수享受할 수 없을 것이다. 진실하게 용서했을 때에는 그 용서했다는 것까지도 잊어버려야만 한다. 이것은 용서가 방임을 의미한다는 것이 결코 아니다. 어디까지나 용서하는 자가 용서해야 할 죄인의 책임을 짊어지고 그 아픔을 느껴야만 한다.

---

20) Peter Taylor Forsyth, *The Person and Place of Jesus Christ* (London: Independent Press, Ltd., 1909), 168.
21) Forsyth, *Person and Place*, 266.

그러나 그 아픔이 진실한 것이라면, 아픔은 자신을 관통하고 한결같은 사랑으로 나올 것이다. 용서받는 상대에게 자기 아픔을 호소하고 있는 동안은 진실하게 용서하고 있지 않은 것이다. 아픔까지도 잊어버리고 한결같은 사랑으로 상대를 감싸는 그때 용서는 용서로서 참뜻을 발휘하고 아픔은 진실한 것임을 증명했다.

─이러한 사정이야말로 역사적 예수에게 있어 하나님의 아픔에 대한 하나님의 사랑의 우위를 설명하는 것이라고 나는 생각한다. 예수가 **구주**이며 하나님의 아픔의 페르소나라는 것은, 그가 구원이나 하나님의 아픔에 대해 구구하게 말씀하시지 않고, 오히려 반대로 구원의 **성취**로 인간의 불행을 해결하기 위해 노력하고, 한결같은 하나님의 사랑의 소식에 기뻐하시는 데서 분명히 나타난다고 생각된다. 공관복음서에서 예수의 공생애의 첫머리가 병의 치유라는 것도 이런 상황을 나타내기에 충분하다(막 1:32-34). 우리는 여기서 바로 이 은총의 황공함을 절실히 느끼는 것이다. 이런 점을 통찰하지 않고, 예수를 직접적인 '하나님의 사랑'의 시인(詩人)이라 하는 근대주의적 사고방식은 신학 문제로서 보기 이전에 인간적으로 보아도 참으로 생각 없는 행위라 말하고 싶다. 하나님의 사랑은 어디까지나 하나님의 아픔에 **기초한** 사랑이다. 이것은 마가복음 2:1-12에서 이미 분명하다.

바울의 복음이 '십자가의 복음'인 데 비하여 예수의 복음은 '**하나님 나라의 복음**'이라고도 한다. 이것도 확실히 사실이다. 그러면 도대체 하나님 나라란 본질적으로 무엇인가? 하나님 나라는 **하나님의 사랑에 의한 지배**이다. 그렇다면 이 두 복음의 대조도 결국 앞에서 본 것과 연관된 변주의 하나이며 해결도 동일한 길로 주어질 것이다. 여기서 문제는 하나님 나라는 예수 그리스도 없이도 생각할 수 있는 일반적 진리인가 아닌가 하는 점이다. 근대주의는 자칫 이것을 일반적 진리에 불과한 것으로 말하는 경향을 보이는데, 이것에 대해 오히려 신약학자는 자신의 언어로 대답하는 것이 적절할 것이다. "그리스도가 하나님 나라가 가깝다고 선언하셨을 때, 그는 묵시적 예상予期으로 말씀하셨던 것이 아니고, **그를 통하여** 하나님이 그 선한 목적으로 최고지배最高支配하신다고 확신하고 말씀하셨다.…그리스도는 **자기 자신의 죽음**을 하나님의 선한 목적을 수행하는 결정적인 단계로 보셨다.…하나님의 힘과 선에 대한 이런 확신은 예수 그리스도의 인격과 결부되어 있다. 종말론적 희망은 축복과 구원이 **신적 그리스도**를 통하여 매개되는 미래를 예상한다. 하늘 아버지의 아들이라는 새로운 관계에 넣기 위해서 **예수가 속죄로 그 생명을 내어주신 인간, 그 피를 흘려주신 인간**, 이 인간을 하나님은 지배하시려 한다."[22]

4

역사적 예수의 고찰에서 항상 문제시 되는 것은 **요한복음**이다. 요컨대 이 복음서에 나타나는 예수의 사실의 역사성이 의문시되는

---

[22] Moffatt, *Theology of the Gospels*, 54-55, 58, 69.

것이다. 그러나 우리가 이미 고찰한 데서 이 문제도 해결의 길이 열리지 않겠는가? 예수의 사실은 단순한 사실이 아니라, 어디까지나 **복음으로서의 사실**이었다. 복음은 역사적 사실이지만, 역사적 사실로 다하는 것이 아니다. 이것은 역사적 사실의 안쪽에 무한히 깊은 배경을 담고 있다. 공관복음서가 주로 전경前景인 역사적 사실에 주목하고 있는 것에 비해 요한복음은 주로 **배경**인 복음적 사실에 주목하고 있다고 할 수 있다. 전경만을 사실이라 생각하고 배경을 사실이라 생각하지 않는 것은 이미 복음으로서의 사실을 생각하지 않는 것이며, 따라서 예수 그리스도에 대해서 생각하지 않는 것이다.

여기서 요한복음의 내용 전반에 대해 기술할 의도는 없다. 다만 요한복음에서 복음의 배경인 하나님의 아픔이 어떻게 이야기되고 있는지를 조금 보아두고 싶다. 내가 보기에 요한복음은 하나님의 아픔을 극히 특이한 방식으로 시종일관 주제로 취급하고 있는 것 같다. 이 취급 방식은 완전히 요한에게 독특한 것으로, 바울에게서조차도 비교할 바를 찾지 못한다. 아래에서 들고 있는 텍스트의 구절에서 그 주제가 전개되고 있다.

⑴ 예수가 대답하신다. "내 아버지가 지금까지 일하시니 나도 또한 일한다." 이로써 유대인이 더욱 예수를 죽이려고 생각한다. 그것은 안식일을 어길 뿐 아니라 하나님을 나의 아버지라 말하여 자기를 하나님과 동등한 자로 취급하시기 때문이다(5:17-18).

⑵ "내가 그를 안다. 나는 그에게서 나오고, 그는 나를 보내신 까닭이다." 이에 사람들이 예수를 잡으려 모의하고…(7:29-30).

(3) 예수가 말씀하신다. "참으로, 참으로 내가 고한다. 아브라함이 태어나기 전부터 내가 있으니." 이에 그들이 돌을 들어 예수에게 던지려 하니, 예수는 숨어서 궁宮[성전]을 나가신다(8:58-59).

(4) "나와 아버지는 하나이다." 유대인이 또 돌을 들어 예수를 치려 한다. 예수가 대답하셨다, "나는 아버지로부터 많은 선한 행위를 너희에게 나타내고 있다. 그 어느 행위를 이유로 나를 돌로 치려하느냐?" 유대인이 대답한다. "너를 돌로 치는 것은 선한 행위 까닭이 아니라, 모독하는 말인 까닭으로 너는 사람이 되어서 자기를 하나님이라고 하기 때문이다"(10:30-33).

(5) 유대인들이 대답한다. "우리에게 율법이 있으니 그 율법에 따르면 죽음을 당할 자로, 그는 자기 자신을 하나님의 아들로 삼는다"(19:7).

앞에서 든 일련의 기사에 하나의 공통된 사태가 나타나 있다. 그것은 하나의 **숙명적인 과정**이라고도 이름해야 할 사태이다. 이 과정은 다음과 같은 순서를 밟는다.

1. 예수는 **하나님의 아들**이며 하나님 그 자신이다.
2. 예수가 이것을 **말씀하신다**.
3. 그러자 이 예수의 말씀 자체가 예수에게 **죽음의 원인**이 된다.

이 과정은 예수에게 참으로 숙명적이었다. 게다가 비극적인 숙명이었다. 사실 하나님의 아들이자 하나님 그 자신이신 자가 그것을 말씀하실 때, 그 말씀 자체가 그에게 죽음의 원인이 되는 것, 이것을 비극적 숙명이라 하지 않으면 무엇이라 하겠는가? 이런 사실이야말로 **하나님의 아픔**이다. 예수의 생애 전체가 '아픔의 길'(*via dolorosa*)이었다. 하나님이 이 세계에 들어오셨을 때, 그 행위 자체가 이미 죽음을 의미하고 있는 것이었다. 그리스도에게는 죽는 것이 하나님의 아픔을 의미할 뿐 아니라, 태어나는 것이 이미 하나님의 아픔을 의미했다. "그는 단지 죽는 것뿐 아니라 태어나는 것을 승인하셨다."[23] 자칫 오늘의 신학계에서 오로지 요한복음 1:14만 중요시하는 경향이 있지만, 그것은 **3:16** 없이는 불가능한 말씀이다. 그리고 3:16은 루터에 의하면 '**비극적인 말씀**'(*tragica verba*)이다.[24] 하나님의 이런 비극적인 사랑을 보지 않고 말하는 '말씀의 성육신'은 공허한 형식론이다. 오늘의 신학계가 그런 형식론에 의해 지배되는 경향이 있는 것은 실로 한탄스러운 일이다. 형식이 아무리 올바르다고 해도 내용이 제외되어 있는 한, 이미 허위이다. 형식이 내용을 지배하는 것이 아니라 내용이 형식을 지배해야 할 것이다. 이른바 '하나님의 말씀의 신학'에 대하여 오늘 '하나님의 아픔의 신학'을 주목하지 않을 수 없는 이유이다.

---

23) Forsyth, *Person and Place*, 271.
24) Luther, *WA*, vol. 36, 180.

3장

하나님의 본질로서의 아픔

1

복음을 증거하는 데 부여된 사명은 복음으로부터 생겨야 하는 **놀라움**을, 그것이 마땅히 생겨야 할 것처럼 생기게 하는 것이다. '하나님의 아들이 죽으셨다'라는 소식은 그 무엇보다도 먼저 놀라움에 그야말로 어울리는 소식이다. "그리스도의 죽음이 어떤 의미에서 하나님의 죽음이라고 해석되지 않는다면, 바울의 논리는 철저한 것이 되지 못한다."[1] 하나님이 죽으셨다! 이 소식이 놀랍지 않다면 도대체 무엇이 놀랍다 하겠는가? 교회는 이 놀라움을 계속 가지고 있어야만 한다. 교회가 놀라움을 잃어버렸을 때는 교회이기를 멈춘 때이다. 복음의 엄밀한 이해로서의 신학은 다른 무엇보다 먼저 놀라움에 타격을 받아야만 한다. 철학은 놀라움으로 시작한다고 말하는데,[2] 신학 또한 놀라움으로 시작한다고 말한다. 아니, 오히려 신학의 놀라움 앞에서 철학의 놀라움은 퇴색될 것이다. '하나님이 죽으셨다'라는 소식에 놀란 사람은 이제 다른 어떤 일에도 놀라지 않을 것이다.

그런데 교회와 신학이 바로 그런 소식으로 **놀라지 않은지가** 이미 오래되었다. 우리가 가장 슬퍼해야 할 것은 '하나님의 아들이

---

1) 植村正久, 『植村全集』 四卷, 403.
2) [옮긴이] 철학은 놀라움에서 시작한다는 아리스토텔레스의 말을 언급한 것으로 보인다.(『형이상학』, 982b) 플라톤도 놀라움을 철학자의 상태, 철학의 시작이라고 말한다.(『테아이테토스』, 155d)

십자가에서 죽으셨다'는 소식으로는 놀라움이 생겨나지 않았다는 것이다. 바로 이 [놀라지 않는] 것이야 말로 정말 놀라운 것이다. "하늘이여, 이 일에 놀라고 떨고 몹시 두려워하라"(렘 2:12). 오늘날 교회와 신학에 무엇보다도 긴급한 것은 이 놀라움을 되찾는 일이다. 이 놀라움이 생겨나는 데 어울리도록 복음을 새롭게 다시 발음發音하는 것이다.

나는 예레미야 31:20을 매개로 해서 그 놀라움을 회복했다. 그것은 '아픔에 있어서의 하나님'의 발견이다. 이 첫째 놀라움에 이어서 이제 나는 **둘째** 놀라움에 대해서도 말해야만 한다. 둘째 놀라움은 **히브리서 2:10** 속에서 발견되는 한 단어에서 생겨났다. "그 많은 자녀를 영광으로 이끌며, 그 구원의 군주를 고난에 의해 온전하게 하심은 만물이 돌아가는 바, 만물을 만드시는 자에게 상응하는[어울리는] 일이다"(개역개정: 그러므로 만물이 그를 위하고 또한 그로 말미암은 이가 많은 아들들을 이끌어 영광에 들어가게 하시는 일에 그들의 구원의 창시자를 고난을 통하여 온전하게 하심이 합당하도다). 어울리는(*eprepen*)이라는 작은 단어 하나가 나에게 마치 온 우주를 뒤흔드는 듯한 울림으로 들려왔다. 우리는 이 단어를 단서로 해서 하나님의 깊은 뜻奧義 속에 들어가는 것이다. 우리가 그 단어를 통하여 들여다보는 것이 허용된 세계는 이미 인간의 세계나 역사의 세계가 아니라 **하나님의 내적 세계**, 곧 교회의 고전적 용어로 말하자면 하나님의 '본질'의 세계이다. 이제 우리에게는 경외하는 것이 어울린다.

놀라움을 잃어버린 교회 속에서 말하는 놀라움을 잃어버린 신학설神學說에 따르면, 하나님이 그리스도를 고난과 만나게 하는 것은 본래 하나님에게 상응하지 **않는** 것이나, 죄에서의 구원이라는 목적을 위해 부득이 취한 비상수단이라고 생각된다. 그런데 히브리서 2:10에 따르면 하나님이 그리스도를 고난에 의해 온전하게 하심은 하나님에게 **상응하는 것**이었다. 게다가 여기서 언급하는 하나님은 "만물이 돌아가는 바, 만물을 만드시는 자"로서의 하나님, 곧 가장 본질적인 속성에서 생각되는 하나님이다. 우리가 이 텍스트로부터 읽어낼 수 있는 것은 하나님의 아픔이 하나님에게 상응하는 것이었다는 점이다. '상응한다'는 **본질 필연적**本質必然的이라는 것이다. 아픔은 하나님의 본질에까지 들어 있다! 놀라움이란 바로 이것이다. 하나님의 본질은 하나님의 영원성에 대응한다. 성서에서 말하는 하나님의 아픔은 **영원자**永遠者로서의 하나님에 관한 것이다. "나는 맨 처음最先이고, 맨 마지막最後이며, 내가 **일찍이 죽었지만**, 보라 세세로 한없이 산다"(개역개정: 나는 처음이요 마지막이니 곧 살아 있는 자라. 내가 전에 죽었었노라. 볼지어다! 이제 세세토록 살아 있어…, 계 1:17-18). 궁극적인 영광의 모습에서 나타나시는 하나님도 더욱이 자기 자신을 "맨 처음이자 맨 마지막인 자, **죽은 사람이 되고 다시 사는 자**"(계 2:8)라고 부른다. 요한계시록 13:8은 그리스도는 "세상의 창조로부터 죽임 당하신 어린 양"(계 13:8)[3]이라 옮

---

3) [옮긴이] 기타모리 가조의 사역인 "世の創より屠され給いし羔羊"를 직역했다. 기타모리 가조가 인용하는 문어역, 즉 다이쇼역 신약성서는 "其の各を屠られ給ひし羔羊の生命の書に, 世の創より記されざる者は"로, 이를 옮기면 "그 이름을 죽임 당하신 어린양의 생명책에, 창세 때부터 기록되

길 수 있을 것이다(더구나 "죽임 당하신 어린양"이 차지하는 위치를 보라. 계 5:6, 12, 13). 십자가는 결코 어떤 외화外化된 하나님의 행위가 아니라, 하나님의 **내적 행위**이다. "십자가는 신성의 내부에서의 행위의 반영(혹은 오히려 역사적인 극점)이었다."⁴ "구원의 결의에 아들의 자기희생에 관한 절대적이며 하나님 안에 기초한 필연성(eine absolute, innergöttlich begründete Notwendigkeit der Dahingabe des Sohnes)이 전제되어 있다고 루터는 주장한다. 그에 의하면 세계의 구원이란 사실에서 문제가 되는 것은 단지 하나님과 세계 혹은 하나님과 악마가 아니라, 세계와 관계를 맺으시는 **하나님과 하나님**이다."⁵ "하나님의 이런 저런 추상적 속성이 아니라 하나님과 하나님이 대립한다. 곧 진노의 의지를 따르는 하나님과 사랑의 의지를 따르는 하나님이다."⁶ 따라서 루터에 따르면 "복음은 하나님의 눈으로 보면 세계의 기초가 놓이기 이전에 설명되었다."⁷ 영원성은

어 있지 않은 사람"이며, 한국어 개역개정 혹은 새번역은 '이름을'의 위치만 다를 뿐 의미가 같다. 기타모리는 어순을 바꾸어 본문과 같이 번역한다. 영역자 주에 따르면 그리스어 원문은 두 가지 번역을 모두 허용한다. 기타모리 가조는 필립스J. B. Phillips와 윌리암스L. K. Williams와 함께 킹제임스번역King James Version을 채택했다. 다른 기관과 번역은 개정표준역Revised Standard Version의 "every one whose name has not been written before the foundation of the world in the book of life of the Lamb that was slain"을 선호한다. 한국어 개역개정과 새번역 모두 이를 따르고 있으며, 기타모리 가조의 사역과 같은 번역은 새번역 난하주에 기록되어 있다

4) Forsyth, *Person and Place*, 270.
5) Theodosius Harnack, *Luthers Theologie*, vol. 2, 242-243.
6) Theodosius Harnack, *Luthers Theologie*, vol. 2, 253.
7) Luther, *WA*, vol. 45, 415, Theodosius Harnack, *Luthers Theologie*, vol. 2, 76.

필연성을 수반한다. "하나님의 아들, 자기 자신이 인간이 되어 죄와 하나님의 진노와 죽음을 몸에 짊어**지셔야만 했다**(müssen)."[8]

2

나는 지금 '본질'이라는 단어를 사용했다. 그런데 '본질'은 교회의 고전적 신학에서 결정적인 역할을 했던 단어이다. 삼위일체론적三一論 신학에서 하나님은 '본질'(ousia, substantia)로 표현되었다. 이 단어로 지시되는 진리야말로 바로 깊은 뜻 중의 깊은 뜻이다. 모든 신학적 용어 가운데 이만큼 숭고한 지위를 받은 것은 거의 없을 듯 하다. 그러나 동시에 이 단어만큼 문제로 가득한 단어도 거의 없을 것이다. 아니, 오히려 이 단어가 숭고한 지위를 받고 있다면 그것이야말로 더욱 문제는 심각해진다.

단적으로 말해서 '본질'이라는 개념만큼 성서에 나타나 있는 하나님의 모습에서 멀리 **떨어져** 있는 것도 없을 것이다. 예레미야에게 나타나고 바울에게 나타났던 하나님의 모습을 알고 있는 자는 '본질'로서의 하나님의 모습이 결정적인 것 하나를 **잃어버리**고 있다는 것을 눈치챌 것이다. 더구나 그 잃어버린 것 하나는 바로 참된 하나님의 **본질**이며, 참된 하나님의 **마음**이다. 예레미야가 보았던 하나님의 아픔, 바울이 보았던 십자가의 사랑이야말로 하

---

8) Luther, *EA*, vol. 12, 324. vol. 9, 381. *Luthers Theologie*, vol. 2, 84.

나님의 본질이며 하나님의 마음이다. 따라서 고전적 삼위일체론에서 말하는 하나님의 '본질'은 **본질을 잃어버린 본질**이라고도 할 수 있을 것이다.

 잃어버린 본질을 회복하는 것이야말로 오늘의 신학, 특히 **일본의 신학**에 궁극적이고 최대의 사업이라고 나는 생각한다. 본질을 잃어버린 '본질'로서의 하나님은 참으로 **그리스적** 사유의 지반에서 보았던 하나님이었다. 여기에 그리스적 사유가 그리스도교 신학 속에서 차지하는 고전적 의의가 있다. 적어도 **신관**神観에 관한 한, 오늘에 이르기까지 이와 같은 그리스적 사유에 필적할 의의를 가진 사유의 지반은 아직 나타나지 않았다고 생각된다. 나는 일본의 교회가 가장 깊이 진지하게 생각할 영역이 이 근처에 있다고 생각한다. 신학은 궁극에서는 신관이다. 신관에 관해 어떤 결정적인 기여를 하지 못하는 신학은 마지막 발언을 자제해야만 할 것이다.

3

하나님의 '본질' 안에서 일어나는 하나님의 행위는 고전적 신학에서 내재적 삼위일체의 행위로 생각되었다. 이른바 삼위일체의 내적 사역(*opera trinitatis ad intra*)이다. 아버지 되는 하나님은 아들 되는 하나님을 낳으시고, 아버지 되는 하나님 그리고 아들 되는 하나님으로부터 성령이 되는 하나님이 발출하신다. *generatio*[낳음, 출생]와 *processio*[나옴, 발출]가 이 행위의 근본이다. 지금 우리에게 당장의 문제는 '낳음'의 문제이다.

'본질'로서의 하나님이 하나님의 참된 본질을 잃어버린 '본질'인 것같이, '낳음'으로서의 하나님의 행위 또한 하나님의 궁극의 행위에 아직 **도달하지 못한** 단계의 행위이다. 예레미야에게 나타나고 바울에게 나타난 하나님, 곧 복음에 있어서의 하나님은 **단지** 아들을 낳는 아버지로서의 하나님이 아니다. 복음의 하나님은 **아들을 죽게 하는 아버지로서의 하나님**, 그리고 그 **행위에서 아프신 하나님**이다. 아버지가 그 사랑하는 아들, 그것도 독자를 **죽게 한다**. 이것이 하나님의 궁극의 행위이다. 따라서 고전적 삼위일체론은 아들을 낳는 아버지로서의 하나님만을 보았다. 마치 '본질'로서의 하나님이 결정적인 것 하나를 잃어버린 하나님이었던 것처럼, 단지 아들을 낳는 아버지로서의 하나님 또한 결정적인 것 하나를 잃어버린 하나님이다. 그 결정적인 것 하나가 바로 하나님의 **아픔**이다.

바울은 "예수 그리스도, 더구나 십자가에 달리신 그 외에는 **아무것도 알지 않겠다**"라고 결의했다(고전 2:2). 모든 것은 십자가의 그리스도로부터 해석된다. 십자가의 사실은 신학적 사유의 **공리**公理이다. 이 점에서 조금의 동요라도 있다면 이미 복음에 대해서 생각할 수 없다. 더욱이 그 결의는 신학의 모든 문제에 대해서 관철되어야만 한다. 예외로 남겨지는 부분이 있어서는 안 된다. 지금 우리가 당면한 '본질'로서의 하나님 문제에 대해서도 그 결의가 관철되어야만 한다. **하나님의 본질은 십자가의 언어로부터 해석**

된다. "하나님의 아픔은 하나님의 본질이다." 이 말을 부끄러워하는 신학은 아직 '영광의 신학'(theologia gloriae)에 속해 있다. 언어의 엄밀한 의미에서 '십자가 신학'(theologia crucis)은 '하나님의 본질로서의 아픔'이란 말에 의해 근저로부터 놀라게 된 신학이다.

복음에서는 "아버지가 아들을 죽게 한다"가 **일차적인 말**이고, "아버지가 아들을 낳는다"는 **이차적인 말**이다. 이차적인 말은 일차적인 말을 하기 위한 것이다. **복음에서 궁극적인 말은 하나님의 아픔이다.** 하나님이 우리 인간에게 자기 자신의 아픔을 알리고자 하실 때, 하나님은 우리 인간 세계에서의 아픔을 통해 말씀하셨다. 그런데 우리 인간 세계에서 아픔의 사태를 가장 격렬하게 표현하는 것은 어버이가 그 사랑하는 자녀를 괴로움 속으로 보내어 그를 죽게 하는 경우이다. 그러므로 '하나님이 아프시다'라고 궁극적으로 말하기 위해 '아버지와 아들'이라는 관계가 하나님에 의해 받아들여진 것이다. 따라서 '아버지가 아들을 낳는다'라는 말은 '아버지가 아들을 죽게 한다'는 일차적인 말을 하기 위한 이차적인 말이다. '십자가 신학'도 이러한 것이다. 이런 결의에 이르는 것을 주저하는 신학은 설령 어떻게 변명한다 해도 '영광의 신학'에 속해 있다고 말할 수밖에 없다. 따라서 우리는 '아버지가 아들을 낳는다'는 말 그 자체에 관심을 쏟아 부어서는 안 된다. 관심은 오로지 '아버지가 아들을 죽게 한다'는 말에만 쏟아 부어야 한다.

고전적 삼위일체론에서는 '본질'이란 용어만이 아니라 '출생'이나 '발출'이란 용어도 문제로 가득차 있다. 루터도 이것을 통찰하고 다음과 같이 기술했다. "그것은 인간의 출생과 현저하게 다른 출생이며, 또한 인간의 발출과 현저하게 다른 발출이다. 왜냐하면 인간이 다른 인간으로부터 태어나는 경우에 그 아버지와 별도로 고유한 인격이 성립될 뿐만 아니라, 또한 별도로 고유한 본질이 성립되어서 그 아버지의 본질 속에 머무르는 것이 아니며, 아버지도 아들의 본질 속에 머무르는 것이 아니다. 그런데 여기서는 아들이 다른 인격 속에서 태어나면서 그런데도 아버지의 본질 속에 머무르시고 아버지도 아들의 본질 속에 머무르신다. 이리하여 인격에 따라 나뉘면서도 하나의 통일된 불가분리적인 본질에 머무르신다. 거듭 말하면 한 사람의 인간이 다른 인간의 장소에서 나와 보내지는 경우, 인격이 다른 인간으로부터 분리될 뿐만 아니라 본질 또한 나뉘고 다른 인간과 멀리 떨어지는 것이다. 하지만 여기서는 성령이 아버지와 아들로부터 나오신다.…다른 인격으로부터 나뉘며, 그런데도 아버지와 아들의 본질 속에 머무르신다. 곧 세 인격 모두가 하나인 신성 안에 있다."[9]

출생의 내용에서도 다음과 같이 서로 다르다. "더구나 인간의 출생은 아버지와 아들의 기원에서 시간적 계기를 의미한다. 그런데 아들 되는 하나님의 출생은 영원적이며, 그는 아버지와 함께 영원적이다. 더구나 인간의 아들은 부분적인 발달 상태에서 태어나서 아버지의 성인 상태에 도달할 수 있기까지 성장해야 한다.

---

9) Luther, "Die drei Symbola", WA, vol. 50, 274. [옮긴이] 통상 우리말로 삼위일체를 설명할 때는 위격位格이라고 하나, 여기서는 기타모리 가조의 일본어 역에 따라 인격人格이라 옮겼다. 기타모리 가조가 본문에서 기술할 때는 통상 가타카나로 ペルソナ로 쓴다 이는 페르소나로 옮겼다.

그런데 하나님의 아들은 영원한 옛날부터 그의 아버지의 감소하지 않는 충실함을 소유한다. 마지막으로 인간의 출생은 아들이 되기 시작하는 과정을 형성하고, 따라서 그 처음은 과거의 한 사건으로 간주되어야만 한다. 그런데 아들 되는 하나님의 출생과 그가 아들이 되시는 것은 영원적이며 또한 동시적이다."[10] 다음으로 출생과 발출의 서로 다름도 불명확하다. 아우구스티누스는 성령이 태어나는 무엇으로서가 아니라 주어지는 무엇으로 묘사되는 점에 만족하고 있다.[11] 한 걸음 더 나아가면, 아들을 낳는 주체가 왜 '어머니'로서가 아닌 '아버지'로서 나타나 있는가와 같은 것에 대해서도 물을 수 있을 것이다.

요컨대 출생(및 발출)이란 말은 엄밀하지 못하고 문제로 가득한 개념이었다. 따라서 만일 그 말이 하나님의 진리에 대한 일차적인 말이었다면, 하나님의 진리는 극히 혼란스럽게 되고 교회는 곤혹스러울 수밖에 없었을 것이다. 그러나 하나님의 말씀이 복음으로 들리는 한, 다행스럽게 이 말은 일차적 관심을 요구하지 않고 어디까지나 일차적인 말인 십자가의 언어를 섬기는 것으로서만 말한다. 그래서 오히려 이 말은 비엄밀한데도 불구하고 견뎌낼 수 있는 것이고 그 혼란도 많이 완화되기에 이른다.

---

10) Francis J. Hall, *Dogmatic Theology* (New York: Longmans Green & Co., 1923), vol. 4, 267-268.
11) Augustine, *De Trinitate*, vol. 5, 95, Hall, *Dogmatic Theology*, 228.

'하나님의 아픔'이 일차적인 말이고 '아버지가 아들을 낳는다'는 이차적인 말이라는 점은 **바울의 개인적인 조건**을 고려할 때 분명할 것이다. 하나님의 아픔을 가장 깊이 체득한 사도는 바울이었다. 그런 바울은 **독신자**이고 그에게는 자녀를 가진 아버지로서의 경험이 없었다. 따라서 만일 '아버지가 아들을 낳는다'라는 말이 일차적인 말이었다면, 바울은 가장 큰 사도가 될 수 없었을 것이다. 그런데 '하나님의 아픔'이 바로 일차적인 말이었던 까닭에, 바울은 이차적인 말을 체득할 조건을 갖추고 있지 않았음에도 불구하고 가장 큰 사도가 될 수 있었다.

4장

하나님의 아픔에 대한 섬김

1

주 예수 그리스도는 우리에게 "사람이 만일 나를 따라오려고 생각하면, 자기를 버리고, **자기 십자가를 짊어지고 나를 따르라**"(마 16:24)고 명령하시고, "**자기 십자가를 가지고 나를 따르지 않는 자는 나에게 적합**相応**하지 않다**"(마 10:38)고 선언하셨다. 이 명령은 지상명령至上命令이며, 이 선언은 절대선언이다. 십자가의 주님을 섬기는 길은 우리 자신이 십자가를 짊어지는 것이다. 주님의 십자가의 참모습은 하나님의 아픔이었다. 십자가의 주님을 따르는 것은 하나님의 아픔을 섬기는 것이다. 따라서 십자가의 주님을 따르는 자는 자기 십자가를 짊어져야만 한다는 것은 하나님의 아픔을 섬기는 자가 자기 자신의 아픔을 짊어져야만 한다는 것이다. **자기의 아픔으로써 하나님의 아픔을 섬기라**. 이것이 주 예수의 지상명령의 의미이다. 자기의 아픔으로써 하나님의 아픔을 섬기지 않는 자는 아픔에 있어서의 하나님에게 어울리지 않는다. 이것이 주 예수의 절대선언의 의미이다.

하지만 자기의 아픔으로써 하나님의 아픔을 섬긴다는 것은 구체적으로 어떤 것인가? 우리는 그렇게 하나님을 섬기는 **모범형**을 어디서 구할 수 있을까? 나는 오랫동안 이런 의문을 계속 가지고 있었다. 그런데 감사하게도 하나님이 이 의문에 대답해주셨다. 나는 하나님의 아픔에 대한 섬김의 모범형이 **아브라함**에게서 나타나는 것을 보았다. 이 이상의 대답을 달리 어디서 찾을 수 있을까!

여기서 나는 잠시 아브라함의 진리를 파고들려 한다.

아브라함은 '신앙의 아버지'라고 불린다. 이것은 확실히 옳다. 그러나 이것이 아브라함의 의의를 모두 말하지는 않는다고 본다. 내가 생각하는 바에 따르면 아브라함은 신앙의 아버지인 동시에 **하나님 섬김**神奉仕**의 아버지**였다. 아브라함은 신앙이란 어떠한 것인가를 나타내는 모범형인 동시에 **하나님을 섬기는 일이란 어떠한 것인가**를 나타내는 모범형이다. 대체로 아브라함의 위대한 모습은 우리 앞에 세 장면으로 드러난다. 곧 창세기 12장에서 가나안으로 떠남, 15-18장에서 아들 출생의 신탁, 22장에서 모리아산에서 이삭 봉헌, 이렇게 셋이다. 그리고 내가 이해하는 바에 의하면 이들 세 기사 중 앞의 두 건은 주로 신앙의 아버지로서의 아브라함을 나타내고, **셋째** 기사는 주로 하나님 섬김의 아버지로서의 아브라함을 나타내는 것으로 보인다. 지금까지 이 셋째 장면의 의의가 자칫 간과된 것이 아닌가라고 나는 생각한다. 물론 셋째 장면에서도 신앙의 아버지로서의 아브라함이 언급되지 않는 것은 아니다. 그러나 여기서 중점은 그의 신앙이 아니라 오히려 그의 하나님 섬김이다. 이것은 12절이나 18절 말씀을 보면 납득될 것이다. 그래서 나는 창세기 22장에 나오는 **모리아산의 아브라함**을 하나님 섬김의 아버지로서 이해하고, 우리가 당면한 문제인 하나님의 아픔에 대한 섬김의 모범형을 이 아브라함에게서 구하기에 이르렀다.

아브라함은 '하나님을 경외하는' 것을 '시험'받고(창 22:1, 12), 그 시험을 견디고 '하나님의 말씀에 따라 행동했다'(창 22:18). 요컨대 아브라함은 하나님을 섬겼다. 그러나 그는 **무엇으로써** 하나님을 섬겼는가? 하나님은 아브라함에게 섬김의 길을 구체적으로 나타내고 명령하셨다. "**너의 아들, 네가 사랑하는 독자 곧 이삭**을 데리고 모리아 땅에 이르러 내가 너에게 보여준 그곳의 산에서 그를 번제로 **바치라**"(창 22:2). 그리고 아브라함은 이 명령을 실행하여 "손을 뻗어 칼을 잡고 그 아들을 **죽이려** 하였다"(창 22:10). 그때 하나님은 아브라함의 손을 멈추어 그것을 제지하고, 이삭을 대신하여 바칠 숫양을 보여주셨다(창 22:12-13). 그렇지만 하나님의 이런 도움에도 불구하고 이미 아브라함은 그 이전에 이삭을 죽인 것과 다름없는 상태가 되어 있었다. 즉 그는 하나님을 위해 자신의 독자를 "**아끼지 않았다**"(창 22:12). 신약의 저자가 적절히 통찰한 것같이 이때 아브라함은 "죽음으로부터 그를 받은 것처럼" 이삭을 받았다(히 11:19). 아브라함이 그 손을 뻗어 칼을 잡고 쳐들었을 때, 그는 이미 이삭을 죽게 한 것과 다름없는 상태였다. 그의 이 행위 때문에 우리는 "그의 이름 앞에 일곱 번 머리를 숙이고, 그의 행위 앞에 일흔 번 머리를 숙인다"(키에르케고르). 아, 아브라함과 같은 사람을 달리 어디서 찾을 수 있을까? 만일 누가 모리아산에서 이 사건을 목격했다면, 그의 눈은 얼어붙었을 것이다. "그날부터 아브라함은 노인이 되었다"(키에르케고르).

하지만 모리아산에서 아브라함의 행위의 그 **참모습**은 무엇이었는가? 세계는 지금까지 그 참모습을 충분히 알지 못했다고 나는 생각한다(키에르케고르의 『공포와 전율』이라 해도 예외가 아니다). 아브라함은 그의 **사랑하는 독자를 죽게 하는** 것으로써 하나님을 섬겼다. 곧 아브라함은 그의 아픔으로써 하나님을 섬겼다. 인간에게 가장 격렬한 아픔은 어버이가 그의 사랑하는 자녀를 죽게 하는 것이기 때문이다. 그러나 하나님은 왜 아브라함에게 아픔으로써 섬길 것을 명령하셨는가? 아브라함이 아픔으로써 섬겨야 했던 하나님은 어떤 하나님이었는가? 틀림없이 그 하나님이야말로 **자기 자신이 사랑하는 독자를 죽게 하는 하나님, 아픔에 있어서의 하나님, 곧 주 예수 그리스도의 아버지 되는 하나님**이다. 주님이 명령하시는 하나님 섬김은 아픔으로써 하나님의 아픔을 섬기는 것, 십자가를 짊어지고 십자가의 주님을 따르는 것이었다. 아브라함은 모리아산에서 그런 하나님 섬김의 모범형을 보이고, 그렇게 하여 그는 신앙의 아버지인 동시에 **하나님 섬김의 아버지**가 되었다. 자기의 아픔으로써 하나님의 아픔을 섬기는 것, 이것이 아브라함의 행위의 **참모습**이다.

2

"자기 십자가를 짊어지고 나를 따르라." "자기의 아픔으로써 하나님의 아픔을 섬기라." 이 명령은 잔혹한 명령인가? 만일 우리가 이 명령이 가지고 있는 참된 **의노**를 이해하지 못한다면, 이 명령은 잔혹한 것으로 비칠 것이다. 그러나 그 의도를 통찰한다면, 이 명령은 결코 잔혹한 것이 아니고 도리어 우리에게 구원이 될 만한 것이다. 우리는 그 의도를 탐구해야 한다.

    결론을 먼저 말하면, 이 명령의 의도는 우리의 아픔을 진실하게 **치유하는** 데 있다. 우리의 아픔은 하나님의 아픔을 섬길 때 도리어 진실하게 치유되는 것이다. 주님을 위해 자기 십자가를 짊어지고 주님을 위해 자기 생명을 잃어버린 자에게, **자기 생명을 얻게 될 것**을 주님은 약속하셨다(마 16:25). 자기 상처로써 주님의 상처를 섬길 때, 도리어 자기 상처가 치유된다(벧전 2:24 참조). 이런 일은 어떻게 일어나는가?

우리 인간의 아픔은 **그 자체로** 단순한 어둠이며 의의도 없고 비생산적이다. 사람의 아픔의 참모습은 **하나님의 진노**이다. 죽음은 죄의 값이며(롬 6:23) "죽음은 하나님의 진노이다."[12] 우리의 아픔이 바로 하나님의 진노의 현실이기 때문에, 이 아픔은 치유되기 어렵고 구원받지 못하는 것이다. 그런데 하나님은 우리의 이런 아픔을 놀랄 만한 방법으로 취급하셨다. 곧 하나님은 우리의 아픔이 자기 자신의 아픔에 대한 증거로서 쓰이도록 하셨다. 하나님이 자기 자신의 아픔을 우리 인간에게 전하여 나타내려 하실 때, 그는 우리 인간의 아픔을 통하지 않고는 이것을 나타내실 수 없다. 하나님은 자기 자신의 아픔에 대한 증거로서 우리 아픔을 사용하신다. 그러나 이때 우리의 아픔은 어떻게 되는가? 우리의 아픔이 하나님의 아픔에 대한 증거로서 섬기기에 이를 때, 우리의 아픔은 **빛**으로 화하며 **의의도** 획득하고 **생산적**이 되는 것이다. 하나님의 진노의 현실에 불과했던 우리의 아픔은 이 하나님의 진노를 극복하는 하나님의 아픔에 의해 그 진노로부터 **구출되기**에 이른다. 우

---

12) Luther, *EA*, el. 18, 267.

리의 아픔은 구원의 소식인 하나님의 아픔을 섬기는 것으로 그 구원에 참여하기에 이른다. 하나님의 아픔은 우리의 아픔으로 하여금 자기를 섬기게 하는 것으로써 도리어 우리의 그 아픔을 구원하고 치유한다.

하나님의 아픔이 우리의 아픔을 치유할 때, 그것은 이미 아픔의 영역을 돌파하는 사랑 곧 '하나님의 아픔에 기초한 사랑'이다. 자기 십자가를 짊어지고 주님을 따르고 주님을 위해 자기 생명을 잃어버리는 자가 그로 인해 오히려 **자기 생명을 얻기에 이르는 것**은 그 하나님의 사랑에 의해서다. 우리의 상처로 하여금 자기를 섬기게 하는 주님의 상처는 오히려 우리의 상처를 치유하는 것이다. 이렇게 하여 우리의 아픔은 하나님의 아픔을 섬기는 것에 의해 진실로 구원되기에 이른다. 인간의 세계에서 일어나는 모든 아픔은 그것이 하나님의 아픔을 섬기는 것이 아닌 한, 무의미하고 열매 없는 것이다. 우리는 인간의 아픔을 허비하지 않도록 노력해야만 한다.

3

여기서 깊이 생각해야 할 것은 우리에게는 아픔의 경험 그 자체까지 **죄로서** 성립한다는 것이다. 그러므로 이런 우리의 아픔을 구원하는 것은 **죄의 용서로서의** 하나님의 아픔 이외에는 있을 수 없다. 자기의 사랑하는 자를 괴로움 속으로 보내어 그를 죽게 한다는 것은 우리 인간에게 가장 큰 아픔이다. 이런 까닭에 "아버지가 그 아들을 죽게 한다"라는 사실로써 하나님의 아픔이 나타나는 것이다. 그런데 이 경험 그 자체가 우리에게는 죄로서 성립되어 있다. 괴로움이나 죽음이 죄의 결과라는 사실을 지금 논외로 유보하더라도, 사랑하는 자의 괴로움과 죽음에 의해 우리 자신이 아프다는 사실은 이미 죄의 현실인 것이다. 왜 그러한가? 우리는 자기가 사랑하는 자의 죽음이나 괴로움 외에는 아플 수 없다. 이 아픔은 어디까지나 이기적이고 혈연적이며 에로스적이다. 사랑이 절실한 자에 대해서만 아픔도 절실하게 발현된다. 사랑이 절실하지 않은 자에 대해서는 가령 일단 아픔을 아끼지 않는다 해도, 그 아픔은 절실하지도 진실하지도 않다. 사랑이 가장 절실한 경우는 **어버이와 자녀** 사이에 있다. 따라서 여기서만큼 아픔이 절실하게 발현되는 경우는 없다. 하나님의 아픔에서 "아버지가 아들을 죽게 한다"라는 사실이 받아들여지는 것도 이런 까닭이다. 그런데 우리 인간에게 어버이와 자녀의 사랑만큼 이기적이고 혈연적이며 에로스적인 것은 없다. 이리하여 아픔이 가장 절실하게 될 때, 죄 역시 최고도로 일하는 것이다. **우리 인간에게 아픔의 절실함은 죄를 매개로 해서만 발현된다.** 참으로 비극적인 사실이라 말할 수밖에 없다. 사람의 아픔은 어디까지나 두려운 현실이다.

하나님은 이렇게 두려운 현실로서의 인간의 아픔을 자기 자신의 아픔에 대한 증거로 사용하셨다. 이러므로 인간의 아픔을 사용하시는 하나님은 어디까지나 아픔에 있어서의 하나님이셨다. 인간의 두려운 죄를 받아들여 그 책임을 짊어지시는 하나님은 아픔에 있어서의 하나님 이외에 없기 때문이다. 바로 이것을 우리가 지금 가장 깊이 생각해야만 한다. **하나님의 아픔은 우리의 죄를 매개로 해서 전해지고 나타나는 것이다.** 바로 이런 까닭에 하나님의 아픔은 참으로 하나님의 아픔인 것이다.

주 예수는 "자기 십자가를 가지고 나를 따르지 않는 자는 나에게 적합하지 않다"(마 10:38)고 선언하시는 동시에 "나보다 아버지나 어머니를 사랑하는 자는 나에게 적합하지 않다. 나보다 아들이나 딸을 사랑하는 자는 나에게 적합하지 않다"(마 10:37)라고도 선언하셨다. 이 선언은 극히 가혹한 모습을 하고 있다. 그러나 이 선언이야말로 우리에게 구원인 것이다. 우리가 만일 이 선언을 듣고 따르지 않는다면, 어버이는 자녀를 사랑하는 그 사랑에 자기를 방임하고 자녀는 어버이를 사랑하는 그 사랑에 자기를 방임한다면, 인간은 자기를 완전히 죄 속에 방임하는 것이 될 것이다. 나아가 어버이가 자녀 때문에 아프고 자녀가 어버이 때문에 아프다고 해도, 오로지 그 아픔에만 관심을 쏟아 붓고 자기를 그 아픔 속에 방임한다면, 이 또한 자기를 완전히 죄 속에 방임하는 것이 된다. 이런 사랑이나 아픔은 결국 이기적이고 혈연적이며 에로스적이기 때문이다.

따라서 만일 우리가 우리 자신의 이런 아픔이 퇴색되기까지 **하나님의 아픔**에 관심을 쏟아 붓기에 이른다면, 그때 우리의 아픔은 비로소 죄로부터 구원을 받게 된다. 우리가 자기의 아픔으로 하나님의 아픔을 **섬기는** 것이야말로, 자기 부모나 아들이나 딸보다 주님을 더 사랑하는 것이다. 이 섬김에 의해 우리는 비로소 그리스도에게 어울리는 존재가 된다. 어버이가 그 자녀를 괴로움 속에 보내는 것은 확실히 위대한 행위이다. 하지만 그가 만일 그 사실에 모든 관심을 빼앗긴다면, 그는 그리스도에게 어울리지 않는다. 그가 그리스도에게 어울리게 되는 것은 이런 아픔마저 퇴색되기까지 열렬히 하나님의 아픔에 관심을 쏟아 부을 때이다. 곧 자기의 아픔으로써 하나님의 아픔을 섬길 때이다. 이 섬김이야말로 실은 그를 죄로부터 구원하는 길이 된다. 우리의 아픔이 하나님의 아픔을 섬기게 되는 것은 우리의 아픔이 **성화**되는 것이다. 우리의 아픔이 하나님의 아픔에 대한 증거가 될 때, 비로소 올바르고 의의있는 것이 된다(이 점은 후술하는 7장 하나님의 아픔과 윤리에서 전개될 것이다).

4

우리의 아픔이 하나님의 아픔에 대한 증명으로서 그 아픔을 섬기는 일을 신학적 용어로 말하면, 하나님과 우리 사이에서 아픔을 매개로 하는 **유비**(*analogia*)가 성립되는 것이다. 그런데 신학 특히 개신교신학에서 이 '유비'라는 개념만큼 문제가 많은 것도 없을 것이다. 이 개념은 신학에서 말하면 '꺼리는 일'鬼門[13]이며, 목숨을 빼앗길 위험성도 있다. 하나님과 인간의 '원리적 대립'原理的對

---

13) [옮긴이] 불교 용어. 저승으로 들어가는 문.

흄을 모티프로 하는 신학의 주장에 의하면 '존재의 유비'(analogia entis)[14]는 적그리스도적 고안물이고, 이 이유만으로도 사람은 가톨릭 교도가 될 수 없다.[15] 물론 개신교신학 속에서도 유비는 '신앙의 유비'(analogia fidei)라는 형태라면 승인된다. 그러나 내가 보기에 '신앙의 유비'라는 개념에서 이미 '유비' 개념의 가장 고유한 의의가 발무撥無[16]되어 있는 듯하다. 처음부터 고유한 의의를 빼앗겨 버린 개념이 문제없는 것으로 승인되는 일도 당연하다. 이와 같이 문제는 해결되는 것이 아니라 미리 해소되어 버렸다. 이런 까닭에 오늘날도 여전히 이 개념이 가진 문제가 해결을 보지 못하고 있다.

그러면 이 개념의 고유한 의의를 보존하고 유지하며 발휘하게 하는 가톨릭적인 '존재의 유비'의 문제는 어디에 있는가? 유비는 대체로 경솔하게 생각하듯이 단순히 하나님과 인간의 연속성만을 주장하는 것이 아니다. 토마스 아퀴나스의 학설이나 가톨릭적인 의미에서도 유비는 일단 하나님과 인간 사이의 다름이나 비연속성을 전제하고, 그 위에서 생각되는 연속성이다. 말하자면 '비유사非類似 속의 유사'類似가 유비類比이다. 그러나 유비 개념의 본래 의도는 연속적인 유사라는 측면을 말하고 있지, 비연속적 비유사라는 측면은 단지 그것을 말하기 위한 전제 내지 예상에 불과하다.

---

14) [옮긴이] 스콜라 철학에서 발전해 온 개념으로 토마스 아퀴나스 신학의 근간을 이룬다. 바르트는 이를 거부하고 신앙의 유비를 말하는데, 기타모리는 아픔의 유비를 주장한다.

15) Karl Barth, *Kirchliche Dogmatik* (Zürich: Evangelischer Verlag Zürich, 1932), vol. I, 1, VIII.

16) [옮긴이] 불교 용어. 뿌리치고 믿지 않음 혹은 부정됨.

유비 개념의 의도는 어디까지나 **적극적인** 것이라 '존재의 유비'는 '적극적 신학'이라는 이름에 어울릴 것이다. 그러나 신학이 신학으로서의 본분을 다하여서 적극적이 되는 것은 그 자체로 결코 잘못도 아니고 지나친 것도 아니며, 우리는 그 의도를 충분히 헤아릴 만하다. 신학이 하나님에 대해 무엇인가를 **감히 이야기하려는** 충동에 사로잡힐 때, 그러한 적극적 태도로 나오는 것도 확실히 무리가 아닐 것이다. 유비 개념의 의도는 바로 이 '감히 이야기하는' 것으로 요구될 수 있지 않은가라고 나는 생각한다.

하지만 여기서 특징적인 것은 '감히 이야기하는' 주체가 하나님이 아니라 어디까지나 **인간**이라는 점이다. 인간이 하나님에 대해 적극적으로 감히 이야기할 때, 그는 **인간의 존재**를 매개로 하여 이야기하는 것이다. '존재의 유비'라고 하는 까닭이다. 여기서 인간의 존재가 적극적인 볼록한 면으로서 일한다. 정말로 인간의 존재는 하나님의 존재를 증거하고, 그를 **섬기려고** 일할 것이다. 그러나 이때 인간의 존재가 하나님의 존재를 섬기도록 **허락받는다**는 보증은 어디에 있는가? 이 섬김이 **올바른** 섬김이라는 보증은 어디 있는가? 유사하다는 주장에 근거한 이 섬김에 자의^{恣意}와 착각과 불순종이 덧붙어 있지 않은가? 유사를 매개로 하여 감히 이야기할 때, 하나님께 돌려서는 안 되는 것까지 하나님에게 돌리는 과오를 범하지 않는가? 요컨대 '존재의 유비'에 최후까지 따라다니는 의문은 인간의 **불순종**이란 것이다. 게다가 불순종은 인간에게 **본래적**^{本來的}이다. 이 본래적인 것을 진지하게 생각하지 않고, 근거도 없이 적극적 해답으로 서두른 것이 가톨릭적 '존재의 유비'

에서 없애기 어려운 문제로 제기된다. 가톨릭적인 유비 개념이 불순종 문제를 어떻게 해서도 해결할 수 없는 이유는 그것이 **존재의 유비**에 머물러 있기 때문이다.

어떤 유비 개념에서도 제거하기 어려운 불순종의 문제를 해결할 수 있는 유일한 것은 **아픔의 유비**(*analogia doloris*)이다. 왜냐하면 하나님의 아픔은 인간의 모든 행위에 자리 잡은 불순종을 완전히 **정복하는** 하나님의 힘이기 때문이다. 아픔의 유비에서 인간의 아픔은 자기의 자의나 착각이나 불순종을 완전히 정복하는 하나님의 아픔을 섬긴다. **이때 섬기게 하는 것은 섬기는 자의 불순종을 완전히 해결하는, 그러한 섬김을 받는 것이다.** 인간의 아픔은 이미 어떻게 해도 불순종에 빠지지 않는다는 자격을 받아서 하나님의 아픔을 섬기는 것이다. 여기서 유비 개념은 어디까지나 구원론적으로 생각된다. 그런데 가톨릭적인 '존재의 유비'는 창조론적으로 생각되는 데 머문다.

'하나님의 아픔의 신학'은 아픔의 유비를 매개로 하여 하나님의 아픔에 대해 감히 말하려 한다. 이것이 하나님의 아픔에 대한 섬김이다. 그러나 여기서 우리의 아픔은 자기가 섬기는 하나님의 아픔으로 그 불순종을 정복하면서 바로 그 하나님의 아픔을 섬기는 것이다. 이처럼 감사할 섬김이 있는가?

아픔의 유비의 고찰에서 우리의 주의를 끄는 것은 **성모 마리아**의 위치이다. 그녀는 '아픔을 당하는 어머니'(*mater dolorosa*, 슬픔의 성모)라고 불린다. "칼이 당신의 마음을 꿰뚫으니"(눅 2:35). 마리아는 순전한 인간으로서 어머니임에도 불구하고, 그녀가 짊어져야만 했던 어머니로서의 아픔은 하나님의 아들 예수를 매개로 하는 것이었다. 마리아는 그 사랑하는 아들 예수를 괴로움 속으로 보내어 그를 죽게 해야 했다. 그런데 예수는 동시에 **하나님의 아들**이었다. 이리하여 예수를 매개로 하나님의 아픔과 인간의 아픔이 결합되었다. 그 아들 예수를 매개로 하여 마리아는 하나님의 아픔과 인간의 아픔을 **연결**하는 위치에 서 있다. 마리아는 '아픔의 유비'의 구상화具象化라고도 생각될 수 있다. 물론 로마 가톨릭교회와 다른 의미이기는 하지만 우리는 성모 마리아의 특수한 의의를 충분히 생각해야 한다.

그러나 여기서 동시에 하나님이 **우리 인간의 아버지**로서 나타나시는 것도 고려해야 한다. 하나님이 우리 인간의 아버지이신 한, 우리 인간이 괴로울 때 하나님 자신이 아버지로서의 아픔을 경험하실 것이다. 아들 예수 그리스도가 하나님의 아픔의 대상일 뿐만 아니라, 우리 인간이 또한 하나님의 아픔의 대상이다. 그저 황공할 수밖에 없다. 성모 마리아의 경우 예수를 매개로하여 하나님의 아픔과 인간의 아픔이 연결되는 것같이, 지금 여기서 우리 인간을 매개로 하나님의 아픔과 인간의 아픔이 연결되는 것이다. 이것 또한 '아픔의 유비'의 구체화具体化이다.

5장

하나님의 아픔의 상징

1

우리의 책무는 복음을 증거하는 것이다. 그러나 복음에 대해 **말하기** 전에, 우리는 우선 복음에 대해 듣고 또 그것을 **보아야 한다**. 듣는 것도 보는 것도 없이 말할 때, 거기서 생기는 것은 단지 공허한 수다뿐일 것이다. 복음을 증거하기 위해서는 우선 하나님이 말씀하시려는 바를 듣는 귀와 하나님이 나타내시려는 바를 보는 눈을 받아야만 한다.

복음은 십자가의 복음이다. 십자가의 복음은 하나님의 진노의 대상을 하나님이 사랑하시고, 하나님과 단절된 인간을 하나님이 사랑으로 감싸 안으시는 것이다. 테오도시우스 하르나크는 그리스도의 십자가에서 계시되고 있는 것이 단지 하나님의 진노만도 아니고, 단지 하나님의 사랑만도 아니며, 이 양자로부터 생겨난 **제3의 것**(*tertium*)이라고 하는데,[1] 우리에게 궁극의 책무는 이 '제3의 것'을 분명히 하는 것이다. 여기서 신학은 현저히 **내용적인** 일에만 종사하게 될 것이다. 그런데 신학에서는 그런 내용적인 것이 바로 **본래의** 사명이다. 오늘날까지 신학은 '계시'라는 형식적인 것을 향해 주력하는 경향이 있었지만, 오늘날 신학은 본래의 사명을 향해 한 걸음 더 깊이 내딛어야 할 시점에 도달했다고 생각한다.

---

1) Theodosius Harnack, *Luthers Theologie*, vol. 2, 338.

어떤 신학적 입장에서는 '계시'란 단지 형식적 개념이 아니라 그야 말로 내용적인 것이라고 주장할지도 모르지만, 그러나 그것은 특수한 한 가지 신학적 입장을 전제하고 있으며, 공평하게 말하면 '계시'는 여전히 형식적인 개념이다. 성서에서 계시는 반드시 "**무엇이 계시된다**"라고 하는 것처럼 내용을 수반하여 언급되며, 형식은 오히려 그 내용에 의해 **지배**된다. 예를 들면 로마서 1:17, 3:21에서 "**하나님의 의가 계시되었다**"라든지 요한1서 4:9에서 "**하나님의 사랑이 계시되었다**"와 같은 것이다. 성서의 일차적 관심은 그 내용에 있는 것이지, 계시라는 개념 자체에 있지 않다. 내용을 제쳐놓고 형식에 치중할 때, 신학은 차갑고 색을 잃게 된다. 이러한 성격이 되어버린 신학이 예를 들어 사도 바울의 신학과 같은 것으로부터 얼마나 멀리 떨어져 있는지는 말하지 않아도 명백할 것이다.

2

하나님의 진노와 하나님의 사랑으로부터 생겨난 제3의 것을 성서 속에서 탐구하여 발견되는 것이 예레미야 31:20에 기초한 **하나님의 아픔**이다.

복음을 증거하려는 노력에서 증거해야 할 개념이나 표현을 지금까지 존재하는 것 중에서 찾기 어려울 때, 그것을 새로이 만들어 내는 것이 일단 허용될 수 있을 것이다. 가령 아타나시오스[Athanasius]의 '호

모우시오스', 그리고 약간 취지는 다르지만 오토Rudolf Otto의 '누미노제'Numinose와 같은 것이다. 그러나 이런 태도는 가능한 한 피해야 하지 않을까? 새로운 개념을 담을 만한 표현도 가능하다면 **성서** 속에서 가져올 수 있도록 노력해야 할 것이다. 그러나 여기에 한 가지 문제가 있다. 복음을 증거하는 중에 새로운 개념 규정이 요청될 수 있다. 이것은 지금까지의 성서 이해에 의해 충분히 파악되지 않았던 새로운 점을 주목할 수 있도록 박차를 가하려는 것이다. 하지만 이 개념을 담아야 할 표현을 성서 속에서 구한다면, 이러한 필요성이 재차 충족되지 않고 끝나는 것은 아닐까? 그렇기에 교회의 신조 등이 자기 책임 아래 성서 **이외**의 표현을 만들어야 하는 필연성이 생긴다. 그러나 우리는 이 필연성을 가능한 한 피하고, 성서 속에서 그 필요한 표현을 구하려고 한다. 여기에 곤란한 딜레마가 있다. 그래서 이제 남은 길은 성서 속에 존재하지만 그런데도 지금까지 **주시되지 않았던** 표현 속에 새로운 개념을 담는 것이다. 포사이스P. T. Forsyth의 이른바 '새로운 발음'은 이러한 것을 가리킨다. 그것은 확실히 **새로운** 발음이지만, 발음되는 말은 **옛** 말이다.

예레미야 31:20의 "내 창자가 아프다"는 놀라운 말이지만, 이 놀라운 말이 지금까지 거의 주시되지 않았다는 것 또한 놀랍다. 이 사실은 예를 들어 구약학자 웰치A. C. Welch의 다음과 같은 말 속에 드러난다. 웰치에 따르면 하나님이 고민한다거나 아프다는 표현은 구약성서 중에서는 이사야 63:9에만 있고, 더구나 그것 역시 극히 애매한 표현이다.[2] 분명히

---

2) Adam C. Welch, *Visions of the End: A Study in Daniel and Revelation*

웰치는 예레미야 31:20에 대해 무지했다. 이것은 실로 놀라운 것이다 (예레미야 31:20의 석의적 검토에 대해서는 이 책 303-308을 참조하라). 이사야 63:9은 하나님이 고뇌하는 인간과 함께 고뇌하신다고 하는데, 이것은 죄 있는 인간을 사랑하려는 하나님이 아파 하신다는 십자가의 복음과 음조를 같이하지 않는다. 예레미야 31:20이야말로 있는 그대로 십자가의 진리에 상응하는 것이다. 그리고 십자가의 진리의 성격을 보여주는 것으로서 절대로 이 이상의 표현이 달리 있을 수 없다. 이 텍스트에 주목하는 것은 이제 내게 임의 사항이 아니고 바로 책임 사항이다.

그러나 우리는 하나님의 아픔이 어떠한 것인지 직접 알 수가 없다. 다만 우리는 **우리 자신**의 아픔을 통해서 하나님의 아픔을 알 수 있을 뿐이다. 여기서 우리의 아픔은 하나님의 아픔을 증거하기 위해 그 아픔을 **섬겨야**만 한다. 이 섬김은 우리의 아픔이 하나님의 아픔의 **상징**(Symbol)이 되는 것에 의해 행해진다. 칼뱅은 예레미야 31:20에 대한 주해[3]에서 다음과 같이 기술하고 있다. '아픔'은 "본래 하나님에게 속하지 않는다"(*proprie in Deum non competit*). 그러나 하나님은 그 사랑을 "다른 방법으로 표현하실 수 없다"(*non potest aliter exprimere*). 칼뱅의 이 말 속에 '상징'의 본질이 거의 완전히 모두 나타나 있다. 상징의 본질은 **비본래성**(*non-*

(London: James Clarke, 1922), 198.
3) John Calvin, *Corpus Reformatorum*, vol. 66, *Calvini Opera*, vol. 38, 677.

proprie)과 **필연성**(*non-aliter*)에 있다. 이 비본래성 때문에 하나님과 본래적으로 다른 **인간**이 증인으로 요구되고, 그리고 이 필연성 때문에 이 **인간**이 필연적으로 요구되는 것이다.

증언으로서의 '하나님의 아픔'이 **구약성서** 속에서 발견된다는 것은 주의할 만하다. 데이비드슨A. B. Davidson에 따르면 신약의 진리가 '몸이 없는 영혼'(disembodied soul)으로서 진리 그 자체인데 비하여, 구약의 진리는 '몸을 가진 영혼'으로서 상징적 진리이며 '상징적 종교'(symbolical religion)이다. 상징이란 '질적 착의'(material clothing)이다. 여기서 말하는 '몸'이나 '질'이야말로 **인간적 진리**이다.[4]

"도스토예프스키는 종교에는 모든 인간사와 마찬가지로 무조건적인 진리도 없고 무조건적인 허위도 없으며, 다만 의식의 대소大小는 있고, 점점 더 완전히 의식적이고 무조건적인 표지, 깃발, **상징**만 있다고 누구보다도 먼저 이해했으며 적어도 강하게 느껴서 알고 있었다. 톨스토이의 종교적 의식은 가장 처음이자 가장 깊은 본체의 상징을 부정하고, 종교를 특별히 정신적이면서 피와 살이 없는 어떤 것, 다시 말해 모든 전설·의식·비밀의례·교리를 떠난 어떤 신으로서 인정했다. 도스토예프스키의 의식은 일찍이 인류에 나타났던 어떤 종교의식意識도 미치지 못할 정도로 상징적이었다. "말해진 사상은 허위이다"라고. 게다가 하나님에 관한 인간의 모든 사상, 하나님에 관한 인간의

---

4) Andrew Bruce Davidson, *Old Testament Prophecy* (Edinburgh: T. & T. Clark, 1904), 240-241.

모든 진리는 허위이다. 인간은 하나님의 진리를 말할 수 없으나, 하나님의 일에는 잠자코 있을 수 없다. 그렇다면 인간은 허위를 일컬을 수밖에 없는가? 아니다. 언어의 허위성이 아니라 그것의 조건성과 상대성을 궁극까지 의식하면서, 도저히 진리에 도달할 수 없지만, 진리에 조금이라도 접근해가는 조건적 언어로 말하는 것이다. 의식意識은 모든 종교적 진리의 조건성을 보인다. 사랑은 모든 종교적 조건성, 모든 상징의 진리를 분명히 표현한다. 우리는 하나님을 사랑하지 않고서는 하나님을 알 수 없다. 하나님을 알지 못하고는 하나님을 사랑할 수 없다. 우리는 하나님을 알고 또 동시에 사랑할 수 있을 뿐이다. 사랑에서 알고 앎에서 사랑할 수 있을 뿐. 앎과 사랑의 합치合致가 우리의 새 종교, 도스토예프스키의 종교이다."[5]

상징(*symbolon*)이라는 말은 '결합하다'(*symballein*)라는 그리스어에서 유래했다. 상징은 인간적 진리를 하나님의 진리와 결합하는 것에 의해 하나님의 진리를 증거하는 것이다. 인간의 아픔이 하나님의 아픔의 상징이 되는 것은 아픔이라는 사태를 통하여 하나님과 인간이 결합되었다는 것이다.[6]

그런데 인간의 아픔은 죄에 대한 하나님의 **진노**의 현실이며, 하나님과 인간이 **단절**로부터 생겨난 결과이다. "아, 내 창자여 내

---

5) Dmitry Sergyevich Merezhkovsky, Tolstoy and Dostoyevsky (1901), 香島次郎 訳, 『トルストイとドストエフスキイ: 宗教思想篇』(東京: 朱雀書林, 1942), 254-255.
6) 이상은 北森嘉藏, 『神學と信条』, 70-76, 102이하 참조.

창자여, 아픔은 마음속에 있고 또 내 가슴이 고동치니 나는 잠자코 있을 수 없고, 내 영혼아 네가 나팔소리와 전쟁의 소란을 듣자마자 패멸에 패멸의 소식이 있고, 이 땅이 아주 황폐해지며 내 장막 집은 졸지에 부서지고 내 장막은 홀연히 부서지니…내가 보니 비옥한 땅은 황무지가 되고 그 모든 성읍은 여호와 앞에 그 **거센 진노** 앞에 허물어지며…"(렘 4:19-20.26). "네 아픔은 자녀를 낳는 여인과 같이 되지 않으랴. 네가 마음속으로 어떤 이유로 이런 일이 내게 다가오는 것일까라고 말하나, **네 죄**의 무거움 때문에 네 옷자락이 걷어 올려지고 네 발뒤꿈치가 드러나게 되며…"(렘 13:21-22). "그 대적은 우두머리가 되고 그 원수는 형통한다. 그 허물이 많으므로 여호와가 그를 고뇌하게 하시고…모든 길 가는 사람이여, 너희들은 무엇이라고도 생각하지 않는가. 여호와가 그 **거센 진노**의 날에 나를 고뇌하게 하시고 나에게 내리시는 이 근심, 한바탕의 근심이 또 세상에 있을지 생각해보라"(애 1:5, 12).

따라서 인간의 아픔이 하나님의 아픔의 상징이 되고, 아픔을 매개로 하여 하나님과 인간이 결합하는 것은 **단절 그 자체에서 결합이 생기는 것**을 의미한다. 이것은 하나님의 아픔이 진노의 대상에 대한 사랑이며, 단절된 자를 감싸 안는 사랑이라는 것에 의해 보증된다.

3

 이상에서 '아픔의 상징화'는 **증거하는 행위**로서 고찰되었다. 그러나 '아픔의 상징화'는 또 다른 의의를 가지고 있다.

 처음부터 아픔의 주체로서의 인간에는 신앙자와 불신앙자가 있다. 신앙자는 자각적으로 하나님의 아픔 속에 들어가고, 자기 아픔이 하나님의 아픔의 상징이라는 것을 의식하는 자이다. 그런데 **불신앙자**는 자기의 아픔에서 하나님의 아픔의 상징을 인식하지 않고, 아픔이 격화되면 될수록 더욱 하나님으로부터 멀어지고 하나님과 철저하게 단절된다. "다섯째가 그 대접을 짐승의 자리座位 위에 기울였으니 짐승의 나라가 어두워지고, 그 나라 사람들이 아픔으로 인해 자기 혀를 깨물고, 그 아픔과 종기로 인해 하늘의 하나님을 모독하고 또한 자기 행위를 회개하지 않았다"(계 16:10-11).

> "신앙이 있는 자에게 상징(따라서 현실)은 하나님을 찾아내는 기연機緣이 되며, 신앙이 없는 자에게 그것은 도리어 하나님을 덮어 감추는 장애이다. 곧 상징(따라서 현실)은 어떤 사람들에게는 빛을 주는 동시에 다른 사람들에게는 어둠을 던지는 **양면적 존재**이다. 사물이 가지는 이와 같은 양면적 성질을 이해하는 것이 중요하다."[7]

---

7) 三木清, 『パスカルに於ける人間の研究』 (東京: 岩波書店, 1928), 220. [옮긴이] 미키 기요시. 1897-1945. 니시다 좌파에 속하는 교토학파 철학자. 독일 유학 중 마르틴 하이데거에게 사사하고, 칼 뢰비트의 영향을 받아 실존주의 및 마르크스주의 등에 관심을 가졌다. 귀국 후에 강단철학을 비판했고, 일

여기서 가장 중요한 문제는 신앙자가 불신앙자에 대하여 취해야 할 태도이다. 그것은 한 마디로 말하면 중재 행위로서 "아픔의 상징화"이다. 불신앙자는 즉자적卽自的으로 방치해 두는 한, 어떻게 해도 하나님과 결합될 수 없다. 그러나 신앙자는 이 경우에 자신이 이미 하나님의 아픔에 의해 하나님의 진노로부터 해방되어 있는데도 불구하고, 불신앙자와 함께 아픔을 경험하는 것에 의해, 불신앙자의 아픔도 자기의 아픔과 함께 하나님의 아픔의 상징으로 만들어 불신앙자를 하나님과 결합시키는 것이다. 중재란 자기 자신으로서는 하나님과 결합할 수 없는 자를 하나님과 결합되는 자로 만드는 행위이다. 이러한 중재 행위가 신앙자에 의해 행해질 수 있다는 객관적 보증은 하나님의 아픔이 어디까지나 하나님과 단절된 자를 자기 속에 감싸 안는 사랑인 것에 있다. 그리고 신앙자가 불신앙자를 위하여 중재 행위를 할 수 있는 것은 그가 불신앙자와 **사랑에 의한 연대 관계**에 있기 때문이다.

본공산당에 자금을 제공한 이유로 체포되었다가 전향한 후 문필 활동을 해 왔다. 쇼와昭和연구회에서 협동주의를 제창하고, 총력전 체제 하에서는 저항과 참여 사이에서 이중성도 보였다. 패전 직전 체포 구금되었다가 패전 직후 옥중에서 사망했다. 인용된 파스칼 연구는 유학 후 첫 작품이다. 『파스칼의 인간 연구』, 윤인로 역, (서울: 도서출판b, 2017).

4

하나님의 진노는 하나님과 인간의 단절이고, 하나님의 진노의 현실화는 인간의 아픔이다. 그러나 하나님의 진노는 존재하기만 할 뿐, 반드시 현실화하지 않는 경우도 있다. 이 경우에 인간은 하나님과 단절되었지만 그럼에도 아픔을 경험하지 않고 행복 속에 살다가 평안 속에서 죽는다(욥 12:6; 21:7-13, 23-24). 이 경우에 인간은 하나님과 단절되어 있기만 할 뿐, 조금도 하나님과 결합할 여지가 없다. 이에 반하여 하나님의 진노가 현실화되어 인간이 아픔 속에 들어갈 때, 그 아픔이 하나님의 아픔의 상징이 되는 것에 의해서 하나님과 인간은 결합한다. "얼마나 행복한가, 슬퍼하는 자."

누가복음 16:1 이하의 '부요한 사람'과 '가난한 나사로'의 이야기가 앞에서 기술한 것에 대해 빛을 던지는 것이 아닌가? 살아 있는 동안 부요한 사람은 '좋은 것을 받았고' 나사로는 '나쁜 것을 받았기'(25절) 때문에, 전자는 하나님과 단절된 곳(황천黃泉, 저승)에 떨어지고, 후자는 하나님과 결합되는 곳(아브라함의 품속懷裡)에 들어가는 것이다. 나사로는 고통의 삶을 보냈다는 이유만으로 하나님과의 결합에 들어가고, 부요한 사람은 고통을 경험하지 않고 행복한 삶을 보냈다는 이유만으로 하나님과 단절되었다는 것이다. 양자의 운명을 결정한 것은 고통의 삶과 행복한 삶의 대조였고, 결코 선과 악이나 신앙과 불신앙의 대조 같은 것이 아니었다(19절에서 부요한 사람의 삶에 대한 묘사도 그 자체가 악을 보여주는 것이 아니라, 단지 부자의 부자다운 삶의 상태만을 보여주는 것이라 생각된다). 우리는 이 텍스트에서 선악이나 신불신의 가치판단을 읽어내서는 안 된다. 지금까지 이 텍스트에 그런 종류의 '읽어내기'가 행해지는 경향이 있었던 것은 이 텍스트에서 곤란을 느꼈기 때문은 아니었을까? 우리가 앞에서 고찰했던 '아픔의 상징화'는 이 곤란을 제거할 수 있지 않을까 생각된다. 인간은 (선이나 신앙이 없이도) 아픔 그 자체에서 하나님과 결합하고, (악이나 불신앙이 없이도) 아픔이 없다는 것에서 하나님과의 단절을 격화시킨다. '상징'의 원뜻이 '결합'이라는 것에 의해서 위의 해석이 생긴다.

그러나 '부요한 사람'은 '황천'에서 **고뇌** 속에 들어가 있다고 기록되어 있다(23절). 그렇다면 그 역시 황천이라는 단절의 장소에서 고뇌의 현실화에 의해 하나님의 아픔의 상징을 살짝 엿보기에 이르고, 그리하여 하나님과의 결합에 들어갈 수 있다고 말할 수는 없는 것일까? 그리스도가 '황천에 내려가시다'[8]는 말이나 만인구원설万人救濟說의 의도 속에 포함되어 있는 진리의 계기가 이와 관련하여 살아날 수는 없는 것일까? 그러나 이것은 우리가 당면한 문제는 아니다.

하나님의 아픔은 증거되어야만 한다. 그러기 위해서는 인간의 아픔이 하나님의 아픔의 상징이 되도록 해야만 한다. 그러기 위해서는 하나님의 진노가 현실이 되어야만 한다. 이리하여 **우리는 하**

---

8) [옮긴이] 黃泉(よみ)に降(くだ)り. 일본어 사도신경의 일부로 한국어 사도신경에는 생략되어 있는 부분이며 한국어로 옮기면 '음부에 내려가사' 정도로 옮길 수 있다. 원문의 위치는 '장사된 지'와 '사흘 만에' 사이이다. 천주교는 '저승에 가시어'로, 성공회는 '죽음의 세계에 내려가시어'로 번역한다.

나님의 진노를 구하기에 이른다. 그런데 하나님의 진노를 구하는 것은 포로기 이전의 예언자들이 시종일관 취하던 태도였다. 아모스로부터 에스겔에 이르기까지 예언자들은 모두 하나님의 진노가 현실이 되기를 구했던 것이다. 예레미야는 하나님의 진노가 현실이 되지 않았기 때문에 민중으로부터 치욕을 받아야만 했을 정도였다(렘 20:8). 예언자들은 하나님의 진노를 구했다. 하지만 그들은 하나님의 진노 **그 자체**를 구했던 것이다. 여기서 [그들과] 우리가 서로 다름이 분명해진다. 우리 또한 하나님의 진노를 구한다. 그러나 그것은 하나님의 진노 그 자체를 구하는 것이 아니라, 하나님의 아픔이 증거되기 위해 인간의 아픔이 생기도록 하나님의 진노를 구하는 것이다. 예언자들에게는 하나님의 진노가 목적이었지만 우리에게는 하나님의 아픔이 목적이다. 그런데 하나님의 아픔은 하나님의 진노에 의해 우리의 상처를 치유하는 것이었다. 인간의 아픔이 하나님의 아픔의 상징이 되어 하나님의 아픔과 결합할 때, 인간의 아픔은 오히려 치유되는 것이다. 인간의 아픔을 치유하는 것은 이미 하나님의 아픔에 기초한 **사랑**이다. 이리하여 분명해진 것은 하나님의 진노가 현실이 되는 것에 의해 하나님의 아픔이 현실이 되고, 다시 하나님의 아픔에 기초한 사랑이 현실이 되는 것이다.

복음은 **항상** 선포되어야만 한다. 예수의 죽음은 **항상** 우리 몸에 짊어지워져 있어야만 한다(고후 4:10). 하나님의 **아픔**은 항상 증거되어야만 한다. 따라서 상징으로서의 인간의 아픔은 **항상** 바로 옆에 있어야만 한다. 다른 인간이 그와 같은 아픔을 잊어버릴 때도 우리는 아픔에서 손을 떼어서는 안 된다. 우리의 인격 그 자체가 '아픔의 사람'이 되어야만 한다. 아픔이 우리의 본령^{本領}이 되어야만 한다. "예수는 세상 끝까지 아프시리라. 그동안 우리는 잠자면 안 된다."[1]

하나님의 아픔의 상징이 된다는 것은 하나님에 대한 섬김이다. "자기 십자가를 짊어지고 나를 따르라." 그러나 이 섬김 속에 우리의 구원이 약속되어 있다. 자기 아픔을 통하여 하나님의 아픔과 결합되어 있는 자는 하나님의 아픔에 의해 자기 아픔을 치유받기 때문이다(벧전 2:24). "나를 위하여 자기 생명을 잃어버린 자는 저를 얻겠고…." 하나님의 '아픔'이 하나님의 아픔에 기초한 '사랑'이 되는 까닭이다(사 63:15). "얼마나 행복한가, 슬퍼하는 자. 그 사람은 위로받으리."

> "예루살렘의 여자여, 나는 무엇으로 너에게 증명(비교)하며 무엇으로 너에게 견주랴. 시온의 처녀여, 내가 무엇으로 너에게 빗대어 너를 위로하랴. 너의 깨어짐이 바다같이 크니, 아 누가 능히 너를 고치랴!"(애 2:13) 인간의 아픔이 치유되기 어려운 것은 비교할·견줄·빗댈 만한 것을 인간 세계에서 찾을 수 없을 때이다. 죽음의 괴로움 속에 있는 자는 비록 어떤 위로의 말을 한다 해도 어차피 살아 있는 자의 위로에 의해 위로받을 수 없다. "죽음을 애도하는 진심어린 말은

---

1) 파스칼, 『팡세』, 브롱슈빅Brunschvicg 판, 553항. [옮긴이] 셀리에Philippe Sellier판, 749항, 라퓌마Lafuma판, 919항. '예수의 신비' 항목.

산 자에게는 주어져 있지 않다. '죽은 자로 하여금 죽은 자를 장사하게 하라.' 참으로 죽은 자를 장사할 수 있는 것은 죽은 자뿐이다. 살아남은 자가 죽은 자를 재판할 권능을 갖지 못하듯이, 마찬가지로 죽은 자를 치하하고 위로할 수단도 갖지 못한다."[2] 그러나 하나님은 전능하시기 때문에 인간의 비유할 수 없는 아픔에 대해서도 더욱 유비의 아픔을 제공하실 수 있다. 이 하나님의 아픔에 '비교하고·견주고·빗대어서' 인간의 치유되기 어려운 아픔도 치유되기에 이르는 것이다. 하나님의 아픔의 상징이 되는 것은 인간의 아픔의 치유를 의미하는 까닭이다.

5

이상에서 기술한 '아픔의 상징화'에 대해 커다란 빛을 던져주는 것은, 제2이사야의 '주의 종'(*Ebed Jahweh*)의 개념구성이다. '주의 종' 구절은 일반적으로 이사야서 42:1-4, 49:1-6, 50:4-9, 52:13-53:12의 네 곳으로 생각되지만, 지금 특별히 중요한 것은 마지막 텍스트에 나오는 '고뇌하는[고난받는] 종'이다.

'주의 종'에 대한 해석에는 대체로 세 가지 설이 있다. 첫째, 현실의 이스라엘 일반. 둘째, 소수의 자각적 이스라엘. 셋째, 어떤 개

---

[2] 出隆, 『神の思い』(東京: 大村書店, 1924), 204. [옮긴이] 이데 다카시. 1892-1880. 철학자.

인이다.

보통 둘째 설은 다시 둘로 나뉘는데 '소수의 이스라엘인' 설과 '이상적 이스라엘' 설이다. 하지만 '이상적 이스라엘' 설의 주장자도 결국 이 이상이 소수의 이스라엘인 속에서 구현된다고 생각하는 한, 전자의 설에 접근할 따름이다. 예를 들어 스키너[Skinner]에 따르면 이상적 이스라엘은 이스라엘의 '중핵 부분', '경건한 소수자', '영적인 마음을 가진 이스라엘인'의 '경험' 속에 구현되어 있고,[3] 데이비드슨에 따르면 이상적 이스라엘은 '이스라엘 중의 이스라엘'에 의해 대표되어 있다.[4] 따라서 이 두 가지 설은 하나로 묶어 생각하는 것이 가능하다.

그런데 세 가지 설은 각각 근거가 있지만, 하나만으로는 불충분하다고 생각하지 않을 수 없다. '주의 종' 개념은 '대단한 융통성'[5]이 있어 매튜 아놀드[Matthew Arnold]의 말처럼 "어떤 때는 이런 설을, 다른 때는 다른 설을" 채택하지 않을 수 없다.[6] 델리취[F. Delitzsch]는 '주의 종의 피라미드'를 생각했는데, 저변은 현실의 이스라엘 일반이며, 중간부분은 소수의 경건한 이스라엘인이 되고, 정점은

---

3) John Skinner, *Isaiah* (Cambridge: Cambridge University Press, 1917), vol II, IX, 113, 270.
4) Davidson, *Old Testament Prophecy*, 464.
5) Skinner, *Isaiah*, vol. II, 279.
6) Arthur Samuel Peake, *The Servant of Yahweh* (Manchester: Manchester University Press, 1931), 8-9.

어떤 개인이 이루고 있다는 사고방식으로 가장 구체적이라고 말할 수 있다.[7]

먼저 '주의 종'이 '이스라엘'이라 불리고 있다는 것은(사 49:3), 그것이 현실의 이스라엘과 어떤 관계가 있다는 것을 결정적으로 보여준다. 제2이사야 전체에서 '종'을 현실의 이스라엘로 이해하는 데서 이 입장은 다시 확실해진다. '주의 종' 구절의 저자가 해결하고자 눈앞에 두고 있었던 것은 이스라엘의 국가적 멸망이라는 역사적 사실이었다. 그 또한 예언자의 전통에 따라 이스라엘의 멸망이 하나님의 진노에 근거한 것을 알고 있었다. 망국은 이스라엘의 죄에 대한 하나님의 진노이며, 그런 한에서 이 고난은 단적인 어둠이며 의의도 없고 비생산적이었다. 이것은 '불가피한' 고난이며 '비자발적인' 고난이었다.[8]

그러나 예언자는 그런 현실의 아픔을 '소재'(Robinson)로 삼아 그것을 **대속적 고난**이라는 하나님의 아픔의 상징으로까지 변형시켰다. 이스라엘의 국가적 멸망은 주 그리스도의 죽음에 대한 '상징'이 된 것이다.[9] 현실의 아픔은 이 상징화의 행위에 의해 변형되고 설명되기를 기다리며 거기에 존재하고 있다. "종의 노래는 이

---

7) Davidson, *Old Testament Prophecy*, 466-467. George Adam Smith, *The Book of Isaiah* (New York: Harper & Brothers Publishers, 1927), vol. I, 57-58.

8) Henry Wheeler Robinson, *The Cross of the Servant* (London: Student Christian Movement, 1926), 42-43.

9) G. W. Wade, *The Book of the Prophet Isaiah* (London: Methuen, 1911), lxvi.

미 실현된 고난의 비의秘義에 대한 설명이다"¹⁰ 여기서는 어디까지나 **현실의** 이스라엘이 당한 **현실의** 고난이 문제였다.¹¹

—그러나 현실의 이스라엘 일반은 이에 대해 의식하지 못했고 무감각했다(참고. 사 42:18-21, 24-25). 현실의 아픔은 이스라엘 가운데 자각적인 소수자에 의해 하나님의 아픔의 상징으로까지 변형되었던 것이다.¹² 여기서 이스라엘은 이중성을 갖기에 이른다. 곧 현실로서의 그것과 상징으로서의 그것이다.¹³

이 경우 결정적인 것은 소수자의 **의식**이었다. 구약학자가 어떻게 이 의식(consciousness)을 강조하고 있는지 충분히 주목해야만 한다.¹⁴ 종이 "지혜로 행한다"(사 52:13)라든지 "지식으로 많은 사람을 의롭게 한다"(사 53:11)라는 기록은 그런 의식 내지 통찰을 의미한다. 상징화는 하나의 통찰이다. 이를 위해서는 귀가 열려야 한다(사 50:5). 상징화는 예언자적 행위이다. '주의 종'이 예언자의 단체라는 설이 있는 까닭이다. 예언자의 행위는 플라흐테Plachte의 이른바 예언

---

10) Robinson, *Cross of Servant*, 64.
11) Arthur Samuel Peake, *The Problem of Suffering in the Old Testament* (London: Epworth Press, 1947), 191. Peake, *Servant of Yahweh*, 65 이하.
12) Peake, *Servant of Yahweh*, 63.
13) Henry Wheeler Robinson, *The Religious Ideas of the Old Testament* (London: Duckworth & Co., 1913), 203-204. Skinner, *Isaiah*, 36 이하. Alexander Francis Kirkpatrick, *The Doctrine of the Prophets* (London: Macmillan, 1901), 389-390, 393.
14) G. A. Smith, *Isaiah*, 261, 266, 275-276. Robinson, *Religious Ideas*, 30, 83. Skinner, *Isaiah*, vol. II, 36-37, 279. Wade, *Prophet Isaiah*, lxv-lxvi.

자적 '상징창조'(prophetische Symbolschöpfung)[15]이다(참고. 렘 1:11-13; 겔 12:6, 11; 24:24, 27; 사 8:16; 20:3; 슥 3:8).

―그러나 이러한 예언자적 통찰은 궁극적으로는 **개인적인** 성격을 가진다.[16] 마이어스[F. W. H. Myers]가 「성 바울」에서 노래했고, 피크[Peake]가 그것을 예레미야서 주해의 책머리에서 인용했듯이 "커다란 온 세상 고뇌의 세찬 조류"는 "한 영혼(魂)의 해협을 통해 밀어닥친다."

'주의 종'이 예레미야라는 설이 생긴 것은 이러한 상황을 보여준다고 할 수 있다. 그러나 이미 두세 명의 구약학자가 지적했듯이 '주의 종'은 예레미야 이상이며, 예레미야의 인격은 여기에 도저히 미치지 못한다.[17] 예레미야는 확실히 하나님의 아픔을 최초로 보았던 사람이다. 그러나 그의 인격은 결코 '아픔의 사람'(사 53:3)이 아니라, 이른바 '예레미야의 고백'(렘 11:20, 12:3, 15:17, 15:18, 18:21-23)이 나타내는 바에 의하면 그는 오히려 '진노의 사람'이었다. 이것은 당연하다고 할 수 있다. 왜냐하면 예레미야는 하나님의 아픔을 겨우 그의 생애의 최후 단계에서 보았을 뿐, 그것에 의해 지배되거나 지도받은 것은 없었기 때문이다. 예레미야의 거의 전 생애를 지배했던 것은

---

15) Kurt Plachte, *Symbol und Idol* (Berlin: Bruno Cassirer 1930), 110.
16) Skinner, *Isaiah*, 279-280. Robinson, *Religious Ideas*, 36. Peake, *Servant of Yahweh*, 73.
17) Max Haller, *Die Schriften des Alten Testaments* (Tübingen: J. C. B. Mohr, 1940), vol. II, 3, 67. Charles Culter Torrey, *The Second Isaiah* (Edinburgh: T. & T. Clark, 1928), 147.

'하나님의 진노'라는 진리였다. 하나님의 진노의 선언에 붙들린 사람이 자신의 인격에서 '진노의 사람'이 되는 것은 당연하다. "예레미야의 경건의 결함에 대한 유일한 근거는 그가 아직 사랑의 정신에 완전히 붙들리지 않았다는 점에 있다."[18] 인격에 관한 한 '아픔의 사람'인 '주의 종'은 '진노의 사람'인 예레미야 이상이다. 여하튼 그러한 개인은 예레미야가 아니다.

이리하여 '주의 종'은 현실의 이스라엘 일반, 소수의 이스라엘인, 개인이라는 세 가지 의미로서 피라미드를 형성한다.

6

그러나 '주의 종'의 고난은 대속적 고난의 상징으로 남아 있고, 아직 대속적 고난 그 자체는 결코 아니다. 종의 고난은 '상징적으로'(figuratively) 희생이며,[19] 대속적 고난에 대한 '근사'近似(approach)이다.[20] 현실의 이스라엘 일반이 이방인을 위해 대속적 고난을 이룬다고 해도, 이스라엘 자신이 죄를 가졌고, 이방인과 비교하여서 이스라엘의 의가 또한 아직 '상대적인' 의에 불과한 한,

---

18) Skinner, *Prophecy and Religion* (Cambridge: Cambridge University press, 1951), 229.
19) Robinson, *Religious Ideas*, 49.
20) Davidson, *Old Testament Prophecy*, 459.

그 고난이 대속적 고난 그 자체가 되는 것은 불가능하다.[21] 또 이스라엘 가운데 비교적 의로운 소수자가 이스라엘 일반과 함께 괴로워하는 것으로 후자의 죄를 짊어졌다고 해도, 그들 자신도 죄인이고 절대적인 의가 아닌 한, 그 고난 또한 대속적 고난 그 자체가 아니다. 개인의 경우에도 사정은 같다. 요약하면 '주의 종'의 아픔은 하나님의 아픔의 **상징**이다. 이 아픔은 예수 그리스도에게 있어 **하나님의** 아픔에 의해 비로소 진리의 성취를 보았던 것이다.

그리스도에게 있어 하나님의 아픔은 교회에 의해 계승되고, 교회는 하나님의 아픔의 상징이 된다. 신앙자 각 개인이 '주의 종'의 성격을 받기에 이른다. "예수 그리스도에게 유일한 구주성이 속한다. 그러나 그에 의해 구원을 받는다는 것은 다른 사람의 구원자가 되는 것을 의미한다"[22] "종은 전화轉化된 의미에서 전그리스도교단의 인격화이다."[23] 이스라엘은 불완전하게 이룰 수밖에 없었던 것을 교회는 더욱 잘 이루어야 할 터인데, 그것은 이스라엘의 민족적 특수성으로부터 교회의 세계적 보편성으로의 전개에 의하여 이루어진다.[24] '주의 종' 개념은 구약에서는 단체에서 개인 방향으로 나아가고, 신약에서는 개인에서 단체 방향으로 나아간다.[25] 이렇게 해서 이스라엘과 교회는 예수 그리스도를 가운데 끼워 놓

---

21) Peake, *Problem of Suffering*, 188. Peake, *Servant of Yahweh*, 62-63.
22) Robinson, *Religious Ideas*, 84.
23) Wade, *Isaiah*, lxvi,
24) Robinson, *Religious Ideas*, 76.
25) G. A. Smith, *Isaiah*, vol. II, 288-289.

고 함께 그를 섬긴다. 이스라엘은 오실 구주에 대한 상징이 되며, 교회는 이미 오신 구주에 대한 상징이 된다. 이스라엘은 **예언**預言으로서 하나님의 아픔의 상징이라 하며, 교회는 **증언**으로서 하나님의 아픔의 상징이라 한다. 다만 이 경우 교회에 상응하는 이스라엘은 둘째의 '소수자'이다. 첫째의 '이스라엘 일반'에 상응하는 것은 교회를 그 속에 두고 있는 장소인 국민, 나아가 세계라고 생각된다. 중재 행위로서의 '아픔의 상징화'가 어디까지나 **불신앙자**를 목표로 하는 것은 이 때문이다. 국민 내지 세계는 그 속에 있는 교회를 통해서 하나님의 약속의 대상이 된다.

이사야서에서의 '주의 종'은 곧바로 그리스도와 동일시될 수 없다. 그것은 어디까지나 이스라엘에 해당하는 것으로서 **고유성**을 가진다. 이 고유성은 상징에 있어 본질적이다. 상징은 현실이 자기의 고유성을 유지한 채, 현실을 넘어서는 것을 지시하는 곳에서 성립하는 것이다. 그러나 동시에 상징이 자기의 상징성을 자각하는 것은 스스로에게 결코 고유의 가치를 주장할 수 없고, 단지 지시되는 내용에 의해서만 자기에게 의의가 주어지는 것을 보는 데 있다. 이 상징성을 놓칠 때, 인간이 가진 가장 존귀하고 깊은 것일지라도 진리로부터 탈락한다. 유대교가 오늘도 여전히 '주의 종'으로서 현실의 유대인이 된다고 생각하고, 이를 그리스도가 되는 하나님의 아픔에 대한 상징으로 하지 않는 것은 치명적인 것이다.[26] 유대교가 오늘날 그 주장이 강하고 높은데도 불구하고, 극히

---

26) 예를 들어 Kaufmann. Kohler, *Jewish Theology* (New York: Macmillan,

결실이 희박하고 세계를 조금도 납득시키지 못하는 까닭이 여기에 있다. 사람의 아픔이 아무리 깊을지라도 하나님의 아픔의 상징이 되지 않는 한, 결국 의의도 없고 비생산적이다.

'주의 종'은 어디까지나 **종**으로서 하나님의 영광에 봉사하는 자이다. "너는 나의 종이니, 나의 영광을 나타내야 할 이스라엘이다"(사49:3). "영광이 나타나기 위해서는 절대자이며 거룩한 하나님은 죽어야 할 인간을 요구하기도 하신다."[27] 여기서 증인으로서의 상징의 필연성이 있다. 봉사자로서의 성격은 **상징성**의 자각에 의해 확실해진다. 인간이 상징성의 자각을 조금이라도 잃어버릴 때, 그는 곧바로 '사항 그 자체'의 위치를 넘보며, 증인이기를 멈추고 자기 영광을 구하는 자가 된다. '주의 종'에 대한 이해에서 이 상징성의 문제야말로 근본적으로 중요하다. 전반적으로 말해서 구약학자는 이 점에 대한 사색이 아직 불충분한 것이 아닌가? '개인' 설의 연장이 그대로 예수 그리스도의 의식에 연속된다고 하는 것처럼 조잡한 사고방식이 있지 않은가? 상징인 '종'에 대해 '사항 그 자체'로서 그리스도의 **피안성**彼岸性이 명확히 생각되고 있는가? '사항 그 자체'가 가진 그 초월성이 상징의 상징성을 결정하는 것이다.

'주의 종'이 가진 현저한 성격의 하나가 고난 아래에서의 그 **침묵**이다(참고. 사 53:7-9; 42:2). 대속적 고난은 묵묵히 짊어지는 수밖에 없다. 더구나 그가 그 무거운 짐을 견뎌낸 것은 그가 그 고난 속

1918), 376.
27) G. A. Smith, *Isaiah*, vol. II, 318.

에 숨어 있는 하나님의 의도를 통찰하고 있기 때문이다(사 50:13). 하나님이 그의 비극을 의지意志하셨다는 것에 대한 통찰 그것만이 그로 하여금 그 비극을 견딜 수 있게 했다.[28]

스스로 비생산적인 '종'의 아픔도 하나님의 아픔을 섬길 때 생산적이 되고, 영광으로 인도된다. "사람의 경험에 반하여 하나님은 그의 종에게서 고난이 생산적이고 희생이 실효實效적임을 나타내신다. 아픔은 하나님에 대한 섬김에서 영광으로 인도되리라."[29] 그는 아픔의 진리에 의해 세계를 정복하고 세계의 빛이 되었다(이사야 52:10-13; 42:1-4; 49:6).

대속적 고난으로서의 아픔의 진리는 '가장 높고 가장 거룩한' 사실이며 그 이상의 진리는 존재하지 않는다.[30] 대개 인간 진보의 정도는 아픔의 문제에 대한 태도에 의해 판정된다.[31] 예로부터 온갖 국가가 이미 흔적도 없이 소멸되어 갔을 때, 이스라엘이 홀로 그 불후의 의의를 아직 보존하고 유지하는 까닭은 거기에서야말로 아픔의 진리가 가장 명확히 포착되기 때문이다. 대개 국가의 고유한 본질은 그것의 자기주장에 있다. 그러나 국가가 그 본질을 발휘하여 자기주장을 강화할 때, 그것은 점점 특수적이고 대립적이 되어 어떻게 해도 다른 것을 납득시키지 못하고 포함할 수 없다. 이스라엘이라 해도 다윗과 솔로몬의 부국강병시대에는 이런

---

28) G. A. Smith, *Isaiah*, vol. II, 359-360, 362-363.
29) G. A. Smith, *Isaiah*, vol. II, 348.
30) G. A. Smith, *Isaiah*, vol. II, 355-356.
31) G. A. Smith, *Isaiah*, vol. II, 351.

예에서 빠지지 않았다.[32] 그러나 기원전 6세기의 국난에 의해 이스라엘은 결정적으로 전회転回했다. 그 비운을 계기로 이스라엘은 자기주장적 국가로부터 자기희생적 교회의 성격으로 전회했다. 그리고 이스라엘은 이 진리를 획득하여 마침내 세계를 정복하기에 이르렀다. 이런 견지에서 보면 이스라엘 건국 이래의 전체 역사는 이 기원전 6세기를 **위해** 존재했다고 말할 수 있다. 얼핏 보기에 쇠퇴와 타락(Decline and Fall)의 시대야말로 이스라엘에게 영광의 시대이며, '하늘과 땅이 영화로운 때'[33]였던 것이다. "야웨 종교와 포로가 아니었다면 이스라엘의 전체 역사는 블레셋이나 다메섹의 역사와 다를 바 없었을 것이다."[34] 여기에 **역사의 지혜**가 있다. 오늘 **우리는** 그것으로부터 무엇을 읽어내야 하는가?

하나님의 아픔의 상징이 되는 것이 정말로 이스라엘 국가에만

---

32) 石橋智信, 『イスラエル宗教文化史上のメシア思想の変遷』 (東京: 博文館, 1925) 참조. [옮긴이] 이시바시 도모노부, 『이스라엘 종교문화사상에서 메시아 사상의 변천』, 1886-1947. 독일에 유학하여 구약성서를 연구한 도쿄대 종교학과 교수. 우치무라 간조와 우에무라 마사히사의 제자.

33) [옮긴이] 『万葉集』 996. 『만엽집』은 7세기에서 8세기에 만들어진 일본 고대의 노래집이다. 특히 해당 구절天地の榮ゆる時은 1943년 일본 천황제, 즉 황국사관을 강조하기 위해 문부성에서 발간해 전국에 300만부 이상 배포한 「国体の本意」 서문에서 인용하여, 신화 시대의 일본을 찬양하는 뜻으로 사용되기도 했다. 여기서 기타모리는 이스라엘이 가장 영광스러웠던 때가 기원전 6세기의 망국과 포로기라고 기술하면서, 여기에 빗대어 일본에 가장 영광스러운 시기가 패전하여 고통스러운 이 책의 저술 당시라고 말하는 것처럼 보인다.

34) Henry Preserved Smith, *Old Testament History* (New York: Scribner, 1903), 290.

허용되는 것이라고 생각할 수 있을까? 또한 오늘날 우리가 이 길을 따라가는 것도 허용되지 않고 있는가? 아니, 오히려 '주의 종'의 길을 따라 걷도록 노력해야 하지 않을까? 왜냐하면 미국의 한 신학자가 말한 것처럼 "그(주의 종)를 찬양하는 자는 옛날이나 지금이나 꽤 많이 있지만 그를 따르는 자는 적다"고 하니까.[35] 그러나 이렇게 말하는 그 미국인은 다시 다음과 같이 말한다. "우리 백 퍼센트의 아메리카니즘은 이러한 이상理想(주의 종) 앞에서 두려워하며 몸을 떨어야 할 것이다."[36] 이런 솔직한 고백을 듣고서, 그렇다면 **우리 자신**은 무엇이라 말할 수 있는가?

* * *

우리는 이 장에서 하나님의 아픔의 상징에 대해 생각했다. 그런데 상징은 그 원뜻에 따르면 **결합**을 의미한다. 우리의 아픔이 하나님의 아픔의 상징이 된다는 것은 아픔을 통해 하나님과 우리가 결합하는 것이다. 그러나 이러한 하나님과 인간의 결합은 어떠한 사태인가? 이것이야말로 **신비주의적 사태**에 다름 아니다. '신비적 결합'(unio mystica)이란 말의 어떤 이유이다. 이리하여 분명해진 것은 상징이 되는 개념 그 자체 속에 이미 신비주의적인 것이 포함되어 있다는 점이다. 우리는 다음 장에서 이 사태에 대해 생각해 보자.

---

35) John Merlin Powis Smith, *The Prophets and Their Times* (Chicago: Chicago University Press, 1924), 191.
36) J. M. Smith, *Prophets*, 190.

6장

아픔의 신비주의

1

아래에서 거론하는 여러 구절은 대체 어떠한 사태를 말하는 것인가? "그리스도 예수 속에서 세례를 받은 우리는 **그의 죽음 속에서도 세례를 받았다. 곧 우리는 세례에 의해 그와 함께 그의 죽음 속에서 함께 장사되었다**"(롬 6:3-4). "우리가 그와 결합되어 그의 죽음과 같은 형태로까지 성장한다면…"(롬 6:5). "우리의 옛 사람이 **함께 십자가에 달렸다**"(롬 6:6). "우리가 **그리스도와 함께 죽었으면**…"(롬 6:8). "내가 그리스도와 함께 십자가에 달렸다"(갈 2:20). "그리스도 예수의 것이 된 사람들은 감정과 욕심과 함께 그 육체를 십자가에 달았다"(갈 5:24). "그리스도의 괴로움이 우리 속에 넘쳐흐른다"(고후 1:5). **"그의 괴로움과 섞여, 그의 죽음과의 동형화"**(빌 3:10). "그리스도의 괴로움과 사귀다"(벧전 4:13). "그리스도도 너희들을 위해서 괴로움을 받으시고, 너희들이 그 발자취를 따르도록 모범을 남겨놓으셨다"(벧전 2:21). "너희들은 그 상처에 의해 치유되었다"(벧전 2:24).

내가 하나님의 아픔 속에 녹아들어 아픔에서 그와 하나가 된다. 이것이 여기서 발견되는 사태의 참모습이다. 루터가 이미 사용한 말로 하면, 하나님의 아픔과 '함께 아프다'(*condolore*)[1]는 것이다. 그러나 '녹아든다'든지 '하나가 된다'라는 말에 의해 표현되는

---

1) Luther, *WA*, vol. 1, 336.

사태는 우세한 의미로 신비주의적이라 부를 만하다. 이미 인용한 로마서 6:5에 대해 루터는 "그의 죽음과 같은 형태가 된다는 것은 **신비적인 죽음 속에서**(in mysticam mortem) 장사되기 때문이다"라고 주해하고 있다.[2] 그러나 이 사태는 단순한 신비주의가 아니라 어디까지나 **하나님의 아픔의 신비주의**이다. 이것이 어떠한 의의를 가지는지는 후술하는 바에서 분명해질 것이다.

"그리스도와 함께 죽어 장사되고 그리스도와 함께 살아 나온다고 말하는 것과 같은 사정은 신비주의적인 표상을 사용하지 않고서는 적절하게 설명할 수 없다."[3] 신앙적 태도는 "우리가 보통 신비주의적이라 부르는 사태에도 매우 자연스럽고 눈에 띄지 않는 방법으로 옮겨 가서 변색되는 것이다"[4]

내가 하나님의 아픔 속에 녹아들어 아픔에서 그와 하나가 될 때, 그 일은 나에게 **기쁨** 그 자체이며 그 이상의 행복은 달리 존재하지 않는다. 하나님의 아픔 속에서 나의 아픔이 치유되고 나의 옛 사람이 죽으며, 나는 하나님께 순종하는 사람으로 정복되고 새

---

2) Martin Luther, *Luthers Vorlesung über den Römenbrief*, ed. by Johannes Ficker (Leipzig: Dieterich'sche Verlagbuchhandlung, 1925) vol. 1, 53-54.
3) 山谷省吾, 『ロマ書』(東京: 新教出版社, 1952), 157. [옮긴이] 야마야 세이고. 1889-1982. 성서학자.
4) Rudolf Otto, *Aufsätze das Numinose betreffend*, 4th ed. (Gotha: Leopold Klotz, 1929), 82.

로운 생명으로 되살아난다. 이런 일은 하나님의 아픔이 곧 하나님의 아픔에 기초한 **사랑**인 까닭에 일어난다. 앞에서 든 성서의 말씀은 이 하나님의 '사랑'에 의하여 다음과 같은 말씀과도 함께하고 있다.

―"그리스도 예수 속에서 세례를 받은 우리는 그의 죽음 속에서도 세례를 받았다. 곧 우리는 세례에 의해서 그와 함께 그의 죽음 속에서 함께 장사되었다. 이것은 그리스도가 아버지의 영광에 의해 죽은 사람 속에서부터 되살아나신 것처럼, 우리도 **새로운 생명**으로 나아가기 위해서이다"(롬 6:4). "우리가 그와 결합되어 그의 죽음과 같은 모양에까지 성장한다면, **그의 부활**에도 동등해질 것이다"(롬 6:5). "우리의 옛 사람이 십자가에 달렸다는 것은 **죄의 몸이 멸망하여** 이후로 죄를 섬기지 않기 위해서이다"(롬 6:6). "우리가 그리스도와 함께 죽었으면, 또한 그와 함께 **살아날** 것을 믿는다"(롬 6:8). "내가 그리스도와 함께 십자가에 달렸다. 이제 내가 살아 있는 것이 아니라 그리스도가 내 속에 있어 **살아 계신 것이다**"(갈 2:20). "그리스도의 괴로움이 우리 속에 넘쳐흐르는 것 같이 우리의 **위로**도 그리스도를 통해서 넘친다"(고후 1:5). "그리스도와 그 **부활**의 힘, 그의 괴로움과 섞여 그의 죽음과의 동형화"(빌 3:10). "그리스도의 괴로움과 사귀면 사귈수록 **기쁘다**"(벧전 4:13).

―하나님의 '아픔'이 십자가의 그리스도에 대한 증명인 것처럼, 하나님의 아픔에 기초한 '사랑'은 성령에 대한 증명이다(롬 15:30에 '성령의 사랑'이란 말씀이 발견된다). 신약성서에서 '그리스도 신비주의'가 '성령 신비주의'로 연결되는 것(예를 들어 고후 3:18)은 하나님

의 아픔이 곧 하나님의 아픔에 기초한 사랑에 연결되는 것과 상응한다. 다만 지금은 '그리스도 신비주의' 내지 '아픔의 신비주의'가 주제이다.

2

만일 내가 관여하고 있는 문제가 아픔의 신비주의의 체험을 서술하는 것과 같은 데서 멈춘다면, 나는 여기서 붓을 내려놓아야 할 것이다. 이 이상 붓을 계속 드는 것은 도리어 사태를 어둡게 할 뿐이다. 왜냐하면 '신비주의적' 사태는 그 원뜻과 같이 입을 '다물고' 그저 오로지 그 사태 속에 젖어드는 데 그 본령이 있기 때문이다. 사태의 참모습은 말해지는 데서가 아니라 도리어 말해지지 **않는** 데서 그야말로 약동한다. 따라서 그야말로 침묵이 어울릴 것이다. 그런데 내가 관여하고 있는 문제는 어디까지나 '하나님의 아픔의 신학'이다. **신학**은 철저하고 엄밀한 **반성**이다. 그러므로 지금 당면하고 있는 아픔의 신비주의의 문제에서도 나는 단지 그 체험을 서술하고만 끝낼 수 없다. 여기서 체험되는 사태를 엄밀하게 반성하고 실수 없이 인도되도록 해야 한다. "그리스도교는 **건전한** 신비주의 외에 아무 것도 아니다"라고 칼 힐티$^{Carl\ Hilty}$는 말하는데, 아래에서 이루어지는 반성은 신비주의에 요구되는 '건전함'의 확보를 향하고 있다.

이 반성을 인도하는 원리가 되어야 할 것은 우리의 신비주의가 어디까지나 **하나님의 아픔**의 신비주의라는 점이다. 그러나 동시에 명기해야 할 것은 하나님의 아픔의 신비주의도 어디까지나 **신비주의**라는 것이다. 하나님의 아픔은 우리의 신비주의를 다른 모든 신비주의로부터 구별하여 보호하지만, 그럼에도 불구하고 우리의 신비주의는 무릇 신비주의라는 것이 가져야 할 그런 **고유성**을 보존하고 유지해야만 한다. 이리하여 우리의 반성은 이중의 과제를 짊어진다. 한편으로 신비주의의 고유성을 유지하면서, 또 한편으로 다른 모든 신비주의로부터 자기를 구별하는 원리를 가져야만 한다. 이러한 이중의 과제를 종합하는 것에 의해 비로소 '건강한 신비주의'가 확보되는 것이다. 앞에서와 같은 사정으로 아래에서 기술하는 반성은 단지 반성에 멈추지 않고, 동시에 또한 이러한 사태 그 자체에 대한 **서술**이기도 하다. 서술하면서 반성하고, 반성하면서 서술하는 것처럼 길을 걸어 나아갈 것이다.

첫째, 신비주의가 가진 첫 번째 고유성은 직접성에 있다. '녹아든다'든지 '하나가 된다'와 같은 말이 이 직접성의 단적인 표현이다. 무릇 신비주의인 한 이 고유성을 결여할 수는 없다. 아픔의 신비주의라 하더라도 예외는 아니다. 만일 이런 성격을 결여하고 있다면 그것은 다른 어떤 무엇이라 해도 결코 신비주의는 아니다. 앞에서 "내가 하나님의 아픔 속에 **녹아들어**, 아픔에서 그와 **하나가 된다**"고 기술한 까닭이다.

그런데 복음 곧 하나님의 아픔의 입장에서 보면, 이 직접성이야말로 가장 먼저 **부정**되어야 할 것이었다. 왜냐하면 직접성의 입장이란 하나님의 아픔을 거부하고 그리스도의 죽음을 무익하게 하며 중보자(mediator, Mittler)를 제외하고 성립하는 입장(im-mediate, un-mittelbar)이기 때문이다. 신비주의는 직접성의 입장에서도 가장 대담한 표현이다. 하나님의 아픔을 철저하게 거부하는 근대주의 신학이 '신비주의'로서의 성격을 부여받는 나름의 까닭이 있다(예를 들어 에밀 브루너 Emil Brunner의 『신비주의와 말씀』 *Die Mystik und das Wort* [Tübingen: J. C. B. Mohr, Paul Siebeck 1928]에서와 같이). 그러므로 신비주의의 첫째 고유성인 직접성은 **불건전함**의 온상이라고 해야만 한다. 여기서 우리는 극히 곤란한 문제에 직면한다. 우리의 목표는 '건전한 신비주의'의 확보에 있었다. 신비주의인 한, 그 고유성인 직접성이 끝까지 유지되어야만 한다. 그런데 이 직접성은 불건전함의 온상이다. 그렇다면 '건전한 신비주의'는 어떻게 해서 확보되는 것인가? 이것은 확실히 곤란한 문제이지만, 그러나 내가 믿는 바에 따르면 '건전한 신비주의'는 이러한 곤란을 돌파하고서야 확보될 것이다. 그리고 그 가능성은 우리의 신비주의가 '아픔의 신비주의'라는 점에 존재한다.

하나님의 아픔은 본래 직접성의 부정 위에서 성립된다. 게다가 우리는 이 하나님의 아픔 속에 녹아들어 그 아픔에서 그와 하나가 된다. 따라서 아픔의 신비주의에서 **우리는 직접성을 부정하는 것과 직접적으로 하나가 된다**. 하나님의 아픔은, 우리가 그것과 하나가 될 때도, 여전히 끝까지 계속해서 직접성을 부정한다. 게다가 반대로 끝까지 직접성을 부정하는 하나님의 아픔도 우리와 하나가 된다. 이리하여 비로소 '건전한 신비주의'가 확보된다. 우리가 하나님의 아픔과 하나가 되는 한, 그 사태는 어디까지나 **신비주의**

고유의 것이다. 게다가 이러한 하나님의 아픔이 그때도 여전히 계속해서 직접성을 부정하는 자로 있는 한, 이 신비주의는 **건전**한 것일 수 있다.

앞에서 기술한 바를 조금 각도를 바꾸면 다음과 같을 것이다. '불건전'이란 엄밀히 말하면 **불순종**이다. 직접성에 세워진 신비주의 그 자체로는 불순종을 벗어날 수 없다. 그런데 복음 곧 하나님의 아픔은 우리의 모든 불순종을 완전히 **정복**하는 하나님의 은혜이다. 따라서 아픔의 신비주의에서는 신비주의가 가진 불순종이 완전히 해결되고, 더구나 신비주의 고유의 사태도 유지된다. 신학적 용어로 말하면 신비주의가 **칭의론**을 배경으로 한다는 것이다.

바울은 갈라디아서 2:20에서 "내가 그리스도와 함께 십자가에 달렸다. 이제 내가 살아 있는 것이 아니라 그리스도가 내 속에 있어 살아 계신 것이다"라는 신비주의 고유의 표현을 한 후 즉시 말을 이어서, "이제 내가 육체에 있어 살아 있는 것은 나를 사랑하고 나를 위해서 자기 몸을 버리신 하나님의 아들을 믿는 것에 의해 살아 있는 것이다"라는 칭의론적 표현을 더하여서, 내가 지금 기술하는 신비주의와 칭의론의 내적 연관을 나타내고 있다. 더구나 칭의론으로부터 신비주의로의 발전은 **필연적**이며, 신비주의로 발전하지 않는 칭의론은 결정적인 점에서 그 힘을 결여하고 있다고 해야만 한다. 칭의론을 배경으로 하는 신비주의, 이것은 '건전한 신비주의'인 '아픔의 신비주의'의 첫째 정의이다.

칭의론과 신비주의의 필연적인 관련에 대해서는 야마야 세이고 박사가 쓴 『바울의 신학』 172-177에 명석하게 서술되어 있다. "바울의 종교는 '칭의론'과 '신비주의'라는 이질적인 두 부분으로 분열해 있는 것이 아니고, 그의 근본적인 그리스도 체험에서 출발하여 통일된 일체로서 전개되고 있다."[5] 오토에 따르면 신약성서의 신비주의의 특징은 "그것이 철두철미 **은총론**과 관련되어 있다는 점이다.…은총 체험과의 이러한 관련은 '그리스도교적' 신비주의에 독특한 것이다. (그리고 그런 한에서만 '신비주의'는 그리스도교적이다. 다른 모든 것은 사실상 이교적 신비주의이다)." 더구나 오토에 따르면 신약성서에서 신비주의적 표현은 은총론적 표현의 '이면'裏側(Kehrseite)에 다름 아니다.[6]

3

둘째, 신비주의가 가진 두 번째 고유성은 아우구스티누스가 '**하나님을 즐기는 것**'(*fruitio Dei* [누림, 향유])이라는 말로 표현한 것 같은 성격이다. 앞에서 나는 "내가 하나님의 아픔 속에 녹아들어 아픔에서 그와 하나가 될 때, 그 일은 나에게 **기쁨** 그 자체이며, 그 이상의 행복은 달리 존재하지 않는다"라고 서술하여서 이런 내용

---

5) 山谷省吾, 『パウロの神學』, (東京: 長奇書店, 1936), 177.
6) Otto, *Numinose*, 82-83.

을 나타냈다. "그리스도의 괴로움과 사귀면 사귈수록 **기쁘다**"(벧전 4:13). "그리스도의 괴로움이 우리 속에 넘쳐흐르는 것 같이 우리의 위로도 그리스도를 통해서 넘친다"(고후 1:5). 그리스도의 괴로움과 사귀는 것이 우리에게 기쁨이 되고 위로가 되는 것은 하나님의 아픔이 곧바로 하나님의 아픔에 기초한 사랑이 되기 때문에 일어난다. 그런데 복음 곧 하나님의 아픔의 입장에서는 이 '하나님을 즐긴다'는 것은 **부정**되어야 할 것으로 보인다. 죄란 바로 자기를 사랑하는 것에 다름 아니다(딤후 3:2). 하나님의 아픔은 이러한 죄의 용서이다. 죄를 용서하는 하나님의 아픔 속에 들어가는 자는 자기를 미워해야만 한다(눅 14:26. 요 12:25). 그런데 '하나님을 즐긴다'라는 말에서 자기를 사랑하는 것이 드러난다. 하나님을 즐기는 것이 자기를 즐겁게 하는 것이다. 따라서 하나님의 아픔의 입장에서 '하나님을 즐기는 것'은 부정되어야만 한다.

루터의 가장 큰 사업 중 하나는 이 진리의 천명이었다. "사람은 하나님 그 자체에 관해서도 자기 추구적 사랑으로 자기 자신의 것을 요구한다."[7] "육체의 생각은 만물보다 더, 게다가 하나님보다도 더 자기 자신을 사랑한다."[8] 하지만 "하나님을 사랑하는 것은 자기 자신을 미워하는 것이다."[9] "의인이란 요컨대 자기 자신의 규탄자이다."[10] "사

---

7) Luther, *Römenbrief*, vol. 2, 156.
8) Luther, *Römenbrief*, vol. 2, 187.
9) Luther, *WA*, vol. 1, 228.
10) Luther, *WA*, vol. 3, 29.

랑하는 것은 자기 자신을 미워하고 벌하며 화가 있기를 바라고, 이렇게 해서 저 그리스도의 말씀을 따르는 것이다. '이 세상에서 그 생명을 미워하는 자는, 그것을 유지하고 영원한 생명에 이르리라'"(요 12:25).[11]

이리하여 우리는 여기서도 또 곤란한 문제에 직면한다. '건전한 신비주의'가 확보되기 위해서 한편으로 신비주의에 고유한 '하나님을 즐기는 것'이 그것의 장소를 부여받는 동시에, 다른 한편으로 이 성격에 덧붙어 있는 문제가 완전히 해결되어야만 한다. 이 문제의 해결도 '아픔의 신비주의'의 철저함에 의해 주어질 것이다. 하나님의 아픔은 죄, 곧 자기 추구를 용서하기 위해 일어나는 것이다. '하나님을 즐기는 것'의 내부에 포함된 자기 기쁨이나 즐거움이나 행복도 그 자체로 이러한 자기 추구적인 죄에 다름 아니다. 그런데 하나님의 아픔은 이러한 죄를 **철저히** 용서하시려는 하나님의 마음이다. 이러한 '죄의 용서'의 철저성은 우리에게 어떻게 나타나는가?

하나님의 아픔 속에 들어갈 때, **우리 자신**은 자기 죄의 참모습에 대해 각성하고, 자기를 미워하기에 이른다. 그런데 이때 **하나님 자신**은 이러한 우리를 진실하게 한결같이 사랑하고 계신다. 이러한 하나님의 사랑은 하나님의 아픔의 영역도 **꿰뚫고** 하나님의 아픔도 **잊어버릴** 정도의 한결같은 사랑이다. 하나님의 아픔은 하나

---

11) Luther, *Römenbrief*, vol. 2, 219.

님의 아픔에 기초한 사랑으로 전개되어서 비로소 하나님의 아픔의 진실한 모습을 발휘하는 것이다. 하나님의 아픔의 단계에서 우리는 자기를 미워할 것을 요구받지만, 그러나 하나님의 아픔에 기초한 사랑은 하나님의 아픔의 참모습으로 한결같이 우리를 사랑하고, 이미 우리가 자신을 미워할 것조차도 요구하지 않을 정도이다. 이와 같은 하나님의 사랑이 '우리를 즐기게' 하시는 하나님(딤전 6:17)의 사랑이다. 여기서 하나님은 자기 자신을 우리에게 즐기는 대상으로 내어줄 정도로 우리를 사랑하신다. '하나님을 즐기는' 신비주의가 여기서 성립한다.

─그런데 이와 같은 하나님의 사랑은 어디까지나 하나님의 아픔의 진실한 모습으로 남는다. 하나님의 아픔은 그것이 '하나님'의 아픔이기에 자신을 그러한 하나님의 사랑에까지 전개한다. **하나님의 아픔은 '하나님을 즐기는 것'에 붙어 있는 우리 죄를 용서하면서, 그리고 바로 그 때문에 아파하면서, 우리에게 자기를 즐거움의 대상으로 내어준다.** 이에 응하여 우리 자신은 이렇게까지 우리를 사랑하시는 하나님의 마음에 송구스러워하며 목메어 울면서, '하나님을 즐기는' 바로 그 순간에도 '자기 자신을 미워하는 것'을 잊어서는 안 된다. 이렇게 하여 하나님의 아픔은 '즐거움' 속에 붙어 있는 모든 죄를 해결하면서, 자기를 우리에게 '즐거움'의 대상으로 내어주는 것이다. 여기서 비로소 '하나님을 즐기는' 신비주의는 '건전한 신비주의'가 될 수 있다.

"상처 입으신 머리 아래에 선 지체가 머리는 아프신데 기쁨 속에서 살아가는 것이 도리에 반하는 것은 아닌가?"[12]란 루터의 말이지만, 더욱 이 루터가 복음으로 "우리는 기쁨을 위해 끊임없이 춤춘다"[13]고도 말한다.

4

셋째, 신비주의가 가진 세 번째 고유성은 **윤리성**이다. 신비주의가 자기 추구의 부정으로서의 '탈자'[14]를 주장하는 까닭이다. 신약성서에서는 다음과 같은 구절 속에 신비주의적 윤리가 나타나 있다. "그리스도 예수의 것이 된 사람들은 감정과 욕심과 함께 그 육체를 십자가에 달았다"(갈 5:24). "죽은 자는 죄로부터 벗어난 것이다"(롬 6:7). "그리스도가 육체에 괴로움을 받으셨기 때문에 너희들도 또한 같은 마음으로 스스로 갑옷을 입으라. 육체에서 괴로운 자가 죄를 그치는 것이다"(벧전 4:1).[15] 우리가 하나님의 아픔 속에 녹아들어 아픔에서 그와 하나가 될 때, 우리 육체의 감정과 욕심은 그 세력을 잃기에 이른다. 죄를 죽이는 가장 유효한 수단은 하

---

12) Luther, *WA*, vol. 1, 137.
13) Luther, *WA*, vol. 37, 410.
14) [옮긴이] 脫自, 탈자 또는 탈자태. Extase의 번역어. 하이데거가 말한 '자기로부터 벗어나는 것'을 가리킴.
15) [옮긴이] 벧전 4:1 문어역이 살짝 변형되어 인용되고 있다. 내용상 큰 차이는 없지만, 다른 번역에서 같은 표현을 찾을 수는 없었다. 아래 5에 인용된 4:1이 문어역의 것이다.

나님의 아픔을 끊임없이 우리 몸에 받으며 있는 것이다. 친첸도르프^{Zinzendorf}는 육욕에 대항하기 위해 "자신을 죽은 것처럼 차가운 몸으로 차갑게 죽은 것이 되게 하고, 돌같이 죽은 것이 되게 해야" 할 것이라고, 그 회중에 지령을 내렸다고 한다.[16] 십자가의 신비주의가 성화의 동력을 산출하는 것은 하나님의 아픔이 하나님의 아픔에 기초한 사랑이 되기 때문에 일어나는 일이다. 이 하나님의 '사랑'은 성령의 질서로서 윤리적 성화를 산출하는 영역이다. 칭의론을 배경으로 하면서 윤리에 대한 동력을 산출하는 신비주의, 이것이 우리의 신비주의이다.

그러나 윤리적 신비주의가 '건전한 신비주의'가 되기 위해서는 더욱 엄밀한 반성이 요구된다. 무릇 신비주의가 가진 고유한 성격의 하나는 그것이 자기를 **완결된** 사태라고 주장하는 점이다. 신비주의는 자기를 완결시키는 것으로서 자기 속에 머무는 경향을 가진다. 신비주의가 관상적^{觀想的} 정적주의^{靜寂主義}로 끝마친 것은 이런 내용을 보여준다. 그러나 신비주의가 윤리적 성격을 가지고, 게다가 이 윤리적 신비주의가 자기를 완결시키는 것이라 주장하는 경우에는 사태가 다시 악화된다. 왜냐하면 윤리적 성화가 자기를 완결시키는 것으로 자기 속에 머물기에 이르면, 그때 이미 우리는 죄 용서의 은총이 **필수**라 여기지 않고, 가령 그 은총을 전제하거나 예상하여 생각한다 해도 '오직 은총'의 입장은 부정되며, '은총

---

16) Johannes Schneider, *Die Passionmystik des Paulen* (Leipzig: J. C. Hinrichs, 1929), 163.

과 윤리'라는 반＊펠라기우스적 입장이 생기기 때문이다. 그러므로 윤리적 성화는 올바른 신비주의에 필연적이지만, 그럼에도 그것이 자기완결하는 경우에는 오히려 신비주의를 불건전하게 만든다. 신비주의가 건전하기 위해서 윤리적 성화는 어디까지나 **미완결**인 것으로서 개방된 채 머무르는 것이라고 생각해야만 한다. 성화가 미완결이면서 불완전에 머무른다는 것은 바로 우리가 성화의 단계에서도 의지할 것은 오직 그리스도의 십자가**뿐**이라는 것이다. '은총과 윤리'의 현실태는 '오직 은총'이라는 공리의 장소에 있고, 하나님의 '사랑'이 하나님의 '아픔'의 장소에 있다는 것과 같은 표현은 이러한 진리를 나타내려는 것이다.[17] 바울은 갈라디아서 2:20 및 빌립보서 3:12에서 이 진리를 완벽한 문자로서 표현했다. 루터는 '항상 의로우면서 항상 죄인'(*semper justus, semper peccator*)이라고 말했지만, 우리는 다시 한 걸음 더 나아가 '거룩하면서 항상 죄인'이라고 해야 할 것이다.

하나님의 아픔 속에 녹아들어 하나님의 아픔과 하나가 될 때, 우리의 죄는 확실히 세력을 잃어버리지만, 그러나 우리에게 죄가 비극적인 것은 우리의 죄가 이 하나님의 아픔을 밀어내서 없애고 미쳐 날뛸 정도로 강력하다는 점이다. "죄는 반역하지만 그럼에도 불구하고 죽어 있다(*rebellat et mortuum*)"는 아우구스티누스의 말이 있지만,[18] 그러나 이 말은 곧바로 뒤집어서 "죄는 죽어 있지만,

---

17) 北森嘉藏, 『十字架の主』, 『神學と信条』 참조.
18) Augustinus, *Contra Julianum*, II, 9, 32.

그럼에도 불구하고 반역한다"라고 고쳐 말할 수 있다. 죽어 있어야 하는 죄가 아직도 반역한다는 것이 죄인의 삶의 현실이다. 이 현실에 직면할 때 우리는 어떻게 해야 할 것인가? 이때야말로 하나님의 아픔이 되는 그리스도의 십자가를 진실하게 우러러보아야 할 것이다. 아픔의 신비주의조차도 우리 죄 앞에서 패배하는 까닭에, 바로 그러한 까닭에 우리는 하나님의 아픔 이외에 의지할 곳을 알지 못한다. 윤리적 신비주의가 패배할 때, 그것은 **칭의론**에서 자기 구원을 요청해야만 한다. 하지만 실은 칭의론에서 자기의 최후 구원을 요청하는 신비주의야말로 참으로 **건전한** 신비주의인 것이다. **하나님의 아픔은 자신을 신비주의적으로 우리와 하나로 결합시키지만, 그럼에도 불구하고 이 결합을 배반하여 깨뜨리는 우리의 죄를 최후까지 용서하고 감싸 안기 때문에 하나님의 아픔이다.** 신비주의를 완결시키는 것이라면 그것은 결코 하나님의 아픔이 아니라 직접성의 입장에서 고안된 "하나님의 사랑"에 지나지 않는다.

> 여기서 한 가지 부가해 둘 주의사항이 있다. 그것은 역사적으로 '괴로움의 신비주의'(Leidensmystik, Passionsmystik)로 알려져 있는 한 입장으로부터, 우리의 '아픔의 신비주의'를 구별해야만 한다는 것이다. '괴로움의 신비주의'는 클레르보의 베르나르^{Bernard de Clairvaux}를 대표자로 하여 중세 말기 그리스도교 사상사를 장식하는 하나의 특이한 체험 내지 사상이다. 우리는 오늘날 이 사상에 대해 충분히 귀를 기울여 그 모티프를 알아들어야 할 것이다. 그러나 우리는 이 '괴로움의 신비주의'를 전적으로 긍정할 수는 없다. 왜냐하면 이 입

장에는 우리가 앞에서 검토한 '건전한 신비주의'의 징표가 결여되어 있기 때문이다. 첫째로 이 입장에서는 직접성이 무반성적으로 긍정되고 있으며, 둘째로 '하나님을 즐기는 것'이 무반성적인 향락이 될 경향이 보이고, 셋째로 공로사상이 잠입할 틈도 보인다. 요컨대 이 신비주의에서는 불건전함이 발견되는 것이다. 여기서 우리가 이 입장을 전적으로 긍정할 이유가 없다. 우리가 새삼스레 '아픔의 신비주의'(Schmerzesmystik)라는 말을 사용하여 '괴로움의 신비주의'로부터 구별해야만 하는 이유도 여기 존재한다.

5

앞에서 '하나님의 아픔에 대한 섬김'이라는 주제를 다룰 때, 우리는 **자기의 아픔**으로 하나님을 섬겨야 함을 보았다. 이 진리는 이제 '아픔의 신비주의'의 **구체화**에 즈음하여 원용되어야 한다. 오히려 '하나님의 아픔에 대한 섬김'은 이미 그 자신 속에 맹아로서 신비주의적인 것을 포함하고 있다. 이 맹아가 전개될 때 '아픔의 신비주의'는 그 구체화의 길을 보여줄 것이다.

우리가 하나님의 아픔 속에 녹아늘어 아픔에서 그와 하나가 되는 '아픔의 신비주의'가 구체적으로 실현되기 위해서는 그 통로로 **우리 자신의 아픔**이 사용되어야만 한다. 우리는 자신의 아픔을 통해 하나님의 아픔과 하나가 되고, 두 아픔이 하나가 되는 것으로 하나님과 우리가 하나가 된다. "**나의 상처**를 그의 상처에 더해 나를 그에게 결합시켜야만 한다."¹⁹ 신약성서 중에서 가장 구체적 성격을 지닌 **베드로** 서신이 이러한 구체적 실현의 길을 가장 명확히 나타내는 것에는 까닭이 있다. "그리스도는 너희들을 위해 괴로움을 받으시고, 너희들이 그 발자취를 따르도록 모범을 남겨놓으신다.…너희들은 그 상처에 의해 치유된다"(벧전 2:21, 24). "그리스도가 육체에 괴로움을 받으셨으면, 너희 또한 같은 마음으로 스스로 갑옷을 입으라. 육체에 고난을 받은 자가 죄를 그쳤고…"(벧전 4:1).

"나는 괴로워야만 한다. 그리고 나의 고통은 은총이 나를 변화시키기 위해 내 속으로 들어오는 도관導管이 되어야 한다. 그런데, 우리가 당연히 받아야 하는 모든 악을 예수 그리스도께서 견뎌내 주신 이래로, 고통은 하나님과 인간의 유사점과 결합점이 되어 있다. 더구나 현세에서 유일한 결합점이다. 그렇다면 고통 덕분에 하나님은 인간의 영혼을 방문할 수 있다. 하나님의 사랑에서는 하나님이 죄인의 고통을 속죄하고, 자기 고통에 합치하면 충분한 것이다(예수 그리스도를 입음으로 나의 고통은 하나님의 사역으로부터만 주어지는 정화하고 혁신하는 힘을 획득한다)."²⁰ "예수 그리스도 안에서 사는 것은 그의 괴로움에 참여하는 것에 의해 그의 영광으로 받아들여지는 것이다. 그는 우리의 모범이며, 그가 괴로워하셨기에, 그는 우리가 괴로워하는 것을 면제하지 않는다. 그러나 그는 우리에게 우리의 괴로움

---

19) 파스칼, 『팡세』, 브롱슈빅Brunschvicg 판, 553항.
20) Emile Boutroux, *Pascal* (Paris: Librairie Hachette et Cie, 1907), 26-27. エミィル・ブトルウ, 『パスカル』, 森有正 譯 (東京: 創元社, 1942), 54-55.

이 풍요한 결실을 맺게 하는 수단을 주었다.[21]

이러한 구체적인 면에서 비로소 신비주의가 **윤리**로 이어지는 길이 열린다. "육체에 고난을 받은 자가 죄를 그쳤고…이제 후로는 사람의 욕심을 따르지 않고 하나님의 뜻을 따라서 육체에 우거하는 남은 시간을 지내기 위해서이니…"(벧전 4:1-2).

> "괴로움에 의해서 우리는 우리 속의 감각, 정신, 의지라는 삼중의 사욕邪欲을 정복하려 노력한다. 고난에 의해서 우리는 우리의 심정, 그것을 더럽히고 멸망하게 하는 비천한 대상으로부터 해방시키고, 그 대신에 심정 속에 하나님의 사랑을 복귀시킨다."[22]

이때 우리의 아픔은 어디까지나 구체적인 양상을 가져야만 한다.

> "그(파스칼)는 육체, 그러니까 정욕을 가라앉히는 질병이야말로 그리스도 신자의 상태라고 이해했다.…그는 안쪽으로 가시가 나 있는 철제 허리띠를 육체에 직접 닿게 했다. 그리고 그의 마음에 무엇인가 헛된 사상이 떠오를 때, 그는 팔꿈치로 자신의 몸을 두드려 강하게 쳤다. 그는 미각을 즐겁게 하는 것은 모두 끊었다.…그가 얼마나

---

21) Boutroux, *Pascal*, 188. 森有正 訳, 316-317.
22) Boutroux, *Pascal*, 188. 森有正 訳, 317.

순결 조항을 엄수했는지 믿어지지 않을 정도이다. 이 점에 관하여 그의 행위는 가장 경건한 성직자들의 감탄을 불러일으킬 정도로 세심한 주의를 보여주고 있다.…그는 페리에 부인Madame Périer에게 편지를 보내어 그의 딸을 결혼 시키는 것은, 포르 루아얄Port Royal에 있는 여러 은자隱者들의 표현에 의하면, 두 당사자의 인격에서 일종의 하나님 죽이기를 범하는 것이 될 수 있다고 기술했다."[23]

우리의 아픔은 하나님의 아픔과 합일하기 위한 통로가 됨으로써 비로소 치유되고 구원되며, 또 의의있는 것이 되기에 이른다. 우리의 상처는 주님의 상처에 의해 **치유되는** 것이다(벧전 2:24). 아픔에서 하나님과 하나 되는 것은 우리에게 유일한 염원이다. 이 염원 때문에 우리의 아픔이 오히려 요구되고 사랑받게 된다. 우리가 아픔에 완전히 패배하여 아픔을 두려워하는 것은, 우리가 아픔을 우리의 **바깥으로부터** 느닷없이 닥치는 재해로 생각할 때이다. 따라서 우리가 아픔으로부터 도망치려 하고 있는 한, 우리는 끝내 아픔을 해결할 수 없다. 우리가 아픔을 이겨내고 이것을 해결할 수 있는 것은 이 아픔을 우리 **안에서** 찾고 오히려 그것을 사랑하기에 이를 때이다. 이것은 아픔을 자기의 염원으로 하는 것에 의해 현실이 된다. 우리가 아픔을 자기 안에 본질적인 것으로 사랑하고 구하기를 염원하게 될 때, 우리는 아픔에 의해 오히려 자기를 **강하게** 할 수 있다. 이러한 아픔에 대한 사랑에 의해 비로소 우

---

23) Boutroux, *Pascal*, 144-145. 森有正 訳, 258-260.

리는 두려움으로부터 해방되기에 이른다. '사랑에는 두려움이 없고 완전한 사랑은 두려움을 제거한다'(요일 4:18).

"부득이 감수하는 우리의 고통이 사람을 의기소침하게 하는 것에 비하여, 사랑으로부터 생긴 그의 고통은 힘과 생명을 낳는다."[24]

앞에서 '하나님의 본질로서의 아픔'에 대해 고찰했을 때 우리는 아픔이 하나님께 '상응하는[어울리는]'(히 2:10) 본질적인 것임을 보았다. 아픔이 하나님께 '상응하고' 본질적일수록, 하나님은 아픔에 의해 더욱더 자신의 영광을 증가시키신다.

천사들도 엎드리기까지
우리 주 상처는 찬란히 빛나네[25]

상처에 의해 찬란히 빛나시는 주님을 따르는 자에게 아픔은 오히려 자기를 강하게 하는 것이 된다. 진실하게 고난을 이겨내는 길은 고난을 자기의 본질로서 자신 안에 가지게 되는 것이다. 더욱 강하게 말하면 자신이 완전히 고난 그 자체가 되어버리는 것이다. 죽음을 이겨내는 길은 죽기 전에 죽어 두는 것이다.
우리의 아픔이 하나님의 아픔을 섬기는 길은 두 가지가 있다.

---

24) Boutroux, *Pascal*, 145. 森有正 訳, 261.
25) [옮긴이] 일본 찬미가讚美歌 164번 2절, 새찬송가 25장 2절. 그 손과 몸의 상처가 영광 중 빛나네 / 하늘의 천사도 그 영광 보고서 / 늘 흠모하도다.

첫 번째는 우리가 자기의 **사랑하는** 자를 괴로움 속에 보내어 그를 죽게 하는 것이고, 두 번째는 우리 자신이 괴로움 속에 들어가서 자기를 죽게 하는 것이다. 첫 번째는 '**하나님의** 아픔'을 증언하고, 두 번째는 '하나님의 **아픔**'을 증명한다. 이러한 두 가지 길에 따른 하나님의 아픔에 대한 섬김에 응하여 아픔의 신비주의도 두 가지 길에서 구체적인 실현을 보여준다. 우리의 아픔은 첫 번째는 우리가 자신의 사랑하는 자를 괴로움 속에 보내어 이를 죽게 할 때에 경험되고, 두 번째는 우리 자신이 괴로움 속에 들어가서 자기를 죽게 할 때 일어난다. 앞에서 고찰한 것은 오로지 두 번째 길이었다. 그러나 앞에서 본 진리는 첫 번째 길에 대해서도 완전히 똑같이 들어맞는다. 두 번째 길에서 우리는 '하나님의 **아픔**'과 하나가 되지만, 첫 번째 길에서 우리는 '**하나님의** 아픔'과 하나가 된다. '하나님의 **아픔**'은 자기 자신이 괴로움 속에 들어가서 마침내 죽으시는 아들 되는 하나님의 페르소나이지만, '**하나님의** 아픔'은 자기 자신의 사랑하는 독자를 괴로움 속에 보내어 마침내 이를 죽게 하시는 아버지 되는 하나님의 페르소나이다.

자기의 사랑하는 자를 괴로움 속에 보낼 때, 우리가 맛보는 아픔에 의해 우리는 **하나님의** 아픔과 결합하게 된다. 그리고 아픔에서 하나님과 우리가 결합하여, 우리의 상처로 하나님의 상처에 입맞출 때 우리의 아픔은 비로소 해결되고 우리의 상처는 비로소 치유되는 것이다. 우리의 아픔이 치유된다는 것은 우리가 괴로움 속으로 보냈던 우리의 사랑하는 자의 괴로움이 해결된다는 것과 이어진다. 하나님의 아픔은 곧바로 하나님의 아픔에 기초한 사랑인 까닭에, 우리의 사랑하는 자가 받는 괴로움도 어둠으로부터 빛으로 전환되며, 의의있는 괴로움으로서 되살아나기에 이르는 것이다. 더욱이 우리는 이 사랑하는 자가 괴로움 속으로부터 **구출되도록** 기도하는 것이다. 앞에서 아픔의 신비주의에 관해 기술했던 일반적인 진리는 그대로 이러한 첫 번째 길의 아픔에 관해서도 꼭 들어맞는다. (또한 이 첫 번째 길의 새로운 전개는 다음 장 '하나님의 아픔과 윤리'에서 기술될 것이다.)

6

하나님의 아픔 속에서 산다는 것은 구체적으로 말하면 **자기를 미워하는** 것이다. 그러나 자기를 미워한다는 것은 어떻게 가능한가?

여기서 반성해 보아야 할 것은 중세의 소위 '괴로움의 신비주의'의 수행자들이다. 그들 또한 괴로움에 의한 그리스도와의 결합을 염원하고, 그 실현의 길로서 소위 '자기포기'를 실천하려고 노력했다. 자기를 포기하는 것은 자기를 미워하는 것이다. 그러나 그들에게 특징적인 것은, 이러한 자기증오 그 자체가 **자기만족**의 대상이 되어버렸다는 것이다. 그들은 자기를 미워하는 것에 의해 자기를 기뻐했다. '괴로움의 신비주의'가 기교적 노력을 수반했던 것도 그 때문이었다. 여기서 '괴로움의 신비주의'는 칼 홀Karl Holl이 말하는 것처럼 '경건한 유희'(ein frommes Spiel)로 끝났다.

이러한 결과는 어떻게 해서 생겨난 것인가? 그것은 그들의 자기증오가 **자신의 지배력 내부**에서 행해졌기 때문이다. 인간은 대개 자신의 지배력 내부에 있는 것이라면 어떤 것이라도 결국은 자기를 즐겁게 하기 위해 사용할 수 있다. 일단 자기향락과 대립하는 것처럼 보이는 것도 그것이 자신의 지배력 내부에 있는 한, 여전히 자기향락의 재료가 될 수 있다. 아니, 오히려 그때 자기향락은 점점 세련된 양상을 띠기에 이른다. 퇴폐적^{décadent} 쾌락에 비하여 신비주의적 쾌락은 그 정도가 더욱 강하며, 영속성에서도 훨씬 뛰어난 것이다. 가령 육체의 쾌락이 덧없이 쇠잔해 사라질 때도 영혼의 쾌락은 견고히 타올라 계속될 것이다. 그러나 육체의 쾌락으로부터 영혼의 쾌락으로의 전향은 결국 단지 '취미의 교체'에 불과하고, 쾌락주의란 점에서는 여전히 공통적이다. 가령 '경건'하더라도 그것이 '유희'인 것에는 변함이 없다. 앞에서 '괴로움의 신비주의'를 불건전한 신비주의로 단정한 이유이다.

아픔의 신비주의에서 자기증오는 완전히 다른 것이어야 한다. 진실로 자기를 미워하는 것은 어떻게 가능한가? 그러기 위해, 자기 스스로 어떤 **매개**를 사용해야 한다. 단지 자기가 자기를 미워하고 있기만 하는 한, 그 미워하는 자기는 미움 받는 자기와 여전히 동질적이며, 그의 지배력 내부에 존재하는 것이다. 자기의 육체에 상처를 입히는 것은 단지 자기 육체로서는 전혀 불가능하다. 더 나아가 가령 자기가 어떤 매개를 사용한다고 해도, 그것이 자기의 지배력 내부에 있는 것이라면, 그것에 의해서도 자기에게 참으로 상처를 입힐 수 없다. 자기가 제멋대로 할 수 있는 것은 오히려 **수단**이며 매개와는 구별되어야 한다. 자기에게 참으로 상처를 입힐 수 있는 매개는 자기의 지배력 **외부**에 있는 것이어야만 한다. 자기가 어떻게 해도 제멋대로 처리할 수 없는 것이어야만 한다. 자기가 자기 육체에 진실하게 상처를 입힐 수 있기 위해서는, 자기 스스로 말하자면 자기 육체와는 절대적으로 이질적인 돌조각ⁿ을 매개로 사용해야만 한다. 그것은 안티테제(Antithese, 反定立)가 아니라 헤테로테제(Heterothese, 異定立)여야만 한다. 이러한 절대적인 헤테로테제로서의 돌조각은 우리에게 무엇인가? 그것은 **하나님의 진노**의 현실로서의 깨어진 창조질서이다. 이 현실만은 우리가 어떻게 해도 자기의 지배력에 의해 처리할 수 없는 것이다. 진실로 우리에게 상처를 입힐 수 있는 **고난**의 실상은, 하나님의 진노이다. 이 고난을 육체에 받는 것에 의해 비로소 자기를 사랑하는 우리의 죄를 그치는 것이다. "육체에 고난을 받은 자가 죄를 그쳤고…"(벧전 4:1). 이렇게 고난을 자기의 매개로 요청하는 마음이야말로 참으로 회개하는 마음, 곧 자기를 미워하는 마음이다. 루터의 이른바 '심판을 사랑하는 마음'이다.

이렇게 하나님의 진노를 매개로서 자기를 미워하는 것이야말로 하나님의 **아픔** 속에서 사는 것이다. 그러나 이것은 확실히 은총의 불가사의이다. 왜냐하면 하나님의 진노는 단적으로 우리의 멸망을 의미함에도 불구하고, 그것이 우리의 **구원**을 의미하는 하나님의 아픔에 대한 매개로 사용되기 때문이다. 이러한 일이 가능해진 것은 하나님의 아픔 그 자체가 이미 하나님의 진노를 극복하고 있기 때문이다. 이 은총에 의해 우리를 위한 길이 준비되어 있어서 바로 우리는 이러한 불가사의한 걸음을 밟아갈 수 있다. 우리에게 진실로 상처를 입히고 약하게 해야 할 하나님의 진노가 오히려 우리를 진실로 치유하고 강하게 하는 하나님의 아픔의 매개가 되는 것은 얼마나 불가사의한 은총인가? 확실히 하나님의 진노의 현실은 우리의 지배력 바깥에 있지만, 그러나 우리가 이러한 현실을 매개로 **사용하는 한**, 그것은 이미 이러한 현실이 정복되고 해결되어 있다는 증거이다. 하나님의 진노의 현실이 우리에 의해 **요구되는 한**, 그것은 이미 우리에 의해 극복되고 있다. '심판을 사랑하는 마음'에서 심판은 이미 두려움의 대상이 아니다. "우리의 사랑이 완전함을 얻어 심판의 날에 두려움이 없도록 한다"(요일 4:17).

─그러나 이것은 결코 이러한 '괴로움의 신비주의'에서처럼 매개를 수단으로 바꾸는 것을 의미하지 않는다. '수단'은 **인간 자신**의 힘에 의한 것이 그것의 지배 아래로 들어가게 만드는 것이지만, 하나님의 진노의 현실이 매개로서 사용되는 것은 인간의 힘에 의해서가 아니라 이 하나님의 진노를 극복하는 **하나님의 아픔**의 힘에 의해서이다. 깨어진 창조질서는 화해질서의 힘에 의해 어둠으로부터 빛으로 전환되며, 오히려 성화질서에 도움이 되기에 이른다. 하나님의 진노는 하나님의 아픔을 경과함으로써 하나님의 아픔에 기초한 사랑 안으로 섭수攝受된다. "만일 영에 의해 몸의 행위를 죽이면 살리라"(롬 8:13)는 지금까지 기술한 것을 보여준다. 몸의 행위를 죽이기 위해서는 하나님의 진노의 현실이 매개로서 사용되어야만 한다. 이것은 곧 성령御靈의 성화질서에서 깨어진 창조질서의 현실이 매개로 사용되는 것을 의미한다.

예수는 우리에게 '자기를 미워하라'고 명령하시는 동시에 **부**

모·**처자**·**형제**·**자매**도 미워할 것을 명령하셨다(눅 14:26). 아픔의 신비주의의 구체화는 여기서 최후 단계에 도달한다. 여기에 열거된 사람들은 우리의 육체의 연장이다. 만일 '자기를 미워하는' 것이 얼마간 관념화되고 유희화될 위험이 있을 때는, 자신의 연장인 이런 자들에게 일어나는 아픔이 도리어 '자기를 미워하는' 것의 매개로서 도움을 주기에 이를 것이다. 자기 아픔이 관념화될 때도 이런 자들의 아픔은 끝까지 관념화를 거부하고 우리에게 '돌조각'이 될 것이다.

예수의 말씀의 구체성은 실로 두려운 것이다.

7장

하나님의 아픔과 윤리

1

참된 윤리는 사랑의 **절실함**에 의해서만 성립된다. '너의 이웃을 자신 같이 사랑하라'는 계명에서, 자기 사랑이 이웃 사랑의 전제로서 긍정되는 것이 아니고, 자기 사랑에 수반하는 **절실함**이 긍정되고 있는 것이다. 자기 사랑 그 자체는 끝까지 부정되어야만 한다. 루터가 말한 것처럼 "사랑하는 것은 자기를 미워하는 것이다"(*Est enim diligere seipsum odisse*).[1] 그러나 이웃에 대한 사랑은 절실하지 않으면 안 된다. 이러한 절실함은 자기 사랑에서만큼 진실하게 고양되는 것이 아니다. 따라서 이 큰 계명의 의미는 '네가 자신을 사랑할 때 절실한 것 같이, 그처럼 절실하게 너의 이웃을 사랑하라'가 된다.

바울은 "기뻐하는 자와 함께 기뻐하고 우는 자와 함께 울라"(롬 12:15)고 말했다. 모든 시대는 기쁨과 아픔이 서로 얽혀 있다. 하지만 아픔에 대해 기쁨이 우세한 시대가 있고, 기쁨에 대해 아픔이 우세한 시대가 있다. 전자는 '기쁨의 시대'라 부르고, 후자는 '아픔의 시대'라 부를 수 있다. 그리고 오늘날이 바로 '아픔의 시대'이다. 오늘날을 '아픔의 시대'라 부르지 않는다면, 어느 날을 그렇게 부를 것인가? 오늘날의 고유한 윤리로서 '아픔의 윤리'(Schmerzesethik)가 그 모습을 분명히 해야만 한다. '기뻐하는

---

1) Luther, *Römerbrief*, vol. 2, 219.

사람과 함께 기뻐하는' 것은 확실히 어렵다. 그러나 '우는 사람과 함께 우는' 것도 그에 못지않게 어렵다. 키에르케고르가 말한 것같이 우리의 동정이나 배려는 얼마나 자주 단순한 **호기심**의 다른 이름에 불과한 것인가! 이웃의 아픔을 보고서도 아픈 듯한 모습을 하고 그것을 동정한다고 말하면서도, 실제로는 호기심으로 그 아픔을 엿보고 가는 것이다. 죽음을 받을 만한 죄가 있다면, 이런 죄가 바로 그것이다.

참된 윤리는 아픔의 절실함에 의해서만 성립된다. 이것이 '아픔의 시대'인 오늘날에 고유한 윤리의 징표이다. "나에게 큰 근심하는 것과 마음에 끊이지 않고 아픔이 있는 것을…"(롬 9:2)이라는 바울의 말에 대해 루터는 다음과 같은 주해를 더하고 있다. "이 텍스트로부터 분명해지는 것은 **사랑이 단지 달콤함이나 열락**悅樂**에서가 아니라, 극도의 근심과 괴로움 속에서 성립된다**는 것이다. 왜냐하면 타인의 비참과 불행을 자기의 일인 것처럼 느끼기 때문이다. 이렇게 해서 그리스도도 최대이면서 극도의 괴로움 속에 계실 때, 그 사랑도 최고도에 달했다."[2] 참된 윤리의 표징은 아픔의 절실함 속에서 구해야만 한다.

그러나 다음 문제는 그런 아픔의 윤리가 어떻게 실제로 가능하게 되는가이다. 만일 이러한 윤리를 우리 인간의 힘에서만 구해야 한다면, 그것은 불가능한 일을 요구하는 데 지나지 않는다. 우는 자와 함께 진실하게 울고 타자의 아픔을 자기의 아픔과 같은

---

2) Luther, *Römerbrief*, vol. 2, 215-216.

절실함으로 느끼는 것은 **심리학적으로** 보아도 이미 불가능하다. 묵자墨子의 '겸애'兼愛설과 같이 공상적인 이상주의라 단정할 수밖에 없다. 모든 내재적인 윤리설은 아픔의 윤리를 실현할 수 없다.

아픔의 윤리는 **하나님의 아픔**에 의해서만 실현이 가능하다. 아픔 속에 있는 이웃에게 우리가 자신의 아픔과 같은 절실함으로 사랑을 쏟아 부을 수 있는 것은, 그 이웃과 우리 자신을 함께 포함하고 있는 하나님의 아픔 속에서 정립措定[3]할 때이다. 곧 '그리스도 안에서 한 몸'(엡 3:6 참조)이 될 때이다. 이웃에 대한 우리의 사랑은 **하나님**이 그 이웃을 사랑하시는 사랑을 우리가 따라서 걸어갈 때 비로소 진실한 것이 된다. 아픈 이웃이 하나님의 아픔 속에 포함되어 있고, 우리 또한 하나님의 아픔 속에 포함되어 있는 까닭에, 하나님의 아픔에서 이웃과 우리는 하나로 이어져 이웃의 아픔이 우리 자신의 아픔과 같은 절실함으로 느껴질 수 있다.

가령 자기와 이웃이 사람으로서 아픔을 함께하고 있어도 그것이 하나님의 아픔과 이어져 있지 않는 한, 아픔의 윤리는 성립될 수 없다. "바로 가까이 빈사의 남자가 누워 있었다. 가슴에 구멍이 뚫려 있고 거북한 소리를 내며 숨을 쉬고 있더니, 어느 날 마침내 죽고 말았다. **모두 태연한 얼굴로 자기 이야기나 놀이에 빠져 있어서 나는 화가 났다.** '모두 일어서서 경례해야 하지 않습니까?'라고 생각하지 않고 소리쳤다. 잠잠해지더니 방에 있는 사람들이 모두 일어섰다. 어떤 하

---

3) [옮긴이] 措定. 철학 용어. 존재를 긍정하거나 내용을 명백히 규정하는 것.

사관 같은 남자 한 사람이 구령을 붙였고, 모두 경례했다."4

2

앞에서 기술한 것 같이 인간의 아픔이 최고도에 도달하는 것은 어버이가 그 사랑하는 자녀를 괴로움 속에 보내어 마침내 그를 죽게 할 때이다. 이런 아픔의 절실함을 이유로 하나님의 아픔에서도 '아버지와 아들'의 관계가 받아들여진 것이다. 그런데 앞에서 기술한 것 같이 어버이와 자녀의 사랑만큼 이기적이고 혈연적이며 에로스적인 것은 없다. 이 사랑은 가장 **불평등**하다. 그런데 불평등은 바로 윤리를 치명적으로 파괴하는 것이다. 그러므로 어버이와 자녀의 사랑은 그 절실함에도 불구하고 **그 자체로서** 참된 윤리를 파괴하지, 결코 그것을 세우는 것이 아니다. 하나님의 아픔에서 '아버지와 아들'의 관계가 받아들여질 때, 거기서 인간적인 어버이와 자녀 관계에 따라다니는 죄성은 남겨두고 단지 그 절실함만이 받아들여지는 것이다.…그러므로 하나님의 아픔이야말로 복음의 일차적인 말이며, '아버지가 아들을 낳는다'는 관계는 어디까지나 그것을 섬기는 이차적인 말로 머물러야 한다.

---

4) 伊藤武雄, 『左手の書: 音楽伍長の手記』 (東京: 万里閣, 1940), 91. [옮긴이] 이토 다케오. 1905-1987. 일본의 음악가. 가곡과 오페라에서 활약. 1937년 중일전쟁에 소집되어, 상해 전투에서 오른손을 잃음. 이때의 참전수기.

우리 인간에게 어버이와 자녀 관계는 필연적으로 죄성을 수반한다. "자연에 따라 태어나는 자는 죄와 함께 태어난다"[5]고 말할 뿐만 아니라, 친자관계를 성립시키는 사랑 그 자체가 이미 죄성을 포함하고 있다. 앞에서 '낳음'을 중심으로 하는 아버지와 아들 관계의 개념 규정이 하나님께 적용될 경우, 그것은 극히 비엄밀한 것이라는 점을 지적했지만, 여기서는 그 이유가 또 하나 더해진다. 죄성을 수반하지 않는 아버지와 아들 관계라는 것은 우리 인간이 소유한 개념 중에는 존재하지 않는다. 그러나 하나님에게는 아버지와 아들 관계라고 해도 죄성을 수반하지 않는다. 따라서 아버지와 아들 관계가 하나님에게 적용될 경우, 그것은 개념으로서 극히 비엄밀한 것이라고 해야만 한다. 엄밀한 어버이와 자녀 관계의 개념은 필연적으로 죄성을 수반하기 때문이다. 여기서도 아우구스티누스의 고백이 꼭 들어맞는다. 우리가 하나님의 아버지와 아들 관계에 대해 말하는 것은 "그러한 표현이 적절하기 때문이 아니라, 참으로 그것을 언표하지 않고 두고 있을 수 없기 때문이다."[6]

어버이와 자녀 관계에서 아픔의 절실함은 하나님의 아픔 그 자체의 은총에 의해 **성별되어야** 한다. 예수가 우리를 향해 "부모·처자·형제·자매를 **미워하라**"고 명령하신 것은 그런 성별을 의도하셨기 때문이다. 그 성별에 의해 비로소 우리의 아픔은 **윤리**를 성립시키는 것이다. 그 징표는 아픔의 절실함의 **평등화**이다. 어버이가

---

5) 아우크스부르크 신앙고백 2조. [옮긴이] 1530년 발표된 28개로 구성된 루터파 신앙고백, 필리프 멜란히톤이 작성.
6) Augustinus, *De Trinitate*, V, 10.

그 자녀를 괴로움 속으로 보내어 결국 그를 죽게 할 때 경험되는 아픔의 절실함이 **모든** 아픈 이웃에게서 평등하게 느껴질 때 비로소 아픔의 윤리가 성립되는 것이다. 이것이 가능하게 되는 것은 이웃과 우리를 함께 감싸 안는 하나님의 아픔에서 우리 모두가 한 몸이 되는 것에 의해서이다. "나의 사랑이 그리스도 예수에 있고 너희 모든 자와 함께 있으리라"(고전 16:24). 이러한 초월적 은총을 우러러보지 않는 한, 사랑의 평등화는 오히려 불건전한 것이 된다. 묵자의 '겸애'가 인류를 어지럽히는 것이라고 비판받는 이유이다.

  윤리는 **체험**되지 않는 한, 힘을 가질 수 없다. 정말로 윤리는 어디까지나 '이'理[7]인 까닭에 개인적 체험을 넘어서는 보편적 도리여야만 한다. 단순한 '정'情[8]은 윤리가 아니다. '정'은 진실한 만큼이나 불평등하고, 평등화를 거부한다. '정'이 '이'가 될 때 비로소 평등화를 원리로 하는 윤리가 성립한다. 그러나 그럼에도 불구하고 우리 인간은 일약 이러한 '이'로 나올 수 없다. 평등적인 '이'로서의 윤리로 나오기 위해서는 그것에 대한 구름판 역할을 맡는 매개로서 일단 불평등하더라도 '정'의 체험이 이루어져야 하지 않는가? 절실함의 평등화라는 것은 그 개념 자체가 모순을 포함한다고 생각되는 만큼 곤란한 문제이다. 절실하다면 평등할 수 없고, 평등화한다면 절실함을 잃어버리는 것이 일반의 참모습일 것이다. 그러나 이렇게 해서는 윤리가 성립될 수 없다. 윤리는 끝까지 절실

---

7) [옮긴이] 만물의 근본적 이치.
8) [옮긴이] 마음이 일어나 발함. 희로애락을 비롯하여 칠정(七情)이 있음.

함의 평등화를 목표로 해야 한다. 그러나 이러한 윤리가 성립하기 위해 그 가능성을 잠깐 엿본다는 의미로 '정'의 체험이 요구된다고 생각한다. 그것은 '이'의 전제로서의 체험, 말하자면 원체험(Urerlebnis)이라 이름할 만하다.

우리가 어느 이웃에 대해 마치 어버이가 그 자녀를 대하는 것 같은 절실한 사랑을 느끼고, 그 이웃이 괴로움 속에 들어갈 때 마치 어버이가 그 자녀를 괴로움 속에 보낼 때와 동일한 절실한 아픔을 느낀다면, 그러한 체험이야말로 아픔의 윤리의 가능성을 잠깐 엿보게 할 수 있을 것이다. 이러한 체험만큼 축복된 체험은 없다고 생각한다. 이 축복감은 우리로 하여금 아픔의 한가운데서 **기쁨**을 느끼게 한다. 일반적으로 말해 아픔의 윤리는 기쁨을 수반하는 것이라고 말할 수 있다. 앞에서 인용한 것 같이 루터는 우리가 타인의 비참이나 불행을 자기의 일인 것처럼 느끼는 까닭에 참된 사랑은 달콤함이나 열락 속에서가 아니라 근심과 고통 속에서 성립된다고 말하지만, 그 글 중간에 루터는 "아니, 오히려 사랑은 그 고통과 근심 속에서 **기쁘고** 또 달콤하다"라고 기술한다. 거듭 이렇게도 서술한다. "성 힐라리우스에 따르면, 그리스도는 최대의 아픔을 아프시는 것으로 최대의 기쁨을 기뻐하셨다. 하나님은 이렇게 '그 성도들에게 있어 기이하게 계셨다.' 이리하여 **극도로 아픈 자는 동시에 극도로 기쁜 자가 된다**(summe dolentes simul summe gaudere faciat)."[9] 이렇게 아픔의 윤리가 기쁨을 수반하는 것은 아픔이 곧

---

9) Luther, *Römerbrief*, vol. 2, 215-216.

바로 아픔에 기초한 사랑이 되는 이유로 가능한 것이다. 그런 하나님의 사랑 때문에 사랑하는 자가 그 괴로움으로부터 **구출되기**를 기도할 수 있다.

3

'너의 이웃을 자신과 같이 사랑하라'는 계명이 그리스도교 윤리의 황금률이고, 모든 것이 여기서 나와 여기로 돌아가야 한다는 것은 이제 와서 다시 말할 필요도 없다. 그렇지만 나는 지금까지 이 계명에 대한 고찰에서 극히 중요한 사항 하나가 간과되지 않았나 생각한다. 그 사항은 결코 단지 윤리 문제에 국한되지 않고 거듭하여 신학 자체에 중대한 결과를 미치게 하는 성질의 것이다. 문제의 출발점은 이 계명에서 말하는 '이웃'이 현실에서는 결코 신앙자만이 아니라 오히려 대다수의 경우에 **불신앙자**라는 데 존재한다. 이웃이 그때그때 옆에 오는 자라면, 어떤 사람에 대해서도 들어맞는 개념이다. 그 사람들의 성질에 의해 가치 구별이 세워지는 것이라면, 이미 이웃이란 개념 그 자체가 유지될 수 없다. 이웃이란 신앙자와 함께 불신앙자도 일컫는 말이다.

이렇게 해서 우리는 극히 중대한 결과를 이끌어내야만 한다. 우리가 신앙자와 같이 불신앙자도 자신과 같이 진실하게 사랑해야만 한다면, 그리고 **하나님이** 그것을 명령하신다면, 우리는 불신앙자를 신앙자와 동일하게 **빛의 질서에** 서 있는 자로 생각하지 않을 수 없게 된다. 곧 불신앙자 또한 신앙자와 같이 결코 **멸망하면 안 되는** 자로 생각해야 한다. 일반적으로는 자칫하면 불신앙자는 신앙자와 구별되어 어둠의 질서에 서 있는 자이고, 하나님은 그들의 일을 신앙자와 같이 진지하게 고려하지 않으신다고 생각하는 경향이 있지만, 이 생각은 이제 유지될 수 없다. 불신앙자도 신앙자와 같이 사랑해야 한다는 윤리는 불신앙자도 신앙자와 동일한 빛의 질서에 서 있는 자라는 **신학**으로 발전하지 않을 수 없다. 행위의 학문인 윤리학이 은총의 학문인 신학에 대해 이제 결정적인 발언을 하기에 이르렀다. 신학에서 최대 난제의 하나이며 고작 '만인구원설'이라는 극히 진부한 사상에 의해서밖에 결말을 볼 수 없다고 생각되는 **불신앙자의 존재**라는 문제에 이제 윤리 측면에서 활연히驀然 빛이 던져지기에 이르렀다. 칸트 식으로 말하면 이론적 영역에서 해결 불가능한 문제가 실천적 영역에서 해결 가능하게 되었다.

그러나 우리는 여기서 한 걸음 더 깊이 생각해야 한다. 윤리 곧 인간의 사랑은 하나님의 사랑을 그 기원으로 한다. "내가 너희를 사랑함 같이 서로 사랑하라"(요 15:12). 그러면 이제 분명해진 불신앙자인 이웃에 대한 사랑을 성립시키는 하나님의 사랑은 어떠한 사랑인가? 말할 필요도 없이 십자가의 사랑 곧 하나님의 아픔이다. 불신앙자를 이처럼 수용하는 하나님의 사랑은 하나님의 아픔 외에는 없다. 하나님의 아픔은 절대로 수용할 수 없는 자를 감히 수용하는 까닭에 그야말로 하나님의 아픔인 것이다. 이리하여 우리는 여기서도 윤리가 하나님의 아픔에 의해서만 성립될 수 있다는 것을 확실히 말할 수 있다.

이런 하나님의 아픔을 몸으로 명심하는 신앙자가 불신앙자인 이웃을 자신과 같이 절실히 사랑할 때, 불신앙자는 신앙자의 **몸에 짊어지워진** 하나님의 아픔 속으로 들어가는 것이다. 불신앙자 그 자신은 어디까지나 직접적인 하나님의 사랑 곧 하나님의 진노의 현실 속에 있다. 그러나 신앙자의 사랑을 통하여 불신앙자는 어둠으로부터 빛으로 전환된다. 신앙자가 "세상의 빛"(마 5:14)이라 불리는 까닭이다. 빛은 그 빛을 자신에게만 국한할 수 없고, 자신의 빛을 필연적으로 빛나지 않는 주위에도 비추어 빛으로 변하게 한다. '장미는 자기를 장식할 때 정원도 장식한다.' 현실에서 **교회**의 존재방식이 정말로 그러하다. 현실은 그 자체로서는 어둠일지도 모른다. 그러나 그 현실 속에 **내재**하는 교회는 자신의 빛으로 현실도 빛이 되게 하는 것이다. 그러나 그 빛은 어디까지나 교회의 **초월성**에 기초한다(이 점에 관해서는 8장 '하나님의 아픔의 내재성과 초월성'에서 상세히 서술할 것이다).

4

여기서 우리는 다시 복음의 근본적 의의로 돌아가야 한다. 우리가 복음의 근본적 의의로서 하나님의 아픔이란 말을 사용했을 때, 이 말은 두 측면의 사항을 지시했다. **첫째**로 하나님의 아픔은 절대로 사랑할 수 없는 자를 사랑하시는 하나님의 마음이고, **둘째**로 하나님의 아픔은 그 사랑하시는 독자를 죽게 하시는 하나님의 마음이다. 첫째 사항을 위해 둘째 사항이 일어났다. 지금까지 우리는 '하나님의 아픔과 윤리'에 대한 고찰에서 오로지 **둘째** 측면만을 주시해왔다. 곧 하나님이 그 사랑하시는 독자를 죽게 하실 때의 아픔을 우리의 윤리에서 활용했던 것이다. 이제 우리가 **첫째** 측면으로 눈을 옮겨야 할 때가 되었다. 우리의 윤리가 하나님의 아픔을 원동력으로 하는 것은 사랑할 수 없는 자를 사랑하시는 하나님의 마음을 본받는 것이다. 죄란 사랑을 배반하는 것이다. "그런데 이스라엘 일족아, 아내가 서약을 어기고 그 남편을 버린 것 같이 너희들은 나에게 등을 돌렸다. 여호와가 말씀하신다"(렘 3:20). 절대로 사랑할 수 없는 죄인은 이런 사랑의 배반자다. 따라서 죄의 전제로서 절실한 사랑이 예상된다. 절실한 사랑이 배반당할 때, 진노 또한 절실할 수밖에 없다. 죄를 매개로 하여 직접적인 하나님의 사랑은 이제 하나님의 진노가 되는 것이다. 그런데 하나님의 아픔은 이 절대로 사랑할 수 없는 죄인을 하나님이 **더욱더** 사랑하신다는 소식이다. 그것은 '원수'에 대한 사랑이다(롬 5:10). 복음을 율법으로부터 구별하는 징표는 오로지 하나님의 아픔에서 구해야만 한다. 율법은 요컨대 사랑할 만한 자만을 사랑하려는 하나님의 의지이다. 따라서 만일 복음에서 사랑받는 대상을 어떤 사랑할 만한 자로 해석하려는 입장은, 모든 복음을 다시 율법으로 역전시키는 것이다. 이러한 입장을 '다른 복음'(갈 1:6)이라 부른다.

이런 의미에서 '다른 복음'에는 여러 가지 형태가 있다. 먼저 그 고전적인 형태는 가톨릭주의이다. 거기서 하나님이 회개자를 '이미 내면적으로 그가 성화된 것을 **이유로** 그를 용서하는 것'이라고 생각한다.[10] 이것은 죄인을 어떤 사랑할 만한 자가 되게 한 후에 비로소 그를 사랑한다는 것이다. 그렇지만 성서는 "**우리가 아직 죄인이었을 때** 그리스도가 우리를 위해 죽으심으로 말미암아 하나님은 우리에 대한 사랑을 드러내셨으니"(롬 5:8)라고 말한다.

다음의 프로테스탄트적 성서이해도 같은 입장을 보여준다. 여기서 오히려 가톨릭주의보다도 담대한 모양으로 그런 입장을 주장한다. "나는 올바른 자를 부르려 하지 않고, 죄인을 부르러 왔고"(마 19:3=막 2:19=눅 5:32)라는 성서 말씀에 대해 대다수 주해자가 거의 모두 다음과 같이 일치한다. 곧 여기서 언급되는 것은 바리새인에 대한 '빈정거림'이며 '올바른 자'는 빈정거림으로 사용되고, 게다가 '죄인'보다도 사실 더 악한 사람 곧 위선자를 의미한다. 그런데 '죄인'은 이미 자기를 죄인으로 인식했다는 점에서 '올바른 자'보다 실질적으로 **더 선한 자**이며, 하나님의 사랑을 받을 만한 자가 되고 있다. **이런 까닭으로** 예수는 '올바른 자'를 부르지 않고 '죄인'을 부르신다.[11]

---

10) Karl Adam, *Das Wesen des Katholizismus*, 8th ed (Düsseldorf: Schwann, 1936), 225. 吉滿義彦 訳, 『カトリシスムの本質』, 改訂版 (東京: 岩波書店, 1934), 238.

11) 마 9:13에 관련하여, H. A. W. Meyer, *Critical and exegetical Hand-book to the Gospel of Matthew* (New York, 1884), vol. 1, 197 이하. A. Carr, St. Matthew (Cambridge, 1907), 83. A. H. McNeile, *The Gospel according to St. Matthew* (London, 1915), 120. A. Plummer, *An Exegetical Commentary on the Gospel according to St. Matthew* (London, 1909), 140. 막 2:17에 관련하여, E. P. Gould, *The Gospel according to St. Mark*

그러나 이제 다시 한번 진지한 고려를 요하는 것은 다음과 같은 사고방식이다. 먼저 '죄인'과 '악인'이 구별되는데, 죄인이란 주관적 악인이며 악인이란 객관적 죄인이고, 죄인이란 자기를 죄 많은 사람이라 생각하여 회개하고 하나님께 그 죄를 용서받은 자이지만, 악인이란 실제로 불의를 행하고 하나님과 그리스도의 원수가 된 자이므로, 죄인은 '존경해야 할' 자이지만, 악인은 '용서할 수 없는 자'이다.[12] 그리고 "그리스도가 죄인의 벗이라고 말하는 것은 악인의 벗이라고 말하는 것이 아니며, 사람은 악을 행하여서 그리스도의 원수가 되는 것이다."[13] 그러므로 이 '죄인'은 실제 하나님의 원수가 된 자가 아니라 "이런 거짓된 세상 사람이 죄인이라 일컫는 자"에 지나지 않고, 그리스도는 바로 **이러한 죄인**의 벗이라 말한다.[14] 하나님이 사랑

(New York, 1913), 43. A. E. J. Rawlinson, *St. Mark* (London, 1925), 29 이하. 눅 5:31-32에 관련하여, F. W. Farrer, *The Gospel according to St. Luke* (Cambridge, 1905), 121 이하. W. F. Adeney, St. Luke (Edinburgh, nd.), 113. J. M. Creed, *The Gospel according to St. Luke* (*London*, 1930), 82. A. Plummer, *Gospel according to St. Luke* (New York, 1910), 161.또한 눅 15:7에 관련하여, Meyer, *Critical and exegetical Hand-book to the Gospels of Mark and Luke* (New York, 1884), 450 이하. A. Plummer, *St. Luke*, 319. W. Manson, *The Gospel of Luke* (London, 1930), 177. F. Godet, *A Commentary on the Gospel of St. Luke* (Edinburgh, 1879), vol. 2, 144 이하. 눅 18:9-14에 관련하여, A. Plummer, *St. Luke*, 420. W. Manson, *Luke*, 202.

12) 內村鑑三, 『內村鑑三全集』(東京: 岩波書店, 1933) 第12卷, 436, 第13卷, 190. [옮긴이] 우치무라 간조, 1861-1930.
13) 內村鑑三, 『內村鑑三全集』 第13卷, 190.
14) 內村鑑三, 『內村鑑三全集』 第13卷, 191.

하시는 것은 '회개한 죄인'이며 '죄를 슬퍼하는 마음'이다.[15] 요컨대 이 죄인은 **사랑할 만한 죄인**이다.

―확실히 여기서 보이는 사항은 바울이나 루터가 보았던 복음과 **완전히 다른 것**이다. 바울에 따르면 그리스도가 우리를 위해 죽으셨다는 것은 **우리가 아직 원수인** 때였다(롬 5:10). 죄인은 사랑할 만한 자가 아니라 **미워할 자**(딛 3:3)이다. 루터에 따르면 하나님은 '거짓된 죄인'을 구원하시는 것이 아니라 '**진실한 죄인**'을 구원하신다.[16] 그렇기에 은총은 '거짓된 은총'이 아니라 '진실한 은총'(vera gratia)이다. 바로 이 '진실한 은총'이 하나님의 아픔이다. 모든 형태의 '다른 복음'은 이 진실한 은총인 하나님의 아픔을 거부한다는 점에서 공통이다. '거짓된 은총'을 에로스로 하고 '진실한 은총'을 아가페로 하여 복음의 성격을 명확하게 한 것은 **니그렌**의 공적이다.[17] 최근 수십 년간 신학계에서 니그렌만큼 실질적인 업적을 남긴 자는 많지 않다. 그러나 우리는 니그렌에게서도 최종적으로 만족할 수 없다. 이 점을 여기서 한 마디 해두고자 한다.

―니그렌에 따르면 그리스도교의 사랑이 가장 명확해지는 것은 하나님이 죄인을 사랑하신다는 사실에 있다. 그러나 하나님이 의인을 부르지 않고 죄인을 부르시는 것은 죄인이 의인보다도 실질적으

---

15) 內村鑑三, 『內村鑑三全集』 第12卷, 24.
16) Enders, *Luthers Briefwechsel*, vol. III, 208.
17) Anders Nygren, *Agape and Eros*, (Philadelphia: The Westminster Press, 1953), Pt. 1. 『아가페와 에로스』 고구경 역, (고양: 크리스천다이제스트, 1998)

로 더 선한 자이기 때문은 아니다. 하나님의 사랑은 그것을 받는 인간 쪽에는 전혀 의거하지 않고, 오직 하나님 자기 자신에만 그 근거를 가진다. "따라서 하나님이 사랑하시는 인간이 얼마만큼 그런 하나님의 사랑을 받을 만한가라는 질문은 완전히 실패로 끝난다."[18] 여기까지 니그렌의 말에 우리는 전적인 만족을 표명할 수 있다.

그러나 문제는 다음의 말에 있다. "하나님은 무슨 이유로 사랑하는가라는 질문에 대한 올바른 답은 단 하나밖에 존재하지 않는데, **말하자면 사랑하는 것은 하나님의 성질이 되는 까닭이다**."[19] 이 말은 그 자체로는 오류가 아닐지도 모르지만, 그러나 그것이 결정적인 것을 **간과하고** 있다고 말하지 않을 수 없다. 결정적인 것은 바로 하나님의 아픔이다. 니그렌에게서는 아가페의 명확화에도 불구하고, 아가페로부터 하나님의 아픔이 제거되어 있다. 그리스도의 십자가에서 하나님의 사랑은 하나님의 성질로서의 사랑 **이상**의 것이다. 니그렌이 그리스도의 십자가를 아가페와 불가분적이라고 말할 때, 그럼에도 다음과 같은 주석이 달려 있다. "바울이 십자가에 대해 말할 때, 그는 하나님의 **아버지다운 사랑**에 대해 말하고 있는 것이지, 다른 어떤 것에 대해서가 아니다."[20] 니그렌에게서는 십자가가 아가페 속에서 차지해야 할 **결정성**(cruciality)이 보이지 않는다. 지금 인용된 니그렌의 말은 다음과 같은 근대주의자의 말과 과연 얼마나 판연하게 구별될 수 있는가? "그리스도교적 신앙에서 하나님이 자기희생적 사

---

18) Nygren, *Agape and Eros*, 52.
19) Nygren, *Agape and Eros*, 75.
20) Nygren, *Agape and Eros*, 123.

랑으로 자기를 내어준다는 것은 하나님의 **성질**에 속한다."[21] 다시 이 두 사람의 다음과 같은 말을 비교해 보자. "우리가 십자가에서 시현 示顯[22]된 사랑을 몰랐다 하더라도, 우리는 사랑의 **일반적 의미**는 알았을 것이다. 그러나 우리는 사랑을 그 **가장 높고도 깊은** 의미에서는… 알지 못했을 것이다."[23] "하나님의 사상에 대한 그리스도교의 특수한 기여가 무엇인지는 새로운 교설에서 구해야 할 것이 아니라, 오래된 교설이 참으로 의미하고 있는 바에 대한 **살아 있는 예증**에서 구해져야 한다."[24] 요컨대 니그렌은 하나님의 아픔을 거부하는 근대주의에 대해 판연한 태도 결정을 하고 있는 것이 아니다.

십자가를 짊어지고 십자가의 주님을 따르며 자기 아픔으로 하나님의 아픔을 본받는 우리에게는 윤리 또한 십자가의 사랑, 곧 하나님의 아픔에 의해 결정되어야만 한다. 우리는 사랑할 만한 자만을 사랑하는 사랑에 머물러서는 안 된다(눅 6:32-34). 우리는 사랑할 수 없는 자를 사랑하여 "원수를 사랑하고 미워하는 자를 선대하고 저주하는 자를 축복하고 욕하는 자를 위해 기도하라"는 것을 실천해야만 한다(눅 6:27-28, 35). 이리하여 하늘 아버지가 자비

---

21) William Adams Brown, *Christian Theology in Outline* (Edinburgh: T. & T. Clark, 1931), 100.
22) [옮긴이] 불교 용어. 부처나 보살이 중생을 교화하기 위하여 여러 가지 모습으로 몸을 변화하여 나타냄.
23) Nygren, *Agape and Eros*, 118.
24) Brown, *Christian Theology*, 88.

한 것 같이 우리도 자비해야만 한다(눅 6:36). 이 '자비'야말로 **아픔**이다. 복음의 표징이 아픔이었던 것 같이 윤리의 표징도 아픔이다. 복음에서 하나님의 아픔이 제거될 때 사랑할 만한 자만을 사랑하는 '다른 복음'이 되는 것과 같이, 윤리도 아픔을 잃어버릴 때 사랑할 만한 자만을 사랑하는 '죄인의 사랑'(눅 6:32-34)이 된다. 복음의 표징이 하나님의 아픔이라는 것은 우리에 대한 하나님의 사랑이 **불변하는 사랑**, '변하지 않는 진실'(호 2:20)이라는 것을 의미한다. 이것을 본받아서 '아픔의 윤리'의 근본성격은 **항상성**이어야만 한다. 가령 상대가 우리의 사랑을 배반하여 '원수'가 될 때도 우리가 여전히 그 상대를 계속하여 **더욱더** 사랑할 때, 우리에게 아픔이 생기는 것이다. 아픔 없는 윤리에서 우리의 사랑은 상대가 사랑할 만한 사이인 경우에만 쏟아 붓고 사랑할 만하지 않으면 버리고 돌아보지 않는다. 거기에 사랑의 항상성은 없다.

5

그렇지만 하나님의 아픔의 진실한 모습은 그것이 곧바로 하나님의 아픔에 기초한 **사랑**에까지 전개되는 데 존재한다. 그렇다면 아픔의 윤리의 진실한 모습도 아픔에 기초한 사랑의 윤리여야만 한다. 하나님의 아픔이 하나님의 아픔에 기초한 사랑으로 전개되는 것이 어떠한 일인지에 관해서는 이미 기술했다. 죄의 용서로서 하나님의 아픔은 그것이 참된 **용서**이기 때문에 용서했다는 것조차도 잊어버리는 사랑이 되어야만 한다. 이것은 한결같은 사랑으로서의 하나님의 아픔에 기초한 사랑이다. 이와 관련하여 주의해야 할 것은 **에베소서 5:22-33**에서의 교회론이다. 여기서는 그리스도와 교회의 관계를 남편과 아내의 관계에 따라서 말하고 있다. 먼저 남편인 그리스도는 아내인 교회를 위해 "**자신을 버리셨다**"(25-26). 교회는 "하나님이 **자신의 피로** 사신 교회"(행 20:28)이다. 이 단계에서 말하고 있는 것은 어디까지나 하나님의 **아픔**이다. 그런데 28절 이하에서 완전히 새로운 단계가 열린다. "**이와 같이 남편은 그 아내를 자기 몸과 같이 사랑해야 하고 아내를 사랑하는 것은 자기를 사랑하는 것이 된다. 자기 몸을 미워하는 자는 전혀 없으니 모두 이것을 기르고 돌보며, 그리스도의 교회에 있어서도 역시 그러하다.**"

여기서 말하는 관계는 더이상 하나님의 아픔으로서의 호세아적인 사랑이 아니라, 한결같은 사랑이 에로스적인 직접적 사랑과 상통하는 그러한 성격의 사랑이다. 말하자면 여기서 하나님의 아픔의 철저함은 **직접성으로 돌아가는** 결과를 낳는 것이다. 자신을 사랑하는 까닭에 사랑할 만한 상대를 사랑하는 사랑은 직접성의 입장에 다름 아니다. 죄의 용서가 **진실하다면**, 그 사랑은 이러한 직접성의 입장에 상통하는 듯한 성격마저 띠기에 이르는 것이다. 자신이 사랑할 수 없는 자에 대한 사랑에 철저했을 때, 그 상대를 사랑할 만한 자로까지 바꾸는 힘을 발휘하기에 이르는 것이다. 이것이 바로 성화이다.

용서 속에 성화로의 힘이 포함되어 있어서, 용서했기 때문에 성화된다고 하는 것은 개신교적[25] 이해이다. 그런데 앞에서 본 것처럼 가톨릭주의에서는 반대로 성화되었기 때문에 용서하는 것이다. 종교개혁의 의의는 이 미묘한 다름에 대한 감각을 가진 자에게만 이해될 것이다.

앞에서 문제가 되었던 '죄인'과 '의인'의 관계도 여기서라면 새로운 전개가 허용된다. 진실한 죄인도 하나님의 아픔에 기초한 사랑의 힘에 의해 마침내 사랑할 만한 죄인, 실질적으로 선한 자가 되게 할 수 있을 것이다. 이에 반해 '의인'은 이 하나님의 사랑을 입지 않고 단지 직접적인 하나님의 사랑만을 아는 데 불과한 까닭에, 오히려 '위선자', 실질적으로 악한 자가 되어 마칠 것이다. 그러나 이는 하나님의 아픔에 기초한 사랑으로서의 성화질서에서만 언급될 수 있는 것이지, 하나님의 아픔으로서의 화해질서에서는 결코 언급될 수 없다. 앞에서 비판했던 '다른 복음'의 입장은 이 두 질서를 문란하게 하는 것이다.

이와 관련하여 이제 니그렌의 신학에 대한 한 가지 제한이 분명해질 것이다. 니그렌의 경우 복음은 오로지 사랑할 수 없는 자에 대한 사랑으로만 받아들이고 사랑할 만한 자에 대한 사랑은 모두 에로스로서 멀리하는 까닭에, 예를 들어 앞에서 든 에베소서 5:22-33과 같은 하나님의 사랑의 현실은 끝내 그 자리를 얻을 수 없다. 곧 니그

---

25) [옮긴이] 이 책에서 복음주의는 개신교, 즉 프로테스탄트 신학으로 이해하는 편이 더 적절하다.

렌에서 하나님의 아픔에 기초한 **사랑**은 설명될 수 없는 것이다. 하나님에 대한 인간의 사랑이 설명될 수 없는 것도 그 때문이다.

아픔에 기초한 사랑의 윤리에서 우리의 사랑은 마치 직접적인 사랑인 듯한 모습을 가져야만 한다. 사랑할 만한 자를 사랑하는 사랑이 가진 그 **애달픔**이 이 단계에서 다시 회복되어야만 한다. 아니, 오히려 우리는 그것을 회복하려고 **노력**해야만 한다. 그러나 반성해 보면 이것은 모순된 사실이다. 직접성에 있어서의 사랑은 노력을 요하지 않고서 애달픔을 가질 수 있었다. 노력해서 획득하는 것은 이미 이런 애달픔이 아닐 것이다. 그런데 아픔에 기초한 사랑은 그것이 **윤리**인 한 어디까지나 노력을 전제로 한다. 직접성의 사랑은 윤리 이전이며, 당위(sollen)가 아닌 단순한 의욕(wollen)에 지나지 않는다. 이제 우리는 이 의욕(자연주의적!)을 당위로 회복하려 노력하는 것이다. 그러나 노력해서 획득한 의욕은 이미 그런 자연스러운 애달픔을 완전히 보존하고 유지하지 못할 것이다. 여기에 우리의 윤리가 숙명적으로 **패배**해야만 하는 까닭이 있다. 윤리가 어디까지나 미완결로 개방되어 있어야 하는 것도 이 때문이다. 이 윤리가 패배한 까닭에 우리는 끊임없이 반복하여 죄의 용서로서의 하나님의 아픔으로 돌아가야만 하는 것이다. 사랑은 어디까지나 하나님의 아픔에 **기초한** 사랑이기 때문이다.

6

루터는 우리에게 신앙의 문제에서 선배인 것과 같이 **윤리**의 문제에서도 그렇다. 칼 홀Karl Holl의 표현으로 말하면 루터에게서 '윤리성의 신건축'(Der Neubau der Sittlichkeit)이 이루어졌다. 여기서 루터에 관해 한 마디 이야기하지 않을 수 없는 이유이다.

먼저 루터에게서는 '아픔의 윤리'가 명확히 파악되었다. 에리히 제베르크Erich Seeberg는 다음과 같이 기술하고 있다. "루터의 윤리가 또한 **대립**의 원칙에 의해 규정되고 있다는 것을 우리는 간파한다. 선하게 행위하는 것은 **자신의 의지에 반하여** 행위하는 것이다. 따라서 하나님은 그리스도와 모든 성도들로 하여금 그들이 가장 바라지 않는 것을 전의지로 행하게 한 것이다. 사람이 **바라지 않는 것을 전력을 다해 행하는** 것이야말로 하나님의 의지이고 일이다. 이리하여 그리스도는 약함에서 괴로워하셨지만, 그럼에도 그것을 의지意志하셨던 것이다. 이처럼 자기의 의지를 부정하는 것에 의해서 하나님의 의지로 열렬하게 귀의하여, 그 자체로 이토록 두렵고 파괴적인 것이 달콤하게 축복받은 것으로 인식되는 것이다."[26] 루터 자신의 말로 하면, 그리스도는 "그가 의욕하지 않은 것을 가장 열렬한 의욕으로 성취하셨다(*noluntatem suam… ferventissima voluntate perfecit*). 이렇게 하나님은 모든 성도로 하

---

26) Erich Seeberg, *Luthers Theologie—Motive und Ideen*, vol. 1: *Die Gottesanschauung* (Göttingen: Vandenhoeck und Ruprecht, 1929), 131-132.

여금 그들이 가장 바라지 않는 것을 전의욕으로 행하도록 하시는 것이다."[27] 우리가 자신의 의욕에 따라서 행위한다면, 그것은 사랑할 만한 자만을 사랑하는 결과가 되고, 악하게 행위하는 것이 될 것이다. 사랑할 수 없는 사람을 사랑하는 것이야말로 '선하게 행위하는' 것인 까닭에 우리는 자기의 의욕에 반하여 행위해야만 한다. 오히려 의욕하지 않는 것을 가장 열렬히 의욕해야만 한다.

─이 점에서 루터는 **아우구스티누스**의 윤리사상으로부터 자신을 구별한다. 아우구스티누스의 윤리가 **행복사상**에 의해 지배되고 윤리의 근원으로 **자기 사랑**이 긍정되어 있음에 관해 칼 홀[Karl Holl]이 그의 탁월한 논문 『아우구스티누스의 내적 발전』[28]에서 분명히 했다. "하나님에 대한 사랑과 이웃에 대한 사랑의 중간에 끊임없이 자기 사랑을 써넣는다."[29] "이웃사랑의 규준은 자기 사랑으로부터 규정된다."[30] 칼 홀이 아우구스티누스를 "그리스도교 윤리를 타락시킨 자"라고 부르는 까닭이다.[31]

여기서 곧바로 연상되는 것은 **칸트**의 윤리사상이다. 루터의 이른바 '불의욕'不意慾(*noluntas*)의 윤리는 그대로 칸트에게 계승되어서 그것은 '경향'傾向(Neigung)에 대한 '저항'抵抗(Widerstand)으로서

---

27) Luther, *Römerbrief*, vol. 2, 271.
28) Karl Holl, "Augustins innere Entwicklung", *Gesammelte Aufsätze zur Kirchengeschichte* (Tübingen: J. C. B. Mohr, 1929) vol. 3.
29) Holl, *Gesammelte Aufsätze*, vol. 3, 87.
30) Holl, *Gesammelte Aufsätze*, vol. 3, 109.
31) Holl, *Gesammelte Aufsätze*, vol. 1, 165.

표현되었다. 인간이 자기의 '경향'에 따르는 것은 비윤리적으로 행위하는 것이며, 이것에 '저항'하는 것이야말로 윤리적으로 행위하는 것이다. 이것은 이른바 '엄숙주의'(Rigorismus)다. 칸트가 '프로테스탄트의 철학자'로 불리는 데는 이유가 없지 않다. '아픔의 윤리'는 칸트에서 엄밀한 학문적 표현을 부여받은 것이다.

 그렇지만 루터는 칸트도 한 걸음 더 넘어선다. 곧 루터에게서 '아픔의 윤리'는 '아픔에 기초한 사랑의 윤리'로 전개된 것이다. 그런데 칸트는 이 단계에 도달하지 못했다. 루터에 따르면 참된 선은 과연 일단 '저항'을 수반하지만, 그러나 다시 그곳을 돌파하여 **'자유롭고 기쁜 생각으로'** 행하는 곳까지 나아가야만 한다. 저항으로 행하고 있는 한, 아직 참으로 선하게 행위한 것은 아니다. '불의욕'은 '의욕'에까지 전개되어야만 한다. 여기서 아우구스티누스의 사상이 다시 받아들여져서 그것에 제자리가 주어지게 된다. 이웃에 대한 참된 사랑은 확실히 한번 자기 사랑의 부정을 통해야 하지만 그러나 그것이 참된 사랑이라면 흡사 자기 사랑이 가진 절실함과 같은 절실함으로 이웃을 사랑하기에 이르러야만 한다. 이제 루터에게서 아우구스티누스의 '의욕'의 윤리와 칸트의 '불의욕'의 윤리가 종합되기에 이르렀다. 이 종합에 이르지 않는 한, 아우구스티누스도 칸트도 참되게 활용되기가 불가능할 것이다. 아우구스티누스-칸트-루터라는 직선은 윤리가 **의욕**에서 **당위**를 통하여 다시 **의욕**이 된다고 하는 연관을 나타낸다. 셋째 단계의 의욕이 첫째 단계의 의욕과 그 의의가 다르다는 것은 말할 나위도 없다.

 이상에서 기술한 연관이 다음과 같은 칼 홀의 말 속에 완벽히 표현되어 있다. "루터에게는 무제약적 요구에 대한 관계맺기가 아직 윤리적인 것의 개념을 없애버리지 않았고, 오히려 그에게는 마찬가지로 중요한 둘째 징표로서의 자유가, 어쩌면 그가 더 명확히 말한 것처럼 **의욕의 기쁨**(Freudigkeit des Wollens)이 부가되어 있다. 이 양자를 연결시키는 것에 의해서 루터는 그전에도 후에도 이 정도로 예리하게 고양된 바 없는 윤리개념을 세웠다. 칸트는 단지 무제약적 법칙을 주목한 데 지나지 않았고―낭만주의자가 그 일면성을 비난한 것도 지당하다―다른 한편 아우구스티누스는 '발의성'發意性(Willigkeit, 자발성)을 요구했지만, 그는 윤리적 노력을 행복사상과 혼합하는 것에 의해서만 그것을 주장할 수 있었다. 루터는 이 두 사람이 절반씩 발견한 것으로부터 통일성을 가져옴으로써 두 사람을 능가하는 것이다. 그에게 윤리적인 것은 **당위의 대상**(Gesolltes)인 동시에 자유롭고 기쁜 **의욕의 대상**(Gewolltes)이 될 때, 곧 '법칙'이 단지 '긍정'될 뿐만 아니라, 따뜻한 감정으로서 인간의 태도에만 응하는 것으로 파악될 때, 비로소 실현된다고 보았다."[32]

칼 홀의 이런 명석한 논조에도 불구하고, 그의 루터 이해에는 문제가 남아 있다. 그것은 내가 앞에서 기술한 바, 윤리의 **미완결성**이 충분히 주목되지 않았다는 점이다. 윤리가 미완결이라면 그야말로 루터의 '오직 신앙'이 살아나는 것이다. 그러나 칼 홀은 이 측면을 별로

---

[32] Holl, *Gesammelte Aufsätze*, vol. 1, 179.

진지하게 생각하지 않았고, 루터의 윤리사상 정도만 강조하는 경향이 농후하다. 칼 홀의 입장이 칸트적이고 윤리주의적이라고 비판받는 까닭이다.

8장

하나님의 아픔의 내재성과 초월성

1

마태복음 25:31 이하는 지상에서 예수가 최후로 남기신 설교다. 나는 이제 이 성서 말씀이 나타내고 있는 진리를 배우고, 그 진리를 이 텍스트 직후에 기록되어 있는 마태복음 26:6-13의 기사와 연결하여 생각하려 한다. 우리는 이 두 기사를 연결하여 중대한 진리 하나를 배우게 될 것이다.

마태복음에 따르면 25:31 이하는 예수의 최후의 설교이며, 따라서 복음에 최종적·결정적인 중요한 진리가 나타나 있을 것이다. 여기서 말하고 있는 것은 우리의 운명을 최후로 결정하는 하나님의 심판이다. 그 심판의 기준이 예수에 의해 극히 구체적으로 나타나 있는 것이다. 이 기준을 원리적으로 표현하면 **현실에 대한 사랑**이야말로 하나님에 대한 사랑이라는 것이다. "참으로 너희에게 고한다. 내 형제인 이들 가운데 지극히 작은 자 한 사람에게 하는 것이 곧 나에게 하는 것이다"(마 25:40). 이 사랑을 실천했는가 아닌가에 의해 구원과 멸망의 운명이 결정된다. 우리가 이 성서 말씀으로부터 배워 알게 된 것은, 이미 하나님 자신이 우리로부터 사랑받도록 하지 않으시고, **자기 자신을 현실의 배후에 감추고**, 현실이 우리로부터 사랑받는 것에 의해서 하나님 자신이 사랑받으신다는 것이다. 말하자면 하나님이 현실에 **내재적**이 되신다. 더구나 여기서 말하는 현실은 아픔에 있어서의 현실이다. 주리고, 목마르며, 나그네가 되고, 헐벗고, 병들어 있고, 감옥에 있는 것처럼 아픈 현실이다. 하나님은 이런 아픈 현실에 내재적이 되어 "내가 주릴 때…"라고 말씀하시는 것이다. **하나님의 아픔이 현실의 아픔에 내재적이 되어 있는 것이다.** 따라서 하나님의 아픔에 대한 섬김은 그 자체로서 성립될 수 없고, 현실의 아픔에 대한 섬김을 통해서만 성립되는 것이다. 현실의 아픔에 대한 섬김을 소원하지 않고, 다만 하나님의 아픔에 대한 섬김만을 소원하고 있는 자는 끝내 그 염원을 충족하지 못하고 끝나는 것이다. "이들 가운데 지극히 작은 자 한 사람에게 하지 않은 것이 곧 나에게 하지 않는 것이니…"(마 25:45)

두 가지 큰 계명 간의 관계도 앞에서 서술한 진리와 상통한다(마 22:37-40). 마가복음에 따르면 예수에 대한 질문은 "모든 계명 가운데 무엇이 첫째 되는가?"(막 12:28)라고 되어 있다. 따라서 이 물음에 대한 대답은 '첫째' 계명 하나만 꼽는 것이 도리다. 그런데 예수는 하나님에 대한 사랑과 이웃에 대한 사랑이라는 두 계명을 거론하고, 게다가 후자에 대해 "둘째도 또한 이와 **같으니**"라고 부가하셨다(마 22:39). 하나님에 대한 사랑과 이웃에 대한 사랑은 둘인데, 그럼에도 하나라고 생각할 수밖에 없다. 말하자면 하나님에 대한 사랑은 큰 과녁이고, 이웃에 대한 사랑은 작은 과녁이라고도 생각된다. 만일 우리가 과녁 둘을 화살 한 발로 동시에 쏘려 한다면, 과녁의 놓임새에 대해 특별한 방법이 강구되어야만 한다. '마음을 다하고, 정신을 다하고, 생각을 다하여' 하나님을 사랑하고, 더구나 '자신과 같이' 진실하게 이웃을 사랑한다는 것은 이른바 화살 한 발로 과녁 둘을 쏘는 것이다. 왜냐하면 전심을 다해 진실하게 하나님을 사랑하는 것이 한 발로 우리 마음의 진실함을 요구하는 것과 같고, 자신과 같이 진실하게 이웃을 사랑하는 것도 한 발로 우리 마음의 진실함을 요구하기 때문이다. 진실함의 절반으로 하나님을 사랑하고, 진실함의 다른 절반으로 이웃을 사랑한다는 것이 아니다. 진실함 전부로 하나님을 사랑하고 진실함 전부로 이웃을 사랑하는 것이다. 이것이 바로 화살 한 발로 과녁 둘을 쏘는 것에 다름 아니다. 만일 하나님이라는 과녁과 이웃이라는 과녁이 평행하여 둘이 나란히 있는 것이라면, 이러한 일은 어떻게 해도 불가능하다. 그런데 만일 하나님이라는 큰 과녁과 이웃이라는 작은 과녁이 있는데, 중심을 기준으로 **겹쳐져서**, 하나님이란 과녁이 이웃이라는 과녁의 배후에 서게 된다면, 우리는 화살 한 발로 과녁 둘을 함께 쏠 수 있을 것이다. 이웃이라는 과녁의 중심을 쏘는 것이 동시에 하나님이라는 과녁의 중심을 쏘는 것이 된다. 이 관계가 바야흐로 앞에서 기술한 현실의 아픔에 대한 하나님의 아픔의 내재성과 상통하는 것이다. 하나님이 이웃에 내재적인 것에 의해, 이웃에 대한 사랑이 동시에 하나님에 대한 사랑이 되는 것과 같이 하나님의 아픔이 현실의 아픔에 내재적이 됨으로써 현실의 아픔에 대한 섬김이 하나님의 아픔에 대한 섬김이 될 수 있는 것이다.

2

하나님의 아픔의 내재성에 대해 말씀하신 예수는 **그 직후** 베다니

시몬의 집에 가셨다. 그런데 베다니에서 일어난 사건, 거기서 말씀하셨다는 예수의 성서 말씀은 우리에게 의외의 것으로 비친다. 그럼에도 이 사건이 그 25장 말미의 설교 **직후에** 일어났기 때문에, 우리의 놀라움과 곤혹도 점점 커진다.

"예수가 베다니 나병환자 시몬의 집에 계실 때, 어떤 여자가 석고 단지에 들어 있는 귀한 향유를 가지고 가까이 와서 식사 자리에 계신 예수의 머리에 쏟아 부었다. 제자들이 이것을 보고 분노로 말했다. '왜 이렇게 함부로 낭비하는가? 이것을 많은 돈에 팔아서 가난한 자에게 베풀 수 있을 것을…"(마 26:6-9).

여기까지 기사를 읽으면 우리는 이 제자들의 분노의 말을 지당하다 생각할 것이다. 실로 이 제자들은 그 직전에 예수로부터 가르침 받은 진리, 곧 가난한 자에게 베푸는 것이야말로 주님을 사랑하는 유일한 길이라는 이 진리를 여기서 조속히 응용했던 것이 틀림없다. 따라서 제자들은 당연히 예수로부터 동의와 상찬의 말을 기대할 수 있었을 것이다. 그런데 예수의 답은 의외였다.

예수께서 이것을 알고 말씀하셨다. "어째서 이 여자를 괴롭히는가? 나에게 선한 일을 행하였다. 가난한 자는 늘 너희들과 함께 있어도 나는 늘 함께 있지 않다"(마 26:10-11).

예수에 따르면 이 여자야말로 선한 일을 행하였으며, 제자들은 오히려 이 여자를 괴롭히는 악한 일을 행한 것이 되었다. 바로 앞에서 예수로부터 가르침 받은 말씀을 그대로 응용했던 것에 다름 아닌 제자들의 말은 예수 자신에 의해 부정된 것이다. 이런 예수의 말씀을 조금 강하게 표현한다면 "가난한 자 따위는 방치해 두고 개의치 말며, 오로지 나에게 너희들의 관심을 쏟아 부으라"는 것이 될 것이다. 이것을 원리적으로 표현한다면 현실에 대한 예수의 **초월성**이다. 예수는 현실을 무한히 초월해 계신다. 예수 앞에서 현실은 퇴색해 마침내 무로 돌아갈 것이다. 예수는 우리로부터 한결같은 관심을 요구하며, 그것을 위해 우리가 현실에 관심을 쏟는 것을 허용하지 않을 정도이다. 말하자면 여기서 예수는 공리 (Axiom)로서 위엄(axioma)을 가지신 예수이다. 그리고 우리는 이러한 예수의 공리성 주장에 대하여 '그렇다'고 말하기 위해 **결단**해야 한다. "나는 늘 함께 있지 않다"라는 말씀은 이 결단을 재촉하는 말이다. 그리고 이 여자는 감히 이 결단을 했기 때문에 "선한 일을 행했다"고 한다. 그런데 예수는 다시 말씀을 계속하신다. "이 여자가 내 육체에 향유를 쏟아 붓는 것은 내 **장사** 준비를 행함이니"(마 26:12).

우리는 이 성서 말씀에 이르러서야 비로소 이 사건의 참모습을 보게 된다. 그리고 이 참모습을 알게 된 우리는 마치 전기에 맞은 것 같이 근저로부터 진동되는 것이다. 주의하라. 지금 예수는 **장사지내지려고** 하신다. 하나님의 독생자가, 독생자의 페르소나인 하나님 자신이 이제 장사지내지려고 하고 있다! 이 참모습을 보게 된 우리는 이미 다른 **모든** 일을 잊어버리게 될 것이다. 우리는 이미 다른 어떠한 사정에도 관심을 가질 수 없게 될 것이다. 하나님이 **아프시다**. 이 사실 앞에 다른 어떠한 현실의 아픔도 퇴색될 것이다. 현실의 아픔을 모두 망각할 정도로 하나님의 아픔에 관심을 가진 자만이 참으로 하나님의 아픔을 보았다는 사람이다. 베다니에서 예수는 **하나님의 아픔의 초월성**을 나타내셨던 것이다. 초월성을 요구하는 하나님의 아픔이 **공리**로서의 하나님의 아픔이다. 바로 이 초월성 때문에 **복음**은 확실히 복음인 것이다. 복음을 섬기는 이 여자같이 되지 않을 수 없다. 예수가 이 여자에 대해 최고의 찬사를 아끼지 않으신 것도 당연하다. "참으로 너희에게 고하니 전세계 어디에서도 이 **복음**이 선포되는 곳에서는 이 여자가 행한 일도 기념으로 말해질 것이다"(마 26:13).

3

그렇지만 이상의 고찰로 우리가 진리의 전부를 남김없이 이어 받았다고 할 수 있는가? 아니다.

우리는 이제 한 걸음 더 나아가 **복음의 마음**을 통찰해야 한다. 그 한 걸음은 베다니의 예수를 **25장의 예수와 연결하는 것**이다. 곧 진리의 궁극은 하나님의 아픔의 내재성과 초월성이 **하나**로 결합되는 곳에 있다. 공리가 곧바로 현실태를 포함하는 곳에 있다.

복음 곧 하나님의 아픔은 현실의 아픔을 무한히 초월하여 있지만, 그러나 하나님의 아픔은 **무엇을 위해** 일어났는가? 하나님의 아픔은 무엇을 **목적**으로 하고 있는가? 다름 아니라 하나님의 아픔은 **현실의 아픔**을 구원하려고, 이 **현실의 아픔**을 자기 목적으로 하여 일어난 것이다. 베다니에서의 예수는 25장에서 말씀하셨던 예수와 동일한 예수이다. 현실의 아픔에 철저하게 내재적이신 주님만이, 현실의 아픔으로부터 절대로 초월적인 주님이신 것이다. **현실의 아픔으로부터 초월적이 되는 하나님의 아픔은 현실의 아픔에 내재적인 그대로 초월적인 것이다.** 주님이 초월성을 주장하실 때도 그는 내재성을 멈추지 않으셨다. 가난한 자에게 베푸는 것이 주님을 사랑하는 유일한 길인 것을 가르치신 주님이야말로 '가난한 자를 일시적으로 잊어버리고 방치해 두어도 좋다'와 같은 말을 하실 수 있다. 공리는 곧 현실태고 그렇다면 공리는 현실태를 잊어버리기까지 자기에게 관심을 쏟아 부을 것을 요구하는 위엄을 가진 것이다.

공리(Axiom)가 위엄(axioma)을 가진다는 것은 플라톤적 의미에서 이데아의 **떨어져 있음**離在(χωρισμός)[1]과 비교할 만하다. "있는 것을 **모조리** 팔아…"(마 13:44, 46). 이런 의미에서 우리는 플라톤주의자여야만 한다고 할 수 있다. 루터에 따르면 복음주의자는 '오직주의자'(Solarii)[2]라고 불린다. 우리도 '오직주의자'여야만 한다. 루터가 플라톤의 정신에 이어지는 것은 이런 점에서 일 것이다. 그

---

1) [옮긴이] 기타모리는 코리스모스(χωρισμός)를 떨어져 있음을 뜻하는 이재(離在)로 옮겼다. 보통 분리 또는 분열로 번역되며, 플라톤 철학에서 이데아와 감각 세계가 나뉘어 있는 것을 지칭하는 말이다. 요한네스 힐쉬베르거, 『서양철학사 상권 고대와 중세』, 개정판, 강성위 역 (대구: 이문사, 1991), 147-149.

2) Luther, vol. 40, 1, 241. 영역본은 Martin Luther, *Lectures on Galatians*, tr. by Jaroslav Pelikan, in *Luther's Works*, American Edition, vol. 26 (St. Louis : Concordia Publishing House, 1963), 138. 영역본은 solafideists를 사용하는데, Pelikan의 역주에 따르면 루터를 폄하하는 자들의 표현인 라틴어 solarii 대신에 웨슬리주의 용어인 'solafideists'를 사용했다.

러나 루터와 그를 따르는 우리는 플라톤 **이상**의 것을 알고 있어야 한다. 공리가 하나님의 아픔이고 하나님 나라가 하나님의 **아픔**에 기초한 사랑의 지배인 까닭에 공리가 가진 위엄은 단지 '떨어져 있음'이 아니다. 그것은 현실을 **사랑하고**, 현실과 **함께 있는**(임마누엘!) 것에 의해 점점 자신의 위엄을 증가시키는 것과 같은 공리이다. 복음에서 '떨어져 있음'은 동시에 '함께 있음'偕在이다. 초월은 곧 내재이고 떨어져 있음은 곧 함께 있음인 것이 **복음의 마음**이다. '오직주의'가 동시에 '와'를 속에 포함하는 곳에 복음주의의 본질이 있다.[3] 여기서 '와'는 '오직' 안에 '사랑에 의해 사로잡혀 있다.'

4

하나님의 아픔은 현실의 아픔에 내재적인 그대로 현실의 아픔에 대해 초월적이다. 왜 이런 일이 일어나는지를 앞에서 우리는 하나님의 측면에서 생각했지만, 다음으로 그것을 **현실**의 측면에서 생각해야 한다.

'가난한 자'(마 26:9, 11)가 가진 아픔은 일단 우리가 베푸는 것으로 해결될지 모른다. 여기에 하나님의 아픔의 내재성이 의의를 가진다. 그렇지만 '가난한 자'의 가난함이 해결되어 없어져서 가난하지 않은 자가 된다 해도, 이런 인간의 아픔은 그것에 의해 지금까

---

3) 北森嘉藏, 『神學と信条』(東京: 長崎書店, 1943), 8 이하 참조.

지도 완전히 해결되지는 않는다. 인간의 아픔은 **현실에 드러나는** 아픔보다도 더욱 깊은 곳에 그 참모습을 가진다. 그것은 죄에 다름 아니다. 가령 가난함은 베풂에 의해 해결되어도 죄는 해결되지 않는다. 죄의 해결은 베풂이라는 내재적인 사랑의 행위를 초월한 곳에서 구해야만 한다. 이것은 **죄의 용서**로서의 하나님의 아픔이다. 현실이 표면에 드러나는 아픔을 넘어서 그 참모습에서 아픔을 해결하려 할 때, 그것은 내재적 사랑을 넘어서 죄의 용서라는 초월적 사랑을 구하기에 이른다. 그 때문에 예수는 병을 치유받기 바라는 자에게 죄 용서의 선언을 해주신 것이다(마 9:1-8).

하나님의 아픔이 현실을 사랑할 때, 그것은 먼저 현실의 아픔을 자신의 아픔으로 하여 현실과 하나가 되고 현실에 내재적이 되며 현실이 가진 **드러난** 아픔을 해결하려 한다. "내 **형제**인 이들 가운데 지극히 작은 자 한 사람에게 한 것이 곧 **나에게** 하는 것이다"(마 25:40). 그렇지만 현실의 아픔의 참모습은 드러난 아픔을 **넘어선** 곳에 있는 까닭에, 하나님의 아픔은 이미 현실의 아픔으로부터 초월적이 되어, 현실의 **근저**를 감싸 안아 지탱하는 것과 같은 방식으로 현실을 사랑하기에 이른다. 현실의 참모습은 자기를 근저로부터 지탱하는 자를 **자신 안에** 가지고 있지 않다는 데에 존재한다. 결정적 위기에서 현실은 이것을 자각할 것이다. 그때 현실은 참으로 초월적 사랑에서 자기의 구원을 구하기에 이를 것이다. 그러나 **어떤 현실**은 언제라도 이러한 참모습의 자각을 거부할지 모른다. 아니, 오히려 자각하지 않는 데에 그 본령이 있을지도 모른다. 그러나 이러한 때도 하나님의 아픔은 그 참모습을 알아채고, 철저하게 그 현실을 사랑할 것이다. '철저하게'란 그 현실의 **본령을 기준으로** 하는 것이다. 그 현실을 현실이 아닌 것으로 사랑하는 것이 아니라 어디까지나 그 현실에 꼭 맞게 사랑하는 것이어야만 한다. 그 현실의 **고유성**을 살려서 사랑해야만 한다. 이때야말로 하나님의 아픔은 진실한 의미에서 하나님의 **아픔**이 될 것이다. 그리고 우리 신앙자의 '함께 아프다'(condolore)도 진실이 될 것이다. 바울이 로마서 **9장**에서 비로소 '아픔'(odunē)이란 말을 사용하고 있는 것은 이유가 없지 않다(롬 9:2).

이렇게 하여 하나님의 아픔이 내재성으로부터 초월성으로 전개되는 것은 그것이 진실한 은총이기 때문이라는 점이 분명해진다. 하나님의 아픔이 은총인 까닭에 우선 현실의 아픔에 내재적이 된다. 그러나 하나님의 아픔은 은총인 까닭에 현실의 아픔으로부터 초월적이 된다. 모두 같은 은총 때문이다. 아니, 오히려 은총이 자기에게 **철저**할 때, 내재성으로부터 초월성으로 전개된다. 하나님의 아픔이 현실을 사랑하기에, 드러난 아픔으로부터 참모습의 아픔으로 그 대상을 옮기는 것이다. 초월적이 되었을 때도 내재성의 사랑을 결코 버린 것이 아니라, 오히려 그것을 **철저**하게 한 것이다.

현실 속에서 이 하나님의 아픔을 짊어지는 장소가 **교회**이다. 하나님의 아픔은 구체적으로 그리스도의 몸 된 교회에서 일어난다. 현실과의 관계에서 하나님의 아픔의 내재성과 초월성은 그대로 현실에 대한 교회의 관계에 들어맞는다. 교회가 현실을 사랑하여 이를 섬기는 길이 어떠한 것이어야 하는지는 이로써 파악할 수 있을 것이다.

9장

하나님의 아픔과 '숨겨진 하나님'

1

우리는 이제 루터의 신학에서 가장 중요한 개념인 '숨겨진 하나님 (*Deus absconditus*)'[1]에 대해 고찰하면서, 이 개념과 하나님의 아픔의 관계를 절충해보려 한다. 루터는 이 개념을 라틴어역 이사야서 45:15의 말씀에서 가져왔다(이 말씀에 대한 석의적 고찰에 대해서는 이 책 330 이하 참조). 루터는 이 말씀에 특별한 함의를 부여해 신학적 용어로 만들었다. 대표적인 곳을 들면, 다음과 같다. "하나님은 그의 선의와 호의를 진노와 형벌 아래 숨겨두셨다."[2] "하나님은 그의 영원한 인자와 연민[3]을 영원한 진노 아래 숨기고, 의를 불의 아래 숨겨두셨다."[4] "우리의 선이 마치 정반대의 것 아래 숨겨져 있을 만큼, 이렇게도 깊이 숨겨져 있다. 이리하여 우리의 생명은 죽음 아래에, 우리의 기쁨은 우리의 미움 아래에, 영광은 굴욕 아래에, 구원은 멸망 아래에, 본향御國은 방랑 아래에, 천국은 지옥 아래에, 지혜는 어리석음 아래에, 의는 죄 아래에, 힘은 약함 아래에, 그리고

---

1) [옮긴이] *deus absconditus*는 흔히 숨어 있는 하나님, 숨어 계신 하나님으로 옮긴다. 여기서는 '隱されたる神'로 하는 기타모리의 의도에 따라 '숨겨진 하나님'으로 옮겼다.
2) Luther, *WA*, vol. 18, 481.
3) [옮긴이] 같은 히브리어를 한국어로는 통상 긍휼로 옮긴다. 루터는 Freundschaft로 옮겼다. 이 책에서는 긍휼로 옮기지 않고, 굳이 연민憐憫으로 두었다.
4) Luther, *WA*, vol. 18, 663.

일반적으로 말해 우리의 어떠한 선에 대한 모든 긍정은 그것의 부정 아래에 숨겨져 있다. 이는 신앙이 하나님 안에서 장소를 가지기 위해서다. **그 하나님은 부정적 본질이며, 선이나 지혜나 의를, 우리의 모든 긍정을 부정하지 않고서는 소유할 수도 도달할 수도 없는 곳의 하나님이시다.**"[5] "하나님은 바로 그 힘을 약함 아래에, 지혜를 어리석음 아래에, 인자를 준엄함 아래에, 의를 죄 아래에, 연민을 진노 아래에 숨겨 두신다. 그런 까닭에 사람이 약함 등을 볼 때에, 하나님의 힘을 깨닫지 못한다. 시편 80편(시 81:7, 개역개정)에 '내가 우렛소리의 숨겨진 곳에서 네게 응답하고'라고 쓰여 있다. '숨겨진 곳에서'를 보라. 이 의미는 이렇다. 진노의 우렛소리가 연민의 달콤함을 숨길 때, 그때가 곧 하나님이 우리의 인식과 정반대로 일하며, 우리에게 귀 기울여 들으실 때이다."[6] "하나님의 행위는 그것이 일어날 때 필연적으로 숨겨져 깨닫지 못한다. 그것은 바로 우리의 생각과 인식과는 정반대 모습 아래 아래에 숨겨져 있을 것이다."[7]

루터의 이 개념은 언뜻 보기에 예컨대 타울러Tauler 같은 독일 신비주의자를 그 선구로 하는 것 같이 생각될지도 모르지만, 그러나 양자 사이에는 명확한 구별이 존재한다. 이 점에 관해서는 에리히 제베르크Erich Seeberg의 견해가 타당하다. "루터에게 하나님이 숨겨진 하나님이라는 것은, 하나님이 대립하는 것에서, 곧 괴로움

---

5) Luther, *Römerbrief*, vol. 2, 219.
6) Luther, *Römerbrief*, vol. 2, 208.
7) Luther, *Römerbrief*, vol. 2, 294.

이나 죽음에서 일하면서 생명을 창조하기 때문이다. 타울러에게는 대립과 괴로움에서 창조하고, 그 결과 이성에게는 숨겨지고 신앙에게만 알려지는 하나님이라는 종교사상은 현저히 후퇴하여 있다. 그에게서 전면에 서 있는 것은 부정을 통해서만 규정되는 하나님, 바로 그 이유로 '알려지지 않은', '숨겨진' 하나님이란 철학적 관념이다.…그 다름은 가장 깊은 곳에서는 계시 사상과의 관계 속에 가로 놓여 있다 할 수 있다. 숨겨진 하나님은 계시의 하나님이다. 알려지지 않은 하나님은 모든 계시의 저편에, 그 비대상성의 어둡고 접근하기 어려운 곳에 앉아 있는 하나님이다."[8] (현대에 바르트의 초기신학에 빈번히 나타나는 것 같은 '숨겨진 하나님' 사상과 루터의 '숨겨진 하나님'이 다르다는 것이 이로써 명백하다.)

루터의 '숨겨진 하나님'의 중요성은 최근의 루터 연구에서 차츰 명백해져 갔고, 마침내 루터 신학에서 가장 중요한 개념이라고까지 생각되기에 이르렀다. 에리히 제베르크에 따르면 이 개념은 '루터 신학의 근본원칙'[9]이다. 또한 카텐부쉬^{Kattenbusch}에 따르면 "이 '숨겨진 하나님'이란 표현을 올바로 이해한 자만이 루터를 완전히 이해한 자이다."[10] 이러한 견해는 조금은 지나치지 않나 생각될지도 모른다. 나 자신도 그 점에 다소 의혹을 가지고 있었다. 그러나 최근에 와서 나는 이 견해가 올바른 것이고, 사실 루터의 **전**

---

8) Seeberg, *Luthers Theologie*, vol. 1, 60 이하.
9) Seeberg, *Luthers Theologie*, vol. 1, 96.
10) Ferdinand Kattenbusch, *Die deutsche evangelische Theologie seit Schleiermacher* (Giesën: Alfred Topelmann Verlag, 1934), 151.

신학이 '숨겨진 하나님'에 의해 결정되고 있다는 것을 확신하게 되었다. 이것을 여기서 약술해 두고 싶다.

일반적으로 '숨겨진 하나님' 사상을 제외하고 루터 신학의 근본사상으로 드는 것은 첫째로 **하나님의 의**(*iustitia Dei*)이고, 둘째로 **'오직 신앙'**(*sola fide*)이다. 그리고 이 두 사상은 상호간 내적 연관 속에 서 있다. 루터가 발견한 복음을 객관적 측면에서 보면 '하나님의 의'가 되고, 주관적 측면에서 보면 '오직 신앙'이 된다고 할 수 있다. 그런데 내가 이해한 바에 따르면 이 두 사상은 모두 '숨겨진 하나님' 사상으로부터 도출될 수 있는 것이어서, 말하자면 그 **변주**라고도 생각할 수 있다. 복음에 나타나는 하나님의 의는 율법의 의를 세우려는 인간의 생각에 정면으로 **대립**하고, 그 인간적 의를 **파괴**하며, 죄 아래에 **숨겨진** 의이다. 그리고 이 새로운 하나님의 의를 자기가 타고난 생각이나 지혜에 **거슬러서** 받아들이는 길이야말로 신앙이다.

―그런데 인간의 의를 파괴하고 그것과 대립하는 모습 아래 자기의 의를 계시하는 하나님이야말로 '숨겨진 하나님'이다. 그렇다면 '하나님의 의'도 '오직 신앙'도 결국 '숨겨진 하나님'이라는 진리의 전개라고 말할 수 있지 않은가? "신앙이란 숨겨진 하나님을 믿는 것이며, 또는 숨겨진 하나님을 하나님으로 인정하는 것이다.…이리하여 숨겨진 하나님에 대한 신앙과 그리스도에 대한 신앙은 본질적으로 일치한다."[11] "이리하여 신앙이란 숨겨진 하나님

---

11) Seeberg, *Luthers Theologie*, vol. 1, 98.

을 인정하는 것이며, 또는 숨겨진 하나님은 그리스도에게서 가장 예리하게 자신을 보이는 까닭에, 또한 그리스도에게 있어서 그의 성육신을 긍정하는 것이다."[12] 루터의 저서 중에서 '숨겨진 하나님'을 가장 첨예화하여 설명하고 있는 것은 『노예의지론』(*De servo arbitrio*)이며, 루터가 이 저서를 자신의 모든 저작 중에서 가장 높이 평가하고 있다는 사실은, '숨겨진 하나님'이 그의 사상 중에서 차지하는 위치를 암시하는 것이라고 생각해도 좋을 것이다. '숨겨진 하나님'이 그의 신학의 근본원칙이며, 다른 모든 사상이 여기로부터 결정된다는 견해에 내가 동의하는 이유이다.

'숨겨진 하나님'은 루터 신학을 결정하고 있을 뿐 아니라 나아가 그의 윤리도 결정하고 있다. 루터에게 윤리는 하나님과 이웃에 대한 사랑을 자기 사랑으로부터 탈각시키는 데서 성립한다. 자기 사랑으로부터의 탈각은 어떻게 해서 실현되는가? 자기를 미워하는 것은 구체적으로 어떠한 것인가? 루터에 의하면 완전한 자기 포기, 자기 증오는 "모든 하나님의 의지에 자유롭게 자기를 내어주고, 하나님이 만일 바라신다면, 하나님의 의지가 이루어지기 위해서라면, 영원히 지옥과 죽음에 자기를 내어주고, 이렇게 해서 자기의 것을 결코 구하지 않는" 데서 성립된다.[13] 그런데 인간을 깨끗하게 하기 위해서 그를 지옥과 죽음에 건네주는 하나님은 바로 '숨겨진 하나님'이다. 자기 증오가 구체적으로 실현되기 위해서는,

---

12) Seeberg, *Luthers Theologie*, vol. 1, 142.
13) Luther, *Römerbrief*, vol. 2, 217-218.

절대로 자신의 지배력 밖에 서 있는 하나님의 진노의 현실이 매개로서 사용되어야만 한다. 루터의 이른바 '지옥과 죽음'은 이런 현실이다. 하지만 하나님은 인간을 죽이기 위해 지옥과 죽음에 건네주는 것이 아니라, 참으로 그를 살리기 위해서 건네주는 것이다. 하나님은 진노 아래 사랑을 숨긴다. 이렇게 '숨겨진 하나님'이야말로 자기증오를 실현시키며, 자기 사랑을 남기지 않고 없애버리고, 이렇게 해서 참된 윤리를 성립시키는 것이다. 루터의 사상이 '숨겨진 하나님'에 의해 결정될 수 있다는 것이 여기서 다시 확인된다.

2

루터의 '숨겨진 하나님'의 중요성은 그것이 신앙에 근본적이고 우리 자신이 그것을 자기의 것으로 하지 않고서는 신앙의 발걸음이 앞으로 나아갈 수 없다는 점에 존재한다. '숨겨진 하나님'에서는 성서 속에 울리고 있는 신앙의 개선가가 다시 회복되어 있다. '견고한 성이 되는 우리 하나님은(내 주는 강한 성이요)'이라는 루터의 노래는 '숨겨진 하나님'에 대한 신앙이 고조된 것이다.

'숨겨진 하나님'이라는 신학적 사상의 근본은 하나님의 진노가 하나님의 사랑의 **수단**이라는 점에 존재한다. 따라서 신앙은 하나님의 진노로 덮어씌워진 **아래서** 하나님의 사랑을 통찰하는 것이다. 이런 사상이 신앙생활에 얼마나 위로와 기쁨과 힘을 가져오는지 참으로 측량하기 어려울 정도이다. 그렇지만 이런 사상 속에 중대한 **문제** 하나가 포함되어 있음에 눈 감을 수 없다. 그것은 곧 도대체 하나님의 진노가 단지 하나님의 사랑의 '수단'으로서만 보여지는 것으로 **충분**한가이다. 아니, 오히려 하나님의 진노의 **참모습**은 하나님의 사랑의 수단으로서 다른 곳에 존재하는 것이 아닌가? 이미 알트하우스Paul Althaus와 같은 이도 하나님의 진노를 단지 하나님의 사랑의 수단으로 생각하는 신학은 '일원적 신개념神槪念'에 귀착하고, 따라서 '신앙의 신학'으로서의 교의학으로는 충분하지 않다 말하고 있다.[14] 한 마디로 말하면 하나님의 진노는 하나님의 사랑의 수단이기 전에 하나님의 **진실한** 진노이고, 하나님의 사랑과 맞서 싸우는 사실이다. 성서에 나타나는 하나님의 진노가 바로 이와 같은 것이다. 그리고 루터 자신도 실로 하나님의 진노를 이와 같이 먼저 체험했다. 루터에게 하나님의 진노는 '뼈가 재가 되는' 정도로 격심한 공포의 대상으로 체험되었다.[15] 그리고 하나님의 진노에 따른 심판의 체험이야말로 그의 내적 발전의 출발점이 되었다.[16] 루터의 이 근본체험이 그의 근본사상인 '숨겨진 하나님'에 충분히 살아있지 않은 것은 참으로 유감스런 일이라 하지 않을 수 없다.

'숨겨진 하나님'의 문제는 루터가 이 개념을 신앙자에 대해서와 같이 **그리스도**에 대해서도 적용하는 점에서 더욱더 곤란해진다. 그 대표적인 곳을 꼽아보면 다음과 같다. "하나님의 행위는 그

---

14) Paul Althaus, *Theologische Aufsätze* (Gütersloh: C. Bertelsmann, 1929), vol. 1, 114.
15) Luther, *WA*, vol. 1, 557f.
16) Holl, *Gesammelte Aufsätze*, vol. 1, 18 참조.

것이 일어날 때, 필연적으로 숨겨져 있어 우리가 그것을 깨닫지 못한다. 그것은 바로 우리의 생각과 인식과는 정반대되는 모습 아래에 숨겨져 있을 것이다.…하나님은 그 본래 행위의 첫째이면서 원형인 그리스도에 대해서도 이와 같이 취급하신다.…하나님은 그를 영광스럽게 하고 본향으로 옮기려 하셨을 때, 오히려 그것과 완전히 정반대로 죽게, 치욕을 당하게, 지옥에 떨어지게 하셨다."[17] 정말로 그리스도는 우리 신앙자에게 선물(*donum*)이며 동시에 모범(*exemplum*)이시므로 이상과 같은 말도 적용되지 않는 것은 아니지만, 그러나 그리스도의 죽음이라는 사실의 참모습은 다른 곳에 존재해야만 한다. 그리스도가 짊어지셨던 하나님의 진노는 결코 하나님의 진노의 수단과 같은 것이 아니라 하나님의 **진실한** 진노였다.

하나님의 진실한 진노를 하나님의 사랑이 짊어져서 이것을 극복한다는 사실이야말로 **하나님의 아픔**임에 틀림없다. 하나님의 진노의 해결을 '숨겨진 하나님'에서 구하기 **전에** 하나님의 사랑에서 구해야 한다. 따라서 루터 자신 속에도, 나의 이른바 '하나님의 아픔'에 상당하는 사상이 또렷이 존재하는 것이다.[18]

여기에 이르러서 우리는 '숨겨진 하나님'과 하나님의 아픔의 상호 **연관**을 확실히 할 수 있을 것이다. 우리가 신앙에서 하나님의 진노를 단지 하나님의 사랑의 수단에 지나지 않는 것으로 통찰

---

17) Luther, *Römerbrief*, vol. 2, 204, 218-219와 비교.
18) 기타모리 가조의 『神學과 信条』 23쪽에 인용된 곳이 대표적이다. 루터 사상의 이런 측면을 주목한 학자가 테오도시우스 하르나크 Theodosius Harnack이다.

함을 허용하는 것은 그리스도가 하나님의 **진실한** 진노를 이미 극복하셨기 때문이다. '숨겨진 하나님'의 신앙은 하나님의 아픔의 사실에 **기초해서** 비로소 진리가 되는 것이다. '숨겨진 하나님'에 대한 신앙이 성립되는 장소는 하나님의 아픔에 기초한 사랑이다. 이 하나님의 사랑으로 인해 하나님의 진노는 수단으로 여겨진 것이다. 루터가 남겨놓은 문제는 '숨겨진 하나님'이 성립할 만한 하나님의 아픔에 기초한 사랑의 영역을 하나님의 아픔의 영역과 혼동한 점이라 할 수 있다. 내가 믿는 바에 의하면, 루터는 하나님의 아픔의 사실을 진지하게 생각하고 있었다고 본다. 다만 '숨겨진 하나님'이란 신학사상의 표현을 다루는 데에 혼란이 있었다.

다음과 같은 알트하우스의 비판도 여기를 찌르는 것이다. "하나님의 진노를 단지 그의 사랑에 대한 준비로서의 '다른 행위'로 생각하여 이미 근저에서는 사랑이라고 생각하는 신학은 그리스도교적 하나님 경험을 그 살아 있는 운동과 미완결성에서 충분히 표현하지 못하였다. 반성(Rückschau)은 진노와 사랑에 감사하면서도 그 둘을 한 가지로 볼지도 모르고, 하나님의 사랑을 그의 거룩함의 관철로서 평가할지도 모른다. 그러나 반성은 그 자신이 우리 삶에서 단지 **하나의** 극에 지나지 않는다. 살아 있는 운동 (그리고 언제 우리가 그것을 넘어설 수 있을까?) 속에서 우리는 하나님의 사랑을 심판으로부터의 구원으로서 경험하는 것이다."[19] "나는 나를 붙드는 하나님의 사랑을 그의 진노와 같은 방향에서 보지 않고, 강

---

19) Althaus, *Theologische Aufsätze*, vol. 1, 10.

력한 반대운동으로서, 장벽의 돌파로서 보는 것이다. 여기서 우리는 하나님의 용서의 사랑을 진노에 대한 이김으로 표현하는 십자가론에 도달할 것이다."[20] 이 십자가론이야말로 나에게는 하나님의 아픔임에 틀림없다.

3

아래에 인용한 글은 내가 아직 학생시절에 쓴 서툰 시작에 지나지 않으나 당면한 주제에 관하여 어느 정도 올바른 방향을 파악하고 있으며 참고가 되리라 생각하여 여기 신는다. 용어 등에서 현재 나의 그것과 다소 거리가 있으나, 근본 사상에서는 현재도 변함이 없어 원문 그대로 인용한다.

하나님의 아픔과 '숨겨진 하나님'[21]

로마서 5:3에서 바울은 '환난을 기뻐한다'고 말하고 있다. 바울은 왜 이러한 것을 말할 수 있었는가? 바울에게 환난을 내려 바울을 친 하

---

20) Althaus, *Theologische Aufsätze*, vol. 1, 11.
21) 구 일본복음루터교회 발행 『るうてる』(루-테루) 소화11년(1936년) 6월호 및 제5고등학교기독교청년회 화릉회花陵會 회보 제26호에 게재. [옮긴이] 5고는 제국대학 교양과정부 성격의 구제고등학교로, 흔히 넘버 스쿨이라고 부른다. 패전 후 국립 구마모토대학熊本大學으로 통합되었다.

나님은 바울에게는 진노의 하나님으로 보였을 것이다. 그런데 바울이 이러한 환난에 마주하여 꺾이지 않고, 그것을 '기뻐'할 수 있었던 것은 그가 환난 속에서 환난 이외의 의미를 볼 수 있었기 때문이다. 곧 하나님의 진노를 꿰뚫고 그 깊숙한 곳에서 하나님의 사랑을 볼 수 있었기 때문이다. 사랑하는 자에게 환난을 내리는 하나님, 사랑의 수단으로 진노의 행위를 행하시는 하나님은 루터의 이른바 '숨겨진 하나님'(Deus absconditus)이다. 따라서 바울은 여기서 '숨겨진 하나님'의 신앙으로 견딜 수 있었음을 나타내고 있다.

다음으로 또한 바울은 로마서 11:32에서 "하나님이 모든 사람을 불쌍히 여기기 위해 모든 사람을 불순종 속에 가두셨다"고 말하고 있다. 이를 다시 예리하게 말하면, 하나님은 우리를 불쌍히 여기기 위해 우리를 죄 속에 떨어뜨리는 것까지 굳이 행했다는 의미다. 루터도 "하나님은 때로 사람을 죄 속에 빠지게 한다"(darumb…got…auch zu weilen yun sund fallen lassit)[22]고 말한다. 그렇지만 바울은 이러한 죄를 자신의 책임으로 떠안으면서 어떻게 이러한 일을 행하는 하나님을 '연민의 하나님'이라 생각할 수 있을까? 이것도 전술한 경우와 같이 바울이 '숨겨진 하나님'에 대한 신앙을 고수할 수 있었기 때문이다. 왜냐하면 '숨겨진 하나님'은 사랑을 진노 아래 숨길 뿐 아니라, '의를 불의 아래 숨기기'(abscondit…justitiam sub iniquitate) 때문이다.[23]

---

22) Luther, *WA*, vol. 7, 548.
23) Luther, *WA*, vol. 18, 633.

* * *

그렇지만 여기서 가장 중요한 것은 우리에게 나타나는 하나님의 진노를 단지 하나님의 사랑의 수단에 불과하다고 믿을 수 있는 기초를 우리는 어디에 가지고 있는가 하는 것이다. 환언하면 '숨겨진 하나님'에 대한 신앙은 그 확실함의 근거를 어디에 가지고 있는가이다. 하나님이 그 사랑의 수단으로 진노의 행위를 우리에게 나타내실 때도, 그 진노의 행위를 받아들이는 **우리 자신**은 그 진노를 **참된** 진노로 감수하고 이로써 자기가 참으로 버려지고 있다는 징조로 생각하여 절망의 구렁에 빠지지 않는가? 가령 우리가 그 진노를 사랑의 수단으로 생각한다 해도 우리가 하나님의 사랑의 대상이라는 확실성을 우리는 어디서 얻을 수 있는가? '숨겨진 하나님'에 대한 신앙은 자기 영혼의 평안을 깨뜨리지 않기 위해 채택하는 인간의 '독선'에 지나지 않는다는 사탄의 속삭임을 우리가 어떻게 정복할 수 있는가?

이 문제에 대한 답을 바울은 [로마서] 5:1에서 주고 있다. 따라서 3절은 1절을 전제 하고 있는 셈이다. 바울은 1절에서 "이렇게 우리가 신앙에 의해 의롭게 되었다면, 우리는 우리 주 예수 그리스도에 의해 하나님에 대해 평화를 얻었으니"라 말한다. 여기서 바울은 자신이 전에 하나님의 **참된** 진노의 대상이었으나 예수 그리스도가 이 참된 진노를 스스로 대신 짊어지고 정복하신 까닭에, 이미 자신이 하나님의 진노의 대상이었던 것을 해소하고 하나님에 대하여 평화를 얻었다고 말하고 있다. 그래서 이제 분명해진 것은 바울이 자기에게 나타난 하나님의 진노를 하나님의 사랑의 **수단**에 지나지 않는다고 믿을 수 있는 것은 이미 하나님 자신의 사랑이 하나님의 **참된** 진노를 이겨내고 있다는 것을 보여주는 까닭이라는 점이다. 그리고 하나님의 사랑이 하나님의 진노를 이겨내서 이것을 꿰뚫으려 한다는 사실이야말로 **하나님의 아픔**이다.

따라서 바울이 '숨겨진 하나님'에 대한 신앙을 고수할 수 있었던 것은 그가 그리스도의 십자가에서 '하나님의 아픔'을 보았기 때문이다. 그러므로 '숨겨진 하나님'에 대한 신앙은 그 확실성의 기초를 '하나님의 아픔'에서 가지는 것이다. 왜냐하면 하나님의 **참된** 진노가 이미 하나님의 사랑에 의해 극복되어 있다는 것을 보게 된 자만이, 자기에게 나타난 하나님의 진노를 단지 하나님의 사랑의 **수단**에 지나지 않는다고 믿을 수 있기 때문이다.

* * *

하나님을 사랑하고 하나님을 공경하며 하나님에게 순종하는 자, 이런 자를 사랑하시는 하나님의 사랑은 단지 '하나님의 사랑'이라 불린다. 그런데 하나님이 자기 자신에 대해 '원수'가 되는 죄인을 사랑하시는 사랑은 '**하나님의 아픔**에 기초한 하나님의 사랑'이라 불린다. 그리고 '하나님의 아픔'이란 하나님의 진노와 하나님의 사랑의 긴장된 공존을 의미한다.

그리고 '하나님의 아픔에 기초한 **하나님의 사랑**'이 생겨나는 것은 진노가 하나님의 '다른 행위'(*opus alienum*)이고, 사랑이 하나님의 '고유한 행위'(*opus proprium*)이기 때문이며, 하나님의 사랑이 하나님의 진노를 이겨내어 하나님의 진노의 영역을 꿰뚫기 위해서이다. 그리고 이 '하나님의 아픔에 기초한 하나님의 사랑'은 '은총'이며 '연민'이다.

'숨겨진 하나님'과 '하나님의 아픔'을 비교해보면, 전자에서 하나님의 진노는 사랑의 **수단으로서의** 진노이며 '연민의 진노'(*ira benignitatis*)이지만, 후자에서 하나님의 진노는 **참된** 진노이고 '엄격함의 진노'(*ira severitatis*)이다. 그리고 '숨겨진 하나님'에서 하나님은 그 진노**로서** 사랑을 행하지만, '하나님의 아픔'에서 하나님은 그 진노를 **이겨내며** 사랑을 행한다. 따라서 전술한 대로 전자는 후자에 기초해서만 성립될 수 있다.

'하나님의 진노와 사랑의 내적 조화'(die innere Verträglichkeit von Zorn und Liebe)라는 카텐부쉬^{Kattenbusch}의 말은 '숨겨진 하나님'에 대해서는 타당할 수 있지만, '하나님의 아픔'에 대해서는 타당할 수 없다. 왜냐하면 '하나님의 아픔'에서 진노와 사랑은 '내적으로 조화'될 수 없는 것이고, 진노는 사랑으로 이겨내야 할 것이기 때문이다. 그리고 그리스도의 십자가에서 진노와 사랑의 일치는 충돌 없는 일치가 아니라 무서운 충돌 후에 얻어지는 승리의 일치이다.

4

'숨겨진 하나님'은 '하나님의 아픔에 기초한 사랑'으로만 성립된다. 다음에 들고 있는 루터의 글에서 이 관련이 분명히 보인다. "이러한 사람들은 모든 하나님의 의지에 자유롭게 자기를 내어주고, 하나님이 만일 바라신다면, 하나님의 의지가 이루어지기 위해서라면, 영원히 지옥과 죽음에 자기를 내어주고, 이렇게 해서 자기의 것을 결코 구하지 않는다. 그러나 이와 같이 자기 자신을 순수하게 하나님의 의지에 합치시키는 한, 지옥에 머무는 것은 불가능하다. 왜냐하면 마음속 깊이 하나님의 의지에 복종하고 있는 자가 하나님 바깥에 머무르는 것이 불가능하기 때문이다. 그는 하나님이 의지하시는 것을 의지하는 까닭에 하나님을 기쁘게 한다. 기쁘게 한다면 사랑받는다. 사랑받는다면 구원받는다.…참으로 완성된 성도들은, 사랑으로 가득한 까닭에, 이러한 자기포기를 이렇다할 정도의 괴로움도 없이 잘 해낸다.…이러한 민첩함 때문에 그들은 이러한 형벌도 곧 면한다. 하나님을 위해서라면, 자발적으로 즐거이 저주에조차 복종하기 때문에, 벌 받는 것은 아무런 두려움도 되지 못한다."[24]

첫 번째 단계에서 말하는 '지옥에 대한 포기'(resignatio ad infernum)는 하나님의 아픔에 의해 자기를 아픔 속에 넣어, 하나님의 진노를 매개로 자기를 미워하는 것이다. 그러나 우리가 이렇게 해서 아픔 속에 스스로를 넣을 때, 그 아픔 한가운데에 하나님의 사랑의 빛이 쏟아져 들어온다. 이 사랑에 의해 우리는 아픔으로부터 구출되는 것이다. 이렇게 하여 첫 번째 단계의 아픔으로부터 두 번째 단계의 사랑으로 구출되는 것은 결코 우연적이지 않고, 하나님의 아픔이 하나님의 아픔에 기초한 사랑이라는 **하나님 편**의 진리로부터 필연적으로 나오는 것이다. 따라서 앞의 글에서 기술하는 것은 신앙의 심리학이 아니라 어디까지나 은총의 학문이다.

---

24) Luther, *Römerbrief*, vol. 2, 217-218.

하나님이 그 사랑을 진노 아래 숨기실 때, 그 진노의 모양이 가장 심각해지는 곳은 **죽음**이다. 그러나 죽음에서 하나님의 사랑이 진노의 모양 아래에 숨겨진다는 것은 죽음이 한편으로 진노의 현실인 동시에, 다른 한편으로 사랑의 현실이라는 것을 나타낸다. 바울에 따르면 죽음은 '죄의 값'(롬 6:23)으로 단적으로 어둠의 현실이다. 그런데 다른 한편으로 바울에 따르면 이 죽음은 '세상을 떠나서 그리스도와 함께 있는 것'(빌 1:23)을 가능케 하는 유일한 길이다. 한편으로 어디까지나 피해야 할 죽음은 다른 한편으로 나아가서 찾아야 할 죽음도 된다. 멸망의 자녀에게 죽음으로의 과정은 하나님의 진노를 쌓아가는 과정이고 그 열매는 단적인 궤멸이지만, 구원받을 만한 자에게 죽음으로의 과정은 하나님의 사랑의 성취에 접근해 가는 과정이며 그 열매는 육체로부터 영이 해방되어 성화되는 것이다. 더욱이 그 성화의 궁극은 죽었던 육체를 다시 살리는 부활의 힘이 되어 나타난다.

5

거듭 말하자면 '숨겨진 하나님'의 **참모습**은 하나님의 아픔이며, 역으로 하나님의 아픔의 **성격**은 '숨겨진 하나님'으로 이해된다. 먼저 '숨겨진 하나님'의 참모습이 하나님의 아픔이라는 것은 다음과 같은 루터의 글에서 볼 수 있다. "우리는, 우리가 바라지 않는 것을 행하지 않으면, 하나님께 영광을 돌릴 수 없다.…이렇게 자기 생명을 미워하며, 자기 의지에 거스르는 의지를 가지고, 자기 깨달음에 거슬러서 깨달으며, 자기 의에 거슬러서 죄를 고백하고, 자기 지혜에 거슬러서 어리석음을 듣는, 이것이 '십자가를 짊어지는' 것이며 '그리스도의 제자가 되는' 것이고, '마음을 다시 새롭게 하는' 것이다."[25] 자기 십자가를 짊어지고, 십자가의 주님을 따른다는 것은 자기의 아픔으로 하나님의 아픔을 섬기는 것이었다. 그리고 자기 아픔의 구체적 모습은 자기 의지에 거스르는 의지를 가지고, 자기를 미워하는 것이었다. 이제 루터는 이 진리를 '숨겨진 하나님'의 사고방식에 따라 기술하고 있다. 여기서부터 우리는 '숨겨진 하나님'의 참모습이 바로 하나님의 아픔이라는 데 귀결할 수 있다.

그러나 거꾸로 하나님의 아픔의 성격은 '숨겨진 하나님'이다. 이 관계를 단적으로 보여주는 것이 **'괴로움 속에 숨겨진 하나님'**(*Deus absconditus in passionibus*)이라는 루터의 표현이다.[26] 또 루터에 의하면 '십자가에 달리신 하나님'(*Deus crucifixus*)은 동시에 '숨겨진 하나님'(*Deus absconditus*)이다.[27] 이제 우리는 이 관계를 우리 쪽에서 신중하게 생각해야 한다.

하나님은 우리 죄인을 위한 하나님으로서 '계시된 하나님'(*Deus revelatus*)이 되는 것은 아픔에 있어서의 하나님이 곧 십자가의 하나님으로서만이다. 그러나 하나님이 십자가에 달려서

---

25) Luther, *Römerbrief*, vol. 2, 274.
26) Luther, *WA*, vol. 1, 362.
27) Luther, *WA*, vol. 1, 614.

아픔을 경험하실 때만큼 **숨겨지실 때**가 달리 있을까? 하나님이 십자가에 달려 아픔을 경험하신다는 것은 하나님이 마치 하나님이 **아닌** 것 같은 모습에서 자기를 나타내시는 것이다. 따라서 '태어난 대로'라는 내재성의 입장에 서 있는 한, 인간은 이 하나님에게서 하나님의 모습을 볼 수 없을 것이다. 십자가란 말은 유대인에게는 거리낌이 되며, 그리스인에게는 어리석음이 된다(고전 1:23). '숨겨진 하나님'에서 '계시된 하나님'을 볼 수 있기 위해서는 이런 하나님 자신의 초월적인 선물로서 **성령**의 힘을 받아야만 한다. "성령에 감동받지 않고서는 누구도 '예수는 주님이다'라고 말할 수 없다"(고전 12:3). **철학**은 이른바 '하나님의 탐구자'(seekers after God)로서 한 걸음 한 걸음 모색하면서 하나님의 모습을 탐구해왔다. 그리고 오늘날은 **철학**이 하나님의 참된 모습에 가장 가까이 다가온 때라고 생각된다. 거기서는 아픔에 있어서의 하나님의 모습까지 이미 보이고 있다. 그러나 그 철학은 아픔의 하나님이 **나사렛 예수**라고 인정하지 않는다. 이 고백으로의 비약은 성령의 지혜로서의 **신학**에 의해서만 이루어진다. 아픔의 하나님은 **진실로** 철학에서는 '숨겨진 하나님'으로 머무른다. 성령의 첫째 선물은 **회개**이다. 회개란, **자기**가 하나님을 탐구하고 있던 방향으로부터 **하나님이** 자기를 탐구하신다는 방향으로 전환하는 것으로 생각된다. 하나님의 탐구자로서의 철학이 방향전환 곧 회개를 한다면, 인간의 탐구자로서의 하나님을 증거하고 나타내는 신학이 된다.

정작 하나님이 독생자의 페르소나로서 **죽음을 통과**하실 때, 그는 가장 깊이 자신을 숨기시지만, 그러나 그는 결코 **없어지지** 않으신다. 십자가 사건에서도 '있어서 있는 자'[스스로 있는 자]로서의 하나님에게는 조금의 변화도 없다. 이러한 일은 어떻게 해서 가능한가? 그것은 곧 하나님이 아들의 페르소나에서는 죽으시지만, 그러나 **아버지의 페르소나**에서는 여전히 살아 계시기 때문이다. 아니, 오히려 아버지의 페르소나에서 살아 계시기 때문에야말로 아들 되는 하나님의 죽음은 바로 하나님의 **아픔**이라 불릴 수 있다. 무릇 아픔이란 것은 살아 있는 자에 대해서만 말할 수 있는 것이다. 죽어서 없어진 자에 대해서는 아픔을 말하지 않는다. 죽은 자는 아픔으로부터도 해방되기 때문이다. 하나님은 **삼위일체**의 비의에 의해서 아버지와 아들의 페르소나에서는 다르면서, 그럼에도 본질에서는 일체이신 까닭에, 아들의 죽음에서도 아버지는 살아 계시고, 이리하여 하나님의 아픔이 성립되는 것이다. 더구나 이때 아들 되는 하나님의 죽음은 **진실한** 죽음이고, 그의 어둠은 진실한 아픔인 것이다. 아들 되는 하나님의 죽음에서 자기를 **숨기시**는 아버지 되는 하나님은 아픔의 하나님이다. 그러므로 하나님의 아픔은 단지 아들 되는 하나님만의 아픔이 아니고, 단지 아버지 되는 하나님만의 아픔도 아니며, 페르소나에서 둘이면서 본질에서 하나가 되는 하나님의 아픔이다.

> 여기로부터 우리의 '하나님의 아픔'이란 용어는 다른 여러 가지 유사어로부터 명백히 구별될 만하다. 그것은 성부수난설(Patripassianism)의 이단인 사벨리우스주의로부터 구별될 뿐 아니라, 더욱이 이그나티우스가 말한 '나의 하나님의 괴로움'(*tou pathous tou theou*

mou)[28]이나 현대의 베일리John Baillie가 말한 '하나님의 괴로워하는 사랑'[29]으로부터도 구별되어야만 한다. 전자는 지상에서의 예수의 고난을 말한 데 지나지 않지만, 후자는 '하나님의 사랑'을 사랑하는 자를 위한 자기희생이라는 일반적 원리의 범주에서 조망하고 있는 근대주의이기 때문이다. 또한 '우리의 죄과에 의해 하나님의 마음을 아프게 하다'와 같은 표현이 왕왕 교회의 기도 등에서 쓰이지만, 이러한 표현으로부터도 우리의 '하나님의 아픔'은 구별되어야만 한다. 우리의 '하나님의 아픔'은 단지 우리 죄에 응하는 하나님의 마음이 아니다. 죄에 응하여 일어나는 것은 사실 하나님의 진노이지, 하나님의 아픔이 아니다. '죄에 의해 하나님의 마음을 아프게 한다'와 같은 표현은 감상적인 표현으로 물리쳐야 한다고 생각한다. 하나님은 우리의 죄에 대해 진노하시는 것이지 결코 아프신 것이 아니다. 참으로 하나님이 아프신 것은 진노의 대상인 우리를 **사랑하려 하실** 때이다.

아버지가 그 사랑하는 아들을 괴로움 속으로 보내어 끝내 이를 죽게 할 때만큼, 아버지가 숨겨진 때는 달리 없었을 것이다. 하나님은 바로 이 의미에서도 '숨겨진 하나님'이다. 이 하나님을 본받아 하나님을 섬기려 했던 아브라함은 그 아들을 죽일 때 **윤리도 짓밟아야만 했다**(이 점에 대해 이미 기에르케고르(Kierkegaard)가 『공

---

28) Ignatius, *Romans* 6:3.
29) John Baillie, *The Place of Jesus Christ in Modern Christianity* (Edinburgh: T. & T. Clark, 1929), 45, 桑田秀廷 訳,『基督教の中心問題』, (東京: 長奇書店, 1931), 66 이하.

포와 전율』에서 지적했다). 아버지가 아들을 죽게 할 때, 그는 아버지로서의 도리를 깨뜨려야 했다. 아버지 되는 하나님이 아들 되는 하나님을 죽게 하실 때, 하나님은 이러한 의미에서도 '숨겨진 하나님'이었다.

그러나 하나님이 가장 깊은 의미에서 '숨겨진 하나님'으로 계시는 것은 하나님이 아픔을 자기의 **본질**로 가지시는 점에 있다. 그리스도는 **죽음을 자기의 본질**로 하셨다. 그리스도는 '세상의 창조로부터 죽임 당하신 어린 양'(계 13:8, 기타모리 가조 사역)[30]이며, 그리스도의 전 생애는 '끊임없는 십자가의 모습'(*perpetuae crucis speciem*)[31] 아래 있었다.

---

30) [옮긴이] 3장 각주 3 참조.
31) Calvin, *Christianae Religionis Institutio*, III, 8, 1.

10장

사랑의 질서

1

지금까지 사색해 온 것에 관해 여기서 일단 총괄적으로 개관해보려 한다. 총괄하는 것은 질서를 세우는 것이다. 그런데 우리 사색의 대상은 넓게 말해 하나님의 사랑이었다. 그래서 이 장에서 해야 할 것은 하나님의 사랑에 대한 질서를 세우는 것이다. 아우구스티누스나 파스칼의 전통에 따라 이제 이것을 '사랑의 질서'(ordo amoris)라 부른다.

하나님의 사랑 전체는 '하나님의 아픔에 기초한 사랑' 속에 포함되어 있다. 그래서 이것은 **사랑의 세 가지 질서**로 나눌 수 있다. 첫째는 직접적인 '하나님의 사랑'이고, 둘째는 '하나님의 아픔'이며, 셋째는 하나님의 아픔에 기초한 사랑, 곧 '하나님의…사랑'이다. 구체적인 진리는 이 사랑의 세 가지 질서가 하나로 결합되어 '하나님의 아픔에 기초한 사랑'을 형성하는 데 존재한다. 그러나 우리는 지금 우선 이 구체적 진리를 추상화하고 해체해서 그 질서에 따라 고찰하려 한다.

1. '하나님의 사랑'

이것은 어떤 장애도 없이 **직접적으로** 대상에 쏟아 붓는 하나님의 사랑이다. 이러한 하나님의 사랑의 대상은 그 사랑을 받기에 **어울리는** 자이다. 아버지와 아들의 관계로 말하면 아버지로서의 하나님이 자기에게 전적으로 순종하는 아들을 사랑하실 때, 그것이 이 직접적인 '하나님의 사랑'이다. 이러한 아버지의 사랑에 어울리는 아들은, 엄밀하게는 아들 되는 하나님 예수 그리스도라고 생각해야 한다. 아들 되는 하나님 예수 그리스도에 대한 아버지 되는 하나님의 사랑은 성서에 보이는 하나님의 사랑의 첫째 질서이다(마 3:17; 요 3:35; 5:20; 10:17; 15:9-10; 17:23-26 참조). 그렇기는 하지만 인간도 일반적으로 그가 하나님의 사랑에 어울리는 자로서 있는 한에서, 이 '하나님의 사랑'의 대상이라고 생각할 수 있다. "이스라엘이 어릴 때, 내가 저를 사랑했다. 나는 내 아들을 이집트에서 불러냈다.…내가 사람에게 쓰는 줄 곧 사랑의 줄로 그들을 묶었다. 내가 그들에 대하여 멍에를 그 턱에서 들어 올리는 자 같이 하고 그들에게 먹을 것을 주었다"(호 11:1-4). 이 성구 가운데 "나는 내 아들을 이집트에서 불러냈다"라는 말은 본래 이스라엘 백성에게 하고 있는데도 불구하고, 마태복음에서 예수에 대해 말하는 것으로 인용되고 있어서(마 2:15), 예수와 인간이 함께 하나님의 사랑의 대상이 될 수 있다는 것을 보여준다고 생각할 수 있다.

누가복음 15:11 이하의 방탕한 아들의 비유에 대해 말하면, 동생이 방탕하여 나가기 전에 그에게 아버지가 쏟아 부은 사랑이 바로 이 첫째 질서의 사랑이었다. 이 '하나님의 사랑'의 성격은 **자연적이며, 온화**하고, 또 **절실**한 것이다. 인간관계를 가지고 단적으로 언표하면 육친적이라는 것이다. 이 하나님의 사랑을 우리 인간이 본받을 때, 우리는 제각기 이웃을 제살붙이처럼 사랑할 것이다. 이것은 '피붙이도 미치지 못하는' 사랑이다. 영혼의 세계에서 이런 사랑이야말로 광명과 행복의 원천이고, 이것이 없는 세계는 어둠이며, 인간은 한없이 불행해진다. 실로 우주는 사랑으로 말미암아 그야말로 돌아가는 것이다.

첫째 질서의 사랑은 그리스도와 인간을 대상으로 했지만, 현실은 이제 그리스도만이 이 사랑의 대상이다. 인간은 하나님의 사랑으로부터 **상실되었다**. 인간은 반역과 죄에 의해 하나님의 사랑에 어울리지 않는 자가 되었다. 그는 방탕한 아들이 되어 아버지의 사랑으로부터 상실되었다. "그들은 불릴수록 더욱더 그 부르는 자로부터 멀어진다.…"(호 11:2). 사랑에 대한 최대의 배반은 **두 마음**이다. "그들은 두 마음을 품었다"(호 10:2). "에브라임은 나의 하나님과 나란히 다른 하나님도 손꼽아 기다린다"[1](호 9:8). 배반당한 사랑은 바로 **노여움**이다. 상대의 두 마음에 대하여 사랑은 그 상대를 **방치하는 것**으로 노여움을 실현한다. "에브라임은 우상에 결탁하였으니, **그 하는 대로 내버려두라**"(호 4:17). "이런 까닭에 하나님은 그들을 그 마음의 욕심에 **내버려두고**, 그 몸을 서로 욕됨과 더러움에 **붙여 두셨다**.…이것에 의해서 하나님은 그들을 부끄러운 욕심에 **붙여 두셨다**"(롬 1:24,26). 하나님의 정의에는 불의를 **떨쳐버리는 것**이야말로 어울린다. 불의와 관계를 가지는 것은 정의에 어울리지 않는다. 하나님은 철저하게 결백하셨다. 죄인은 "하나님의

---

1) [옮긴이] 일본어 문어역성서를 따랐다. 영어 및 한국어 성경은 이런 번역을 채택하지 않는다.

분노 속에서 죽는다."² 지옥은 스스로에 대해 "의는 높은 나의 조물주를 일하게 하며, 거룩한 힘과 지상(至上)의 지혜와 근원의 사랑에 의해 우리는 만들어지니"³라 말한다. 하나님의 분노의 실현은 하나님의 '근원의 사랑'으로 한 행위이다. 우리의 경우 첫째 질서의 하나님의 사랑은 이러한 결과에 이르렀다. 만일 인간이 하나님의 사랑을 본받을 수 있다면 (실은 그 자신이 하나님의 진노의 대상이지만) 그는 진노해야 할 상대에게 진실하게 진노하며, 상대의 불의나 불결을 떨쳐버려 '그는 그, 나는 나'라고 말할 것이다. "자비에도 정의에도 그들은 얕보인다. 우리 또한 그들에 대해 말하기를 그만둔다. 너는 다만 보고 지나가라."⁴ 진노할 수 없는 인간은 경멸받을 만한 자이다. 이러한 인간을 지조 없는 사람이라 부른다. 한 마음인 인간에게서 두 마음인 인간을 떨쳐내는 것이야말로 어울린다.

2. '하나님의 아픔'

복음이 믿기 어려운 것은 하나님이 하나님이기를 멈추시는 것처럼 행위하셨기 때문이다. 하나님이 하나님께 어울리지 않는 것 같

---

2) 단테,『신곡, 지옥편』 3곡, 122행, 박상진역 (서울: 민음사, 2007), 35. [하느님의 분노 아래 죽는]
3) 단테,『신곡, 지옥편』 3곡, 4-6행, 26. [나의 창조주는 정의로 움직이시어 / 전능한 힘과 한량없는 지혜, / 태초의 사랑 primo amore 으로 나를 만드셨다. 지옥의 어느 문에 쓰인 글]
4) 단테,『신곡, 지옥편』 3곡, 49-50행, 29-31. [자비와 법은 그들을 비웃지. / 할 얘기가 없구나. / 다만 보고 지나치자.]

은 일을 하셨기 때문이다. 죄의 **용서**도 실은 이와 같다. 하나님은 떨쳐버려야 할 자를 떨쳐버리지 않고, 그를 **감싸 안으셨다**. 하나님은 지조 없는 자가 되셨던 것 같다! 하지만 이것은 믿을 만하고, 받을 만한 성서 말씀인데 "에브라임아, 내가 어떻게 너를 버리랴. 이스라엘아, 내가 어떻게 너를 넘겨주랴.…나의 마음이 나의 속에서 바뀌어 나의 애련愛憐이 모조리 불타오르는데"(호 11:8)라고 말한다. "우리의 반역을 고쳐서 기꺼이 그를 사랑하리라, 내 노여움은 그를 떠나갔다"(호 14:4). 그러니까 우리 죄인은 다음과 같이 말하는 것 이외에 할 만한 말을 알지 못한다. "오라, 우리가 주님께로 돌아가자. 주님이 우리를 할퀴어 찢으셨을지라도 다시 낫게 하시고, 우리를 치셨을지라도 다시 그 상처를 싸매어 주시리라"(호 6:1). 그러나 복음은 **어리석은** 모양을 띠고 있다(고전 1:18, 21, 23, 25). 방탕한 아들을 기쁘게 맞이하는 아버지는 정의파인 장남의 눈에 지조 없는 자같이 보였을 것이다(눅 15:28 이하). 그러니까 하나님은 용서하는 데서 **아픔**을 가지고 계시는 것이다. "에브라임은 나의 사랑하는 아들, 기뻐하는 자식인가, 내가 그에 대하여 말할 때마다 그를 생각하지 않을 수 없고, 이로써 나의 창자가 그를 위하여 아프다"(렘 31:20, 기타모리 가조 사역[5]) 이 아픔이야말로 하나님이 독

---

[5] [옮긴이] 일본어는 エフライムは我が愛するところの子,悅ぶところの子なりや,我彼にむかいて語る毎に彼を念わざるを得ず,是をもて我が腸かれのために痛む. 기타모리는 사역이라고 말하나, 실은 문어역성서 구약과 한 단어 차이이다. 참고로 1953년 출판된 메이지역 성경의 해당 본문은 다음과 같다. エフライムは我わが愛あいするところの子こ,悅よろこぶところの子こならずや,我われ彼かれにむかひてかたるごとに彼かれ

자의 페르소나에서 받으신 십자가의 치욕이었다. 그러니까 하나님의 둘째 사랑을 본받는 우리는 '그의 치욕을 짊어'져야만 한다(히 13:13). 우리가 용서할 수 없는 자를 용서하여서 감싸 안을 때, 우리는 지조 없는 자처럼 보일 것이다. 이 치욕이야말로 우리에게 아픔이다. 그러나 우리 인간에게 용서는 진실한 아픔이 아니다. 왜냐하면 우리 인간에게는 용서하는 자도 용서받는 자와 같이 하나님 앞에서 죄인이며, 함께 용서받아야 할 자이기 때문이다. 하나님만이 용서에서 진실한 아픔을 가지신다. 하나님에게 죄는 어떻게 해서도 용서해서는 안 되는 것이기 때문이다. "죄는 하나님의 죽음이다. 죄가 죽지 않으면, 하나님이 죽어야만 한다."[6] 그런데도 하나님은 죄를 용서하셨다!

둘째 사랑의 질서인 하나님의 아픔은 이중의 의의를 가진다. 우선 그것은 하나님이 용서할 수 없는 자를 용서하여 사랑하신다는 의미에서 하나님의 아픔이며, 다음으로 용서하기 위해 하나님이 그 사랑하는 독생자를 괴로움 속으로 보내어 이를 죽게 하신다는 의미에서 하나님의 아픔이다. 앞의 첫째 사랑의 질서에서 그리스도와 우리 인간이 함께 이 하나님의 사랑의 대상이라는 것을

を念おもはざるを得えず,是ここをもて我わが腸はらわたかれの爲ために痛いたむ. 대조해 보면, 한자 표기 또는 가나 표기의 차이와 시대가 바뀌어 표기법이 변한 점 이외에 유일한 차이로 "子こならずや" 즉 "아들이 아닌가"를 "子なりや" 즉 "아들인가"로, 즉 영탄조의 문장의 긍정과 부정을 바꾸었다. 이에 대한 자세한 설명은 부록을 보라.

6) Peter Taylor Forsyth, *The Justification of God* (London: Independent Press Ltd, 1917), 146.

보았고, 그럼에도 현실에서 우리는 이 하나님의 사랑으로부터 상실되었고, 그리스도만이 그 사랑의 대상이라는 것을 보았다. 이제 둘째 사랑의 질서에서 놀라운 일이 일어났다. 상실된 우리 인간의 구원을 위하여 그리스도 자신이 아버지 하나님의 사랑으로부터 **떨어져 나가**[7] 괴로움과 죽음 속으로 들어가셨다는 점이다. 하나님의 사랑의 본래 대상인 그리스도가 하나님의 사랑으로부터 상실된 우리 인간을 위하여 굳이 하나님의 사랑으로부터 떨어져 나가셨다는 것이다. 그리고 우리를 대신하여 하나님의 진노를 짊어지셨던 것이다. 얼마나 놀라운 일인가! 우리 죄인의 구원을 위하여 그 독자를 괴로움과 죽음 속으로 보내신 하나님의 마음이야말로 하나님의 아픔이다. 그리스도가 통과하셨어야만 했던 괴로움과 죽음은 실로 하나님의 진노의 현실이었다. 여기서 하나님의 아픔이 가진 이중의 의의가 하나로 결합되는 것이다.

우리는 이 은총에 송구스러워 하며 흔들려서 깨어나 진실로 자기의 죄를 뉘우치고 자기를 미워하기에 이른다. 하나님의 아픔을 본받아 우리는 자기가 사랑하는 자를 괴로움 속으로 보내어 그때 경험하는 아픔에 의해 하나님의 아픔을 섬기려 한다. 그런데 우리가 사랑하는 자는 바꿔 말하면 첫째 질서의 사랑에서 우리 사랑의 대상인 자였다. 이른바 '피붙이 사랑'의 대상이었다. 이제 이 첫째 사랑의 대상이, 둘째 사랑을 체득하는 데 불가결한 것으로 도움이 되기에 이른다.

---

7) [옮긴이] 출리하여, 離れ出て, 出離. 불교 용어. 출가. 세속과 관계를 끊음.

3. '하나님의…사랑'

용서에서 마치 하나님이기를 멈추시는 것처럼 보이는 하나님이, 오히려 진실하게 하나님다움을 발휘하시는 것은, 용서하는 사랑인 아픔이 죄인을 하나님께 완전히 순종하는 자로 정복하기 때문이다. 이 하나님의 아픔의 승리는 바로 하나님의 아픔에 기초한 사랑이다. "나의 창자가 아프다"(렘 31:20)라고 번역된 히브리어는 동시에 "간절한 인자"(사 63:15, 간곡한 자비, 개역개정)라고도 번역될 수 있기 때문이다. 이 사랑에 의해 하나님은 다시 우리의 아버지가 되신다. "당신은 우리의 아버지이니, 아브라함은 우리를 모르고, 이스라엘은 우리를 인정하지 않아도, 그렇기는 하나 여호와여, 당신은 우리의 아버지이니"(사 63:16). 그러나 이 아버지는 직접적 의미로 아버지가 아니라 하나님의 아픔에 매개되어 기초를 둔 "속량주"(사 63:16)로서의 아버지이다. 여기서 우리는 다시 그리스도와 함께 하나님의 아들이 되지만, 그럼에도 그리스도가 본래적이고 자연적인 하나님의 아들인 데 비하여, 우리는 그리스도의 속죄를 통해 하나님의 아들이 되는 자인 까닭에 어디까지나 엄연히 다른 점이 남는다. 그리스도가 "적자嫡子"(롬 8:29)로 일컬어지시는 것은 이를 보여주는 것이다.

하나님의 아픔의 승리로서의 '하나님의…사랑'은 예수 그리스도가 죽음으로부터 **부활**하신 것을 가리킨다. 주님은 죄인을 구원하고, 그 휘감고 있는 죄와 죽음을 정복해서서, 모든 것을 이겨내고 모든 것의 주님이 되셨다. 하나님은 그리스도를 죽음으로부터 해방하셨다. 주님은 사흘 만에 되살아나서 하늘에 오르고 아버지 되는 하나님의 **오른쪽에 앉아 계신다**. 이때 비로소 하나님은 그 아픔이 치유되셨다. 그 사랑하시는 독자를 멀리 출리出離시켜서, 괴로움과 죽음 속으로 보내셨던 아버지 되는 하나님은 이제 그 아들을 다시 자기 가까이에 맞이하셨다. 아버지 되는 하나님의 기쁨은 어떠했을까!

이 하나님의 사랑을 우리가 본받는 것이 허용될 때, 일찍이 우리가 괴로움 속으로 보냈던 사랑하는 자를 이제 다시 가까이에 맞이할 수 있도록 기도하는 것이 허용될 것이다. '하나님의…사랑' 까닭에 우리는 사랑하는 자가 그 괴로움으로부터 구출될 수 있도록 기도로 구하는 것이 허용된다. 이리로 이끌어 나가지 못하는 하나님의 사랑이 어떻게 **하나님의 사랑**일 수 있는가? '아픔의 윤리'는 그것이 **윤리**인 까닭에, '사랑의 윤리'가 아닐 수 없는 것이다. '아픔의 윤리'가 "우는 자와 함께 우는" 것인 데 비하여, '사랑의 윤리'는 "기뻐하는 자와 함께 기뻐하는" 것이다. 셋째 질서의 사랑이 가진 성격은, 첫째 질서의 사랑이 가진 자연스러움·온화함·절실함을 다시 회복시키는 데서 성립한다. "아직 멀리 떨어졌는데, 아버지가 그를 보고 연민을 느껴, **달려가서 그의 목을 껴안고 입을 맞추었다**"(눅 15:20). '절실한 사랑'이란 이러하다. 이 하나님의 사랑을 본받는 우리에게도 용서에 기초한 윤리는 한결같은 사랑의 윤리로서 살아나야만 한다. '하나님의…사랑'에서 생기는 윤리는 신앙에 기초한 윤리로도 생각할 수 있다. 신앙자가 신앙자에 대해 가져야 할 윤리는 '하나님의…사랑'을 본받는 자연스러움·온화함·절실함을 그 성격으로 하는 데 이르러야만 한다. 이러한 윤리의 살아 있는 실례는 디모데나 디도에 대한 바울의 애정 속에서 발견할 수 있다. 바울은 디모데를 "신앙으로 말미암은 나의 진실한 아들"(딤전 1:2), "나의 사랑하는 아들"(딤후 1:2)이라 부르며, 또 디도를 "같은 신앙으로 말미암은 나의 진실한 아들"(딛 1:4)이라 부르고 있다. "내가 밤낮으로 기도하는 중에 끊임없이 너를 생각하고 내가 너의 눈물을 기억하여, 나의 환희가 가득하게 하기 위해 너를 보기 바란다"(딤후 1:3, 4). 이 말에 나타나 있는 사랑의 절실함과 아픔의 절실함은 독자로 하여금 눈물을 자아내게 한다. 게다가 이 사랑은 단지 직접적인 인간적 애정이 아니라 "이것은 어떤 허위도 없는 신앙을 생각해내는 것으로 말미암으니"(딤후 1:5)라는 말이 배후에 수반되어 있는 바, 신앙에 기초한 애정이다. (목회 서신의 저자가 바울이 아니라는 설에도 불구하고 적어도 디모데나 디도에 대한 애정을 나타내는 이러한 구절은 바울이란 인격의 역사적 실상을 반영하고 있다고 생각하고 싶다.) 신앙자, 특히 **전도자**는 이러한 애정의 체험을 갖고 있지 않다면, 그 이름에 합당하지 않은 자라고 스스로 부끄러워하며 돌이켜 보아야 할 것이다. 이러한 체험의 소유 여하와 비교하면 다른 모든 사항은 전도자에게 이차적이다. 만일 이러한 체험이 허락된다면, 세상에서 전도자만큼 축복받은 자도 없을 것이다. 이러한 '정'[8]의 체험을 매개로 하여 윤리의 '이'[9]가 비로소 구체화의 길을 발견할 것이다. "…너희 가운데 있으면서 상냥한 것, 어머니가 자기 아

---

8) [옮긴이] 情. 느끼어 일어나는 마음을 뜻하나, 성리학에서는 이(理)에 대응하는 기(氣)의 쓰임새를, 불교에서는 혼탁한 마음을 가리킨다.
9) [옮긴이] 理. 철학 및 성리학 용어. 사물의 이치나 만물의 원리.

들을 기르고 양육하는 것처럼 하고…이렇게 우리는 너희를 연모하며, 너희들이 우리의 사랑하는 자가 되었으니, 비단 하나님의 복음만이 아니라 우리의 생명도 주기를 원하니…"(살전 2:7-8)

그렇지만 '사랑의 질서'에 대한 고찰에 최후로 언급해야 할 결정적인 것이 아직 하나 남아 있다. 곧 **세 가지** 사랑의 질서는 결국 하나님의 '아픔'이란 **하나**의 질서 속에 포함되어 있다는 것이다. 먼저 직접적인 '하나님의 사랑'은 우리에게 그 자체로서 성립할 수 없고 현실에서 하나님의 '진노'가 되어 있지만, 하나님의 '진노'는 하나님의 '아픔'에 의해 정복되어 있는 까닭에, 결국 하나님의 '아픔' 속에서 지양되고 포함되어서만 존립한다. 다음으로 '하나님의…사랑'은 확실히 현실에서 존립할 수 있지만, 이 사랑은 끊임없이 **패배하는** 것이다. 이사야 63:15에서 "간절한 인자"가 "**억눌려서 나타나지 않습니다**"(개역개정, 그쳤다)라고 기록되어 있는 것은 지금까지의 내용을 단적으로 나타낸다고 생각한다. '하나님의…사랑'이 패배하는 것은 우리의 죄가 죽어 있으면서 그럼에도 반역하기 때문이다. '하나님의…사랑'의 패배에도 불구하고, 아직 하나님이 그 의를 유지하시는 것은 하나님이 **항상** '아픔'에 계시기 때문이다. 하나님의 '아픔' 속에 '하나님의…사랑'이 포함되어 존립할 때 비로소 하나님은 항상 의에 계시는 것이다. 그렇다면 하나님에게는 '아픔'이야말로 **모든 것**이며 **영원**이어야 한다. "**옛날부터** 당신의 이름을 속량주라 말한다"(사 63:16). "예수 그리스도 더구나 십자가 그 외에는 **아무것도** 알지 않기로 마음을 정했다"(고전 2:2). 오직 십자가·오직 은총·오직 신앙. 복음주의자는 루터와 함께 '오직주의자'(solarii)¹⁰여야만 한다.

하나님의 사랑을 본받는 우리에게도 윤리는 결국 용서가 모든 것이어야만 한다. 우리의 사랑이 하나님의 사랑과 함께 패배하여 '상실된 사랑'(verlorene Liebe)¹¹이 되어도 우리는 하나님을 본받아 상대를 '변하지 않는 진실'(호 2:20)로 사랑해야만 한다. 이렇게 해서만 우리의 윤리는 **항상성**을 획득하는 것이다. 사랑이 **소망**이 되지 않을 수 없는 까닭이다. 윤리에서도 소망에 의한 인내가 불가결하다(롬 8:24-25).

2

아래에서 '사랑의 질서'를 앞에서와 조금 다른 각도에서 고찰해 보려 한다. 주님의 상처는 우리의 상처를 **치유**하는 것이고, 하나님의 아픔은 우리의 아픔을 구원하는 것이다. 주님의 십자가는 "폭풍우 불어올 때 반석의 그늘, 황야 가운데서 나의 은신처"¹²이다. 하나님의 아픔 속에 있을 때, 우리는 **보호받고** 있다. 그러면 이러한 일은 어떻게 일어나는 것인가?

우리를 진실하게 쳐서 멸망시키는 것은 **하나님의 진노**이다. 그

---

10) Luther, *WA*, vol. 40, 1, 165.

11) Luther, *WA*, vol. 36, 435.

12) [옮긴이] 일본 찬미가讚美歌 262번, 새 찬송가 415장 "십자가 그늘 아래" 1절 후반, 이 광야 같은 세상에 늘 방황할 때에 주 십자가의 그늘에 내 쉴 곳 찾았네.

런데도 **하나님의 아픔**이란 우리를 쳐야 하는 하나님의 진노를 **받아내어**, 우리를 대신하여 스스로 하나님 자신의 진노에 맞으시는 하나님의 사랑이다. 하나님의 아픔이 하나님의 진노를 받아내고 있는 까닭에, 하나님의 아픔 속에 있는 자는 보호받고 있다. 진노가 되는 첫째 질서의 사랑을 둘째 질서의 사랑인 아픔이 이렇게 해결하고 있는 것이다. 여기서 하나님의 아픔은 우리를 보호할 수 있는 실력을 가지고 있다. 그런데 보호받고 있다는 것은 우리가 **한결같은 하나님의 사랑** 속으로 옮겨져 있다는 것이다. 이것은 바꿔 말하면 셋째 사랑의 질서에 다름 아니다. "내가 잠자리에서도 당신을 생각하고 밤에 늦게까지 깨어있으면서도 당신을 깊이 생각할 때, 내 영혼이 골수와 기름으로 대접받은 것 같이 만족하고, 내 입은 기쁨의 입술로 당신을 찬양하고, 그런 당신은 나의 도움이 되셨고, **나는 당신의 날개 그늘에 들어가 기뻐하고 즐거워하며**, 내 영혼은 당신을 좇고 좇으니, 오른손으로 나를 지탱하고"(시 63:5-8). "설령 내가 죽음의 그늘 골짜기를 걸어가도, 재앙을 두려워하지 않네, 당신이 나와 함께 있다면"(시 23:4). 이리하여 다시 하나님의 사랑의 세 가지 질서가 분명해졌다. 그러나 여기서 우리가 특히 주의해야만 하는 것이 우리로 하여금 첫째 질서로부터 셋째 질서로 옮겨가게 하는 것은 둘째 질서 그 자체라는 점이다. 첫째도 셋째도 둘째 속에 담겨져 있다. 따라서 첫째도 셋째도 둘째로부터 풀려가고 있다. 둘째 질서가 신학적 **공리**라 일컬어지는 까닭이다.

하나님의 아픔 속에 있을 때, 우리는 보호받고 있다. 하나님의 아픔이야말로 우리가 안주할 땅이다.

> Deine Wunden sollen werden
> Meine Wohnstatt anf der Erden.
>
> Johnnes Scheffler

> 당신의 상처는
> 지상에서
> 바로 나의 거처가
> 되어야 하리
>
> 요한 쉐플러

위에서 기술한 사랑의 질서와의 연관을 극히 구체적으로 강력하게 말하고 있는 것이 누가복음 12:4-7(마 10:28-31)이다.

> 내가 벗인 너희에게 고하니, 몸을 죽여도 다음에 아무것도 행할 수 없는 자들을 두려워 말라. 두려운 것을 너희에게 보이리니, 죽인 다음 게헨나에 던져 넣을 권위가 있는 자를 두려워하라. 내가 너희에게 고하니, 실제로 저를 두려워하라(눅 12:4-5).
>
> 참새 다섯 마리가 두 푼에 팔리시 않는가? 그런데 그 한 마리도 하나님 앞에 잊히는 일 없이, 우리의 머리카락까지도 모두 세니, 두려워 말라, 너희는 많은 참새보다 더 나으니(눅 12:6-7)

주의 깊은 독자에게는 이 성서 말씀의 전반(4-5절)과 후반(6-7

절)이 준엄하게 대립하고 있음이 분명할 것이다. 게다가 이 대립하는 두 문단을 예수께서 일부러 결합하여 말씀하셨다는 것은, 마태복음과 누가복음이 이 텍스트의 앞뒤에서는 현저히 다른데도 불구하고 이 두 문단을 결합시켜 보존했다는 점에서 완전히 일치하고 있다는 사실로부터 헤아릴 수 있다고 생각한다. 그런데 이 두 문단은 어떠한 의미에서 대립하고 있는가? 전반에서는 우리가 진실로 **두려워**해야만 할 이에 대해 알리고 있고, 후반에서는 우리가 어떠한 때에도 두려워하지 말고 오로지 **의뢰**해야만 하는 이에 대해 알리고 있다. 5절의 '두려워하라'는 말과 7절의 '두려워 말라'는 말, 이것이 여기서 보이는 대립이다. 간단하게 말해서, 전반에서는 **공포**의 대상이 보이고, 후반에서는 **신뢰**의 대상이 보이는 것이다.

지금 말한 것으로 일단 의미가 분명해졌지만, 그러나 이것만으로는 아직 이 성서 말씀의 가장 깊은 비밀은 손대지 못하고 있다고 할 수 있다. 가령 전반에 공포의 대상이 나타나 있고, 후반에 신뢰의 대상이 나타나 있다 해도, 그 대상이 전혀 별개의 것이라면, 이런 대립은 피상적인 것에 불과하고, 그 이상의 어떤 깊은 진리나 비밀도 있다고 할 수 없다. 가령 공포의 대상이 사탄 같은 것이라는 생각과 신뢰의 대상이 하나님이라는 생각은 그러한 유의 진부한 해석이다(사탄이 5절의 참으로 두려운 자일 수 없고, 오히려 4절의 두려워하지 않아도 되는 자에 속하는 것은 조금만 깊이 생각하면 분명해질 것이다).

우리는 전반의 공포의 대상과 함께 후반의 신뢰의 대상도 **동일한 하나님**이라 생각해야만 한다고 믿는다(사실 대부분의 주석가는

5절을 하나님에 대해 말하고 있다고 해석한다). 동일한 하나님이 한편으로는 진실한 공포의 대상이고, 다른 한편으로는 오로지 신뢰의 대상이다. 이로써 이 성서 말씀의 모습이 더욱더 분명해졌다. 그러나 아직 한 걸음 더 남아 있다.

가령 동일한 하나님이 공포와 신뢰의 대상이 된다 할지라도, 공포를 가져야 할 하나님은 악인에 대한 하나님이고, 신뢰해야 할 하나님은 선인에 대한 하나님이라는 풍설을 따른다면, 이것도 천박한 상식론이며 우리가 예감한 대로 깊은 진리나 비밀을 여기서 길어 올릴 여지도 없다. 실제로 또 이 텍스트 자체가 위와 같은 해석을 거부한다. 왜냐하면 5절에서 '두려워하라'라고 말하는 대상도 '너희'이고, 7절에서 '두려워 말라'라고 말하는 대상도 같은 '너희'라서, 동일한 '너희'가 공포를 가지는 자이며 신뢰하는 자이기 때문이다. 결국 공포의 하나님과 신뢰의 하나님은 그 대상에 관하여 범위가 다르지 않고, 동일한 대상에 관하여 **중첩되고** 있는 것이다. 이리하여 비로소 우리는 이 성서 말씀이 가진 진리의 비밀에 도달했다고 생각한다. 이제부터 그 비밀을 풀어내야만 한다.

하나님 외에 모든 것이 우리를 멸망시키려 해도 결코 멸망시켜 **없앨** 수 없다. 그렇지만 **하나님은** 우리를 멸망시켜 없앨 수 있다. 이런 까닭에 우리는 하나님 이외에 그 무엇도 겁내지 말고, 하나님만을 진실로 두려워해야 한다. 우리를 멸망시켜 없애지 않고서는 그치지 않는 것, 이것이 **하나님의 진노**이다. 그리고 이 하나님의 진노가 실제로 우리 위에 있다. "실제로 저를 두려워하라"고 예수는 말씀하신다.

그렇지만 "실제로 저를 두려워하라"에 이어 예수는 갑작스럽게 "참새 다섯 마리가…"라고 말씀을 이으신다. 여기서 무엇을 말하고 있는가? 다름이 아니라 하나님이 우리의 "머리카락까지 모두 세고" 계실 정도로 우리를 **사랑하며** 보호하고 계신다는 것이다. 이런 까닭에 예수는 '두려워 말라'라고도 말씀하신다. 우리에 대한 하나님의 한결같은 사랑, 이 하나님의 사랑에 대한 우리의 한결같은 신뢰, 이것이 여기서 말하는 주제이다.

그렇지만 후반의 주제 곧 하나님의 사랑과 전반의 주제 곧 하나님의 진노가 이렇게 연결되고 있으니 너무 갑작스럽지 않은가? 확실히 갑작스럽다. 그렇지만 우리는 이 갑작스러움이 곤혹스러워서, 그렇기 때문에 이 두 문단의 말씀이 다른 경우에서 언급된 서로 관계없는 말씀인데도 후에 우연히 연결되었다는 따위의 독단적인 결론으로 도피해서는 안 된다. 우리는 이 갑작스러움의 의미를 풀어야만 한다. 이 갑작스러움의 깊숙한 곳에야말로 복음의 진리가 가진 비밀이 있는 것이다.

다름이 아니라 이것을 말씀하시는 **예수** 자신이 이 비밀의 내용이다. 전반의 주제로부터 후반의 주제로 가는 **전환점**으로서 예수께서 서 계시는 것이다. 나는 이제 우화 하나로 이 진리를 분명히 말하려 한다. 여름 들판을 나그네 한 사람이 걸어간다. 그러자 곧바로 심한 천둥과 비가 그를 덮쳤다. 나무도 집도 없는 저 들판을 나그네는 홀로 낙뢰의 위험에 노출된 채 걸어가야만 한다. 그의 주위 여기저기로 연이어 벼락이 떨어진다. 이제 곧 다음 벼락이 이 나그네를 검게 태워 땅에 넘어뜨리지 않을까 생각된다. 그러나 보라, 이 나그네 위를 불가사의한 손 하나가 덮어 보호하고 있다. 이 사랑의 손의 보호를 받아 그는 이 무서운 천둥과 빗속을 안전하게 걸어갈 수 있다. 그는 이 사랑의 손 까닭에 절대로 벼락에 맞지 않는다. 그러나 다시 보라, 나그네 위를 덮어 보호하고 있는 불가사의한 손은 마치 무수한 총탄에 맞아 꿰뚫린 헝겊 같이 벼락을 계속 맞고 있지 않은가? 이 손은 나그네 위에 떨어져야 할 벼락을 자신 위에 **받아내어** 그를 보호해 왔던 것이다.

이 우화의 의미는 이미 분명할 것이다. 나그네인 우리를 하나님의 진노의 벼락이 쳐서 꿰뚫으려 한다. 누가복음 12:4-5의 모습이다. 그럼에도 불구하고 우리 위에는 하나님의 진노가 절대로 떨어지지 않는다. 하나님은 우리의 머리카락까지도 세고 계실 정도로 우리를 사랑하여 보호하고 계신다. 이것이 누가복음 12:6-7의 진리이다. 그렇지만 진노의 하나님을 사랑의 하나님으로 전환시키는 것은 무엇인가? 다름이 아니라 지금 이 두 주제를 '갑작스럽게' 연결하면서 말하고 계시는 예수 자신이다. 예수의 말씀이 보증하는 것은 그의 **행위**이다. 이 두 문단의 말씀의 결합을 가능하게 하는 것은 예수가 하나님의 진노를 **짊어지고** 십자가에서 죽으셨다는 사실이다. 예수는 그가 설교하는 모든 순간에 물으신다. "그러면 인자에 관해 많은 고난을 받고 또 멸시받을 일이 기록된 것은 **어째서냐?**"(막 9:12). 또한 지금도 우리는 이 '공포와 신뢰'라는 주제를 가진 예수의 설교를 들으면서 이 '어째서냐?'라는 물음도 마찬가지로 들어야만 한다. '공포와 신뢰'라고 말하는 이 '와'가 무한히 깊은 배경을 가진다. 공포와 신뢰가 '와'에 의해서 연결될 수 있는 것 그리고 실제로 연결되어 있는 것, 이것은 지금 여기서 말씀하고 계시는 예수가 '십자가 모습 아래'에 서 계시는 것에 의해 성립한다. 하나님의 진노가 지금 어디에 있느냐고 묻는다면, 우리는 궁극적으로는 항상 예수 그리스도의 십자가를 가리켜야 할 것이다. '**저기서** 나는 우리를 치는 하나님의 진노를 본다.'

참새 다섯 마리에 대해 말하면서 하나님에 대한 신뢰를 우리에게 설명하고 계실 때의 예수의 마음을 헤아리면 우리는 울지 않을 수 없다. 아니, 그것은 눈물 이상의 장엄한 느낌이다. 이것을 우리는 은총에 대한 **감사**라고 부르는 것이다.

11장

하나님의 아픔과 복음사

1

아테네에서 행한 바울의 설교 속에 불가사의한 말 하나가 발견된다. "한 사람으로부터 모든 나라의 사람을 만드셔서, 저를 땅 전체에 살게 하셨고, 시기의 한계와 거주의 경계를 정하셨다. 이는 사람으로 하여금 하나님을 더듬어 찾고 혹 살펴서 발견하게 하기 위해서이다"(행 17:26-27). 인류는 모든 종류의 나라 사람들로 나뉘어져 있고, 각 나라 사람의 활동 범위는 시간적으로도 공간적으로도 한계지어 나누어져 있다. 이 자체는 자명한 사실이며, 거기에 아무런 문제도 없다. 그런데 이 사실은 다음에 하는 말, 곧 이는 사람으로 하여금 하나님을 더듬어 찾고 혹 살펴서 발견하게 하기 위해서라는 말과 어떠한 필연적 연관이 있는가? 이 문제는 지금까지 별로 생각되지 않은 것처럼 보인다. 그렇지만 여기에 하나님의 진리가 **역사**와 어떻게 연관되는가라는 중요한 문제가 시사되어 있다.

바울이 이 구절을 말한 것은 아테네라는 이방의 땅에서였다. 이방이란 유대와 대립되는 말이다. 이제 하나님의 진리는 유대 땅으로부터 나와서 이방 땅에서 이야기되기에 이르렀다. 그렇지만 그것은 어째서인가? 바울의 생각에 따르면 그것은 유대인이 하나님의 진리에 '걸려 넘어지고' '둔하여져서', 이것을 거절하여 반대로 그들 자신이 하나님으로부터 '버려지기' 때문이다(롬 11:11. 15. 25) 이 때문에 "반대로 그 과오에 의해 구원은 이방인에게 미치고," "그들의 과오는 세상의 부유함이 되고, 그 쇠미는 이방인의 부유함이 되었다"(롬 11:11-12). 지금 만일 세계가 유대라는 오직 한 종류의 나라만 있고 그밖에 다른 나라가 없어, 그 결과 유대와 이방의 대립이 존재하지 않았다고 가정하면 어떻게 되었을까? 그 경우에는 유대인이 하나님의 진리에 둔하여져서 이것에 걸려 넘어지고 이것을 거절했을 때, 하나님의 진리는 이 세계에서 **모두** 상실되어 끝났을 것이다.

그렇지만 현실에서 유대 **바깥에** 이방이 존재했기 때문에, 유대에서 거절된 하나님의 진리는 이방에서 유지될 수 있었다. 여기에 나라의 구별이 하나님의 진리를 발견하고 유지보존하는 데 필연적 연관을 가지는 이유가 존재하는 것이다. 하나님의 진리란 복음에 지나지 않는다. 이렇게 해서 복음이 자기를 유지보존하기 위해 세계의 역사적 현실과 자기를 연관시키는 이유가 분명해질 것이다. 그리고 이것은 바로 복음 자체가 역사를 가지는 것에 다름 아니다. 우리는 이제 복음의 역사, 곧 **복음사**로도 부를 만한 개념에 도달했고, 이것과 세계의 역사적 현실과의 연관이 시사되고 있다.[1]

2

유대와 이방의 대립에서 드러나는 복음사의 문제가 우리에게 있어 사유의 원형이다. 그러나 복음사의 문제가 이 원형으로부터 다시 전개되

---

1) 복음사 개념에 대해서는 北森嘉藏, 『神學と信條』 28쪽 이하 참조.

어 일반적 원리가 되는 것도 허용될 수 있을 것이다. 교회사가 경과해 온 현실의 역사적 전개가 복음사의 관점으로부터 고찰되는 것이다.

바울의 말에 따르면 복음사에는 '시기의 한계' 곧 **시간적** 계기와 '거주의 경계' 곧 **공간적** 계기가 포함된다. 이미 유대와 이방의 대립도 한편으로는 공간적 대립이면서 구약시대와 신약시대라는 시간적 대립이기도 하다. 우리는 이 두 계기를 염두에 두고, 복음사의 구체적 문제를 고찰하려 한다.

유대와 이방의 대립에 뒤이어 복음사의 문제를 원형적인 명확함에서 제시하는 것은 로마 가톨릭교회와 프로테스탄트 교회의 대립이다. 원래 그리스-로마적인 세계는 유대에 비하여 이방 세계이며, 복음의 보존유지를 맡은 장소였다. 원시교회로부터 고대 가톨릭교회에 이르는 약 5세기 간 그리스-로마적 세계는 이러한 적극적 의의를 유지하고 있었다. 칼뱅도 약 5백년 간을 복음이 순수하게 보존되고 유지된 기간이라 생각하고 있다.[2] 그렇지만 이 기간을 지나 이른바 로마 가톨릭교회의 형태가 무르익어 오면서 이 교회가 다시 복음의 진리에 대하여 '둔하여지고' 게다가 '걸려 넘어지는 것'을 경험하기에 이르렀다. 이제 만일 세계가 로마뿐이었다고 가정하면, 이 '나라 사람'들이 복음을 잃어버리는 동시에 전 세계가 복음을 잃어버리기에 이르렀을 것이다. 그러나 이 복음의 퇴락頹落기에 게르만 민족이라는 '나라 사람'들이 로마 **바깥에서** 그 '거주의 경계'를 받아 존재하기에 이르렀다. 그 게르만 민족은

---

2) Calvin, *Institutio*, III, 8, 1.

'야만족'으로 멸시되었지만, 그러나 이제 하나님이 그 민족에게 복음을 맡기셨다. 제베르크Seeberg가 말한 것과 같이 종교개혁은 "게르만적 정신의 이해에 따른 그리스도교"이다.³ 루터는 다음과 같이 말한다. "독일인만큼 경멸받은 국민은 없다. 이탈리아인은 우리를 짐승이라 부르고, 프랑스나 영국이나 다른 모든 나라들이 우리를 비웃었다. **하나님이 독일인에 대하여 어떠한 의지를 가지고 무엇을 행하려 하실지 누가 알겠는가!**"⁴ 우리는 여기서 복음의 보존유지 및 발전이 단지 개인에 의해 성취되는 것이 아니라, **민족** 내지 나라 사람들을 단위로 성취된다는 것을 생각하지 않을 수 없다. 새로운 복음 이해의 가능성은 '거주의 경계'와 필연적 연관을 가지고 있다. 멜란히톤에 따르면 중세에는 아우구스티누스, (클레르보의) 베르나르, 타울러, 베셀Wessel 등의 교리가 가르쳐진 곳에서만 올바른 교회가 존재했다.⁵ 그렇지만 이러한 개인이 올바른 복음을 보존유지하고 있다는 것만으로는 결정적인 의의를 가질 수 없다. 베셀에 의해서가 아니라 루터에 의해 비로소 종교개혁이 성취되었다는 것은, 루터에게서 비로소 **국민교회** 형태가 실현되었기 때문이다. 여기서도 또한 로마 대 게르만, 중세 대 근대라는 공간적·시간적 대립이 복음사의 계기를 이루고 있다. 종교개혁은 단

---

3) Reinhold Seeberg, *Lehrbuch der Dogmengeschichte* (Basel: Benno Schwabe, 1953), vol. IV, 7.
4) Luther, *Tischreden*, WA, 2, 1928.
5) Melanchton, *Corpus Reformatorum*, vol. 21, 837, vol. 24, 309, vol.25, 862 이하.

지 교리사적인 사건이 아니다. (하르나크에 따르면 종교개혁은 교리사의 종결이기도 하다!) 더욱 깊이 참 모습에 입각해서 말하면 종교개혁은 바야흐로 복음사적 사건이다.

3

신학은 결국 신관神觀에 귀착한다. 신관에 대해 결정적인 것을 제공하지 못하는 신학은 아직 미숙하다고 해야만 한다. 신관이란 **하나님의 모습**을 어떻게 파악하고, 어떻게 우러러 볼지에 대한 것이다. 신학의 대표적 발언은 **신조**이다. 그런데 신조에 나타나 있는 한, 신관은 **그리스-로마**적인 교회가 단연 으뜸이다. 종교개혁은 확실히 신앙관에 관하여 결정적인 중요성을 제시했으나, 신관에 관해서는 종래 교회의 그것을 대체로 계승하고 독자적인 것을 제시하지 않는다. 과연 개혁자의 신관이 중세신학 그것과 비교해서 주의적主意的이며 인격적인 특질을 가지고 있는 것이 확실하지만, 종교개혁적 신학 내지 신조에 나타나 있는 한에서, 신관이 그리스-로마적 교회의 그것처럼 결정적 의의를 가지고 있지 않다.

그렇다면 그리스-로마적 교회가 파악한 하나님의 모습은 어떠했는가? 이것을 구체적으로 보여주는 것이 이 교회가 낳은 이른바 니케아 신조와 아타나시오스 신조이다. 하지만 이들 신조는 그 배경인 교회신학의 대표적인 발언인 것이고, 그것을 결정結晶으로 만든 것이다.[6] 정작 그리스-로마적 교회의 신학은 이른바 **내재적 삼위일체**라는 형태로 결정화 되어 있다. 거기서 하나님은 '하나의 본질에서의 세 페르소나'(tres personae in una substantia)라는 모습으로 파악되고 우러러 보았다. 물론 창조·화해·성화라는 경륜적 삼위일체의 행위도 신조에 나타나 있지만, 그러나 이것은 원시교회로부터 계승된 것에 지나지 않으며, 이 교회의 고유한 발언이 아니다.

이제 우리에게 가장 중요한 문제는 여기에 보이는 하나님의 모습의 **성격**이다. 특히 '**본질**'이란 개념에서 파악되는 하나님의 성격이다. 페르소나라는 말은 '본질'에 못지않게 중요한 의의를 가지지만, 그러나 성격에서는 양자가 공통된 것을 가진다고 생각된다. 페르소나는 일단 그 원뜻에 따라 인격적인 개념과 같은 것이라고 받아들여지지만, 그러나 내재적 삼위일체론의 용어로서는 오히려 인격이라는 말뜻은 희박해지며, 카파도키아의 신학자가[7] 이미 그렇게 한 대로 존재양식(tropos hyparxeōs)이라는 말로 환언하는 것이 가장 적당하다고 생각된다. 그런데 존재양식이라는 말은 대체로 비인격적인 개념이며, 그 의미는 '본질'이라는 말과 공통된 성격을 가지고 있다. 널리 알려진 대로 니케아 신조에서 결정적 중요성을 가진 말은 아버지 되는 하나님과 아들 되는 하나님이 '본질을 같이한다'(homoousios)라는 말이다. 니케아 신조의 관심은 오로지 이 말이 가리키는 사항에 집중되어 있다. 또한 아타나시오스 신조 1부에서

---

6) 참조. 신조와 신학의 관계에 대해서 北森嘉藏의 『神學と信条』 77 이하.
7) [옮긴이] 카파도키아의 세 교부인 바실리오스, 니사의 그레고리오스, 나지안주스의 그레고리오스를 말한다.

내재적 삼위일체가 완벽한 표현으로 주어지는데, 거기서도 결정적인 의의를 가지는 것은 '**본질**'이라는 말이다. '페르소나를 혼동하지 않고, 본질을 분리하지 않는다'(*neque confundentes personas: neque substantiam separantes*). 이 신조의 2부는 그리스도론이지만, 그러나 거기서도 '본질'이라는 말은 모습을 드러내고 있다. '아버지의 **본질**로부터 나온 하나님'(*Deus ex substantia Patris*)이다.

우리가 확언하지 않을 수 없는 것은 '본질'이라는 개념이 특히 **그리스적인** 성격을 가진다는 것이다. '본질'이라는 말이 신약성서 속에 있기는 하다. "아들은⋯하나님의 **본질**의 형상"(히 1:3). 그렇지만 그것은 단지 한 곳에 불과하다. 이 흔치 않은 말을 특별히 들어서 여기에 우세한 의의를 부여하고 오로지 이 개념의 방향으로 신관을 발전시킨 것에, 다름 아닌 **그리스적 사유**의 성격이 크게 기여하였다는 것은 어떤 사람이라도 인정하지 않을 수 없을 것이다. 여기에 복음의 역사에서 그리스적 사유가 차지하는 고전적인 의의가 존재한다. 그 의의의 중요성은 거의 가늠할 수 없다 해도 좋을 정도이다. 그리스인의 사유를 통과하지 않고서는 삼위일체의 진리는 결코 지금 보는 것 같은 완전한 명료성을 획득할 수 없었을 것이다. 우리도 또한 이것에 감사하면서 이 진리를 따라 걸어가야만 한다.

그렇지만 그리스적 사유는 이런 적극적 의의와 동시에 하나의 **제한**을 가지고 있다는 것도 부정하기 어렵다. 이미 기술한 대로 '본질'로서의 하나님은 그 성격에서, 성서에 나타난 하나님의 진실한 모습으로부터 결정적인 것 하나를 간과하고 있다. 예레미야가 보았던 **아픔**의 하나님의 모습이 바로 그 결정적인 것이다. 오늘날 우리의 임무는 그리스-로마적 교회의 진리를 따라 걸으면서, 더하여 그것이 간과하고 있는 성서의 진리를 다시 회복해서 그 입장을 한 걸음 발전시키는 것이다.

그런데 이런 신관에서 한 걸음 나아가는 것을 그리스적 사유에 기대할 수 있을까? 이른바 게르만적 정신에 기대할 수 있을까? 이 두 나라 사람들의 업적은 이미 역사적으로 실증되어 있다. 그리고 결론을 말하면 그리스적 신학에서도 게르만적 신학에서도 이 한 걸음은 단행되지 않고 있다. 그리스적 신학에 대해서는 누구라도 이를 승인할 것이다. 그리스인의 마음은 하나님의 아픔을 보는 눈이 결여되어 있다고 말하지 않을 수 없다. 가령 그리스 비극이 존재했다고 해도 그 비극적 정신은 교회신학의 형성에 아무런 관여도 하지 않았다. 그리스 정신은 그리스 철학과 그리스 비극으로 대표되는데, 교회신학의 형성에 관여한 것은 오로지 전자의 방향에 따른 것이었다. 복음은 하나님의 비극이라고도 할 만하지만, 이 비극에 대해 그리스의 비극은 아무런 호응도 하지 않았다. 그것은 그리스 비극의 **내용** 자체가 하나님의 비극인 복음과 그 성격을 달리하고 있는 데 원인이 있다고 생각해야 할 것이다.

게르만적 정신이 그리스적 정신과 성격에서 현저히 다른 것은 사실이다. 그러나 여기서도 아직 엄밀한 의미에서 하나님의 아픔이 관심을 끌었다고 생각할 수 없다. 루터가 우러러보는 하나님의 모습에 접해서도, 우리는 더욱 "벗이여, 이 곡조는 아니오!"라고 응하지 않을 수 없다. 확실히 여기서는 은총에 대한 감각이 존재한다. 그러나 엄밀하게 말해 하나님의 **아픔**으로서의 은총에 대한 감각은 아직 아니었다.

4

어떤 '나라 사람'들이 주체가 되어 하나님의 모습을 파악하며 이것을 우러러볼 때 문제가 되는 것은 이 나라 사람들이 가진 **마음**이다. 그 '마음'은 **감각**이라고도 할 만하다. 그것은 사상이나 이론이 아니며, 게다가 '정신'마저도 아니다! 정신보다도 더 깊게 구체적이 되는 것 곧 감각이다. '정신'은 어쩌면 나라 사람들 안에서도 상층인 자, 교양 있는 자, 수양을 쌓은 자만이 소유하고 있지 서민의 것이 아닌 경우도 있다. 서민에게 '정신'을 **가르쳐 주어야** 한다고 생각하는 것은 이 때문이다. 그러나 가르쳐 주어야 하는 것은 아직 참으로 그 이 나라 사람들의 **마음**이 아니다. 이 나라 사람들의 마음은 **서민**에 의해 대표되는 것과 같아야만 한다. 하층인 자, 교양 없는 자, 수양을 쌓지 못한 자 그리고 **종교심**이 없는 자, 이렇게 가장 낮은 자까지 거짓 없는 순수함에서 소유하는 듯한 마음, 이 마음이 바로 나라 사람들의 마음이고 진실한 마음이다. 이 마음은 감각이란 말에 가장 가깝다. 감각은 저절로 가지는 것, 가르쳐 주지 않아도 가지는 것, 서로 그저 고개를 끄덕이는 것만으로 전해지는 것과 같다. 이러한 감각이 참으로 그 국민의 사유를 결정하는 것이다. 하나님의 모습을 파악하고 우러러보는 사유에서도 이 감각이 결정적인 일을 행하는 것이다.

막상 이러한 나라 사람들의 마음은 무엇으로 표현되는가? 말할 필요도 없이 **문학**에 의해서이다. 그러나 모든 문학이 반드시 서민의 마음을 대표한다고만은 할 수 없다. 문학 또한 오직 상층인 자, 교양 있는 자에게만 수용될 수 있는 것도 있고, 가장 낮은 서민에게까지 침투하는 것도 있다. 우리에게 지금 중요한 것은 후자이다. 다만 서민문학은 이른바 대중문학처럼 격하된 것이어서는 안 된다. 나라 사람들의 마음의 예술적 표현이라는 점에서는 다른 어떠한 문학에도 뒤떨어지지 않는 높이를 가지고 그럼에도 동시에 가장 낮은 서민의 가슴에까지 침투하는 문학이어야만 한다. 이러한 조건을 구비한 문학은 **희곡문학**이다. 희곡문학은 그 문학성에서 나라 사람들의 마음의 최고 예술적 표현에 속하는 동시에, 그것이 다른 한편 극으로서 공연되는 한, 거리의 백성에게도 충분히 침투하는 것이다. 그리스의 정신이 그 철학과 함께 그 비극에 의해서도 대표된다고 생각되는 것도 지극히 당연하다.

나는 **일본의 마음**을 탐구하고, 우선 그것을 서민의 마음에서 찾아야 할 것이라 믿으면서, 다음으로 그 서민의 마음을 일본의 고전적 연극 속에서 보고자 했다. 서민의 마음을 일본의 고전적 연극이 대표하고, 서민의 마음속에 일본적 사유의 전제인 감각으로서의 마음이 나타나 있다고 생각한다. 그리고 그 탐구는 나로 하여금 다음을 확신하게 했다.

첫째, 일본의 마음은 한편으로는 이른바 일본정신으로서 광명일원주의[8] 속에 살아 있지만, 그러나 동시에 다른 한편으로는 일본

---

8) [옮긴이] 光明一元主義. 저자가 영역자에게 설명한 내용에 따르면 이것은 죽음에 대한 생각을 피하고 도리어 사물의 밝은 면을 보면서, 부정적이지 않고 긍정적이려 하는 일본적 사고이다. 기타모리의 의견에 따라 영역판에서는 monism of light라 번역한다.

의 **비극** 속에 살아 있다. 비극은 결코 광명일원주의가 아니라, 어둠을 자기 속에 품은 빛이다. 일본 비극의 정신은 광명일원의 일본 정신을 표면에 세우기 위해, 그 배후에 뒷받침으로 서 있다. 그리고 비극의 정신이 일본에서 가장 높이 앙양되는 것은 반대로 광명일원의 정신이 일본에서 가장 강력하기 때문이다. 이러한 내용을 단적으로 보여주는 것이 『데라코야』寺子屋[9]에서 "아내여, 기뻐하시오! 내 아들

---

9) [옮긴이] 데라코야寺子屋는 일본 에도江戶시대 활성화되었던 학교이다. 데라코야는 6-7세기부터 불교 사찰에 있던 서민 자제를 위해 읽기, 쓰기, 산술 등을 가르친 초등 교육 기관이었다. 도쿠가와 시대에는 사찰이 아닌 세간에서도 교육이 행해져, 에도시대 최대 1만 5천여개에 이른다. 한국의 서당과 비슷하게 보이지만 다르다. 여기서 말하는 『데라코야』는 유명한 가부키 작품으로 원제는 『스가와라 덴주 데나라이 카가미』菅原伝授手習鑑이며, 이 중 4막 『데라코야』가 가장 유명하다고 한다. 이 극은 1746년 오사카大坂 다케모토좌竹本座에서 막을 올린 인형 조루리 극으로 헤이안 시대에 실제로 있었던 사건을 소재로 하였다. 당대의 고관 간 쇼죠菅丞相, 원래는 스가와라 미치자네菅原道眞가 후지와라藤原 가문과의 싸움에서 패배하여 규슈로 유배되는 사건을 축으로 진행된다. 미치자네의 편은 정의이고, 후지와라 가문의 우두머리인 시헤이時平의 편을 드는 쪽은 악으로 그려진다. 4막이 『데라코야』이다. 간 쇼죠에게는 간 슈사이菅秀才라는 아들이 있었다. 그런데 간 쇼죠에게 큰 은혜를 입었던 적이 있는 다케베 겐조武部源藏와 아내 도나미戶浪 부부가 슈사이를 보호하고 있다는 사실이 적에게 탐지되어, 순도 겐바春藤玄蕃와 마쓰오마루松王丸가 슈사이의 목을 받으러 온다. 마쓰오마루는 지금은 후지와라를 위해 일하고 있으나, 옛날 간 쇼죠에게 입은 은혜를 잊지 않고 있었던 터였다. 이에 보답하기 위해 도나미와 의논하여 몰래 자기 자식인 고타로小太郎를 슈사이 대신 희생시키려고 마음 먹고 글방 즉 테라코야에 입문시킨다. 이와 같은 사실을 모르고 있던 겐조는 슈사이의 목을 베기 싫어, 방금 입문해 온 고타로를 대신 죽이려고 결심한다. 마침내 목을 받으러 겐바와 마쓰오마루가 도착한다. 마쓰오마루는 슈사이를 알고 있는 유일한 증인으로서 목을 검증하기 위해 자진해서 출두한 것이다. 목을 가져오라는 명령에 겐조는 결심하고 방 안으로 들어간다. 이윽고 안에서 푹 하는 소리가 나자 마쓰오마루와 도나

이 주군께 쓸모가 있구려"라고 하는 마쓰오마루松王丸의 말이다.

둘째, 일본의 **서민**에게 감각으로서 침투되어 있는 마음은 비극의 정신이다. 교양도 없고, 수양도 쌓지 못하고, 종교심도 없는 것 같은 거리의 백성이 마음속으로부터 감동하여 통곡하는 것은 일본 비극에 대해서이다.

셋째, 그런데 이 일본 비극은 다른 나라의 비극과 현저히 다른 성격을 가지고 있다. 다른 나라의 비극이 많은 경우 사건의 비극

미는 정신이 아찔하여 서로 어쩔 줄을 모른다. 잠시 후에 겐조가 목을 담은 상자를 껴안고 나와 마쓰오마루 앞에 놓는다. 마쓰오마루는 조용히 상자를 열고는 목을 들여다 본다. 긴박한 시선이 마쓰오마루의 반응에 집중한다. "슈사이의 목이 틀림없습니다"라고 마쓰오마루가 단언한다. 그리고 그는 몸이 좋지 않다고 먼저 돌아가고, 겐바도 일이 무사히 성사된 데 만족하고 돌아간다. 그런데 겐조 부부가 한숨 놓고 있을 때, 갑자기 밖에서 문을 두드리는 소리가 난다. 고타로의 어머니였다. 아예 어머니 마저 죽여 버리자고 하는 차에 여자는 가지고 온 궤 속에서 죽은 아이의 소복을 꺼내면서 "어린 것이 잘 죽었는지요"라고 말한다. 부부가 놀라서 어쩔 줄을 몰라 하는데, 마쓰오마루가 나타나 자신들의 고충을 고백한다. 그리고 불과 여덟 살의 고타로가 훌륭히 죽었다는 말을 겐조로부터 듣고, 그때까지 참아 온 슬픔이 터져 대성통곡한다. 김학현 편, 『歌舞伎 가부키』 파주: 열화당, 1997, 76-79. 이 장에서 언급되는 4편의 일본 비극은 일본의 전통 연극인 가부키歌舞伎이다. 그중에서도 다른 사람을 대신하여 희생하는 내용인 '대역물 즉 미가와리모노身代わり物'의 광기와 같은 충성을 보여준다. 작품마다 한 목숨이 희생되는데, 이런 식의 헌신이 최고로 여겨지고, 요구되는 누군가를 구하려 통상 부모가 자기 아들을 희생시킨다. 만일 야만적으로 여겨진다면, 아브라함과 이삭의 이야기를 상기해보라. 아브라함에게 주어진 하나님의 계시를 언급된 이야기에 비추어 볼 때 특별한 의미를 부가할 수 있다. 확실히 일본 비극의 통렬함은 어버이의 사랑과 신성한 의무 사이의 갈등에 있다. 이상은 영역자 주를 일부 수정한 것이다. 『데라코야』는 도쿠가와 시대의 시대정신, 일본혼, 일본의 근성을 잘 보여준다.

이나 성격의 비극인데 비해, 일본의 비극은 이른바 **인간관계**의 비극이라고도 일컬을 만하다.

넷째, 이 인간관계는 '쓰라림つらき'이라는 일본어 특유의 단어로 표현되는 것 같다.[10] (쓰라림つらき은 괴로움도 아니고 슬픔도 아니다.) 일본적 인간의 깊이는 이 '쓰라림'에서 극치를 이룬다. 일본적으로 말해 깊이 있는 인간, '물정을 아는'[11] 인간은 이 쓰라림을 아는 인간이다. 쓰라림을 모르는 인간은 얕은 인간이고 '맛이 없는(재미없는)' 인간이며, 요컨대 일본인답지 못한 인간이다. 그리고 거리의 백성 쪽이 상층의 인간보다 오히려 이 점에서 감각이 예민하다.

일본의 비극을 그리스 비극이나 그 밖의 서양 비극과 비교하고 대조하는 것은 꼭 해야만 하는 연구제목이다. 일본의 비극은 물론 옥석혼효(玉石混淆, 우수함과 하찮음이 섞여서 구별이 없음)이고, 앞에서 기술한 범주로부터 벗어나는 듯한 것도 있다. 그러나 대표적인 것, 오늘날까지 가장 뛰어나다고 살아남은 것은 거의 모두 이 범주에 속한다.[12] 이 '쓰라림'의 범주에서 일본의 비극은 다른 나라의

---

10) [옮긴이] 영역자에 따르면 쓰라림つらき의 뜻은 라틴어 어구 '*lacrimae rerum*' 즉 tears of things로 가장 잘 표현된다. 이는 사람의 생명 위에 닥치는 피할 수 없는 운명과 슬픔의 느낌이다. 다시 만날 기약 없이 이별하는 이루어질 수 없는 운명의 연인들이 자신의 운명에서 '쓰라림'つらき을 느낀다.
11) [옮긴이] 물정을 아는 또는 인정을 아는 이란 뜻의 'もののわかる'는 노리나가가 말하는 일본 미학의 핵심인 슬픔 또는 감정을 자연스럽게 느끼는 것이라는 'もののあはれ(物の哀れ)'(もののあわれ라고도 한다)를 연상시킨다.
12) 北森嘉藏, 『神學と信條』, 34쪽 참조.

비극과 구별되는 것이라고 나는 생각한다. 셰익스피어Shakespeare의 4대 비극과 『데라코야』寺子屋, 『구마가이진야』熊谷陣屋[13], 『벤케이조시』

---

13) [옮긴이] 원제는 『이치노다니 후타바 군기』一谷嫩軍記이며, 이 중 3막의 『구마가이진야』熊谷陣屋가 독립하여 시대 거리에 소속되었다. 처음에는 인형 조루리로 1751년 오사카大坂 도요다케 좌豊竹座에서 공연, 원래 『헤이케 모노가타리』平家物語의 '아쓰모리敦盛의 최후'에 기반하여 내용을 바꾸었다. 원래 이야기는 이러하다. 헤이케와 겐지源氏 사이의 전투가 마지막 고비를 맞이할 때, 이치노다니의 전투에서 겐지의 맹장 구마가이 나오자네熊谷直實는 해상으로 도망치려는 헤이케의 젊은 무사와 일 대 일로 싸우게 된다. 그는 젊은 무사를 때려 눕히고 목을 베려 한다. 그런데 그 소년의 얼굴이 너무나 고상하고 자기 아들과 같이 열여섯이나 열일곱쯤 되어 보이는데 놀라 망설인다. 어버이의 입장에서 젊은 무사의 어버이 심정을 헤아린 것이었으나 아군의 독촉으로 눈물을 흘리며 소년의 목을 친다. 후에 이 소년이 다이라 노 기요모리平清盛의 손자인 다이라노 아쓰모리平敦盛라는 사실을 알고 구마가이는 삶의 덧없음을 느끼고 출가한다. 하지만 내용이 살짝 바뀐 가부키에서 구마가이에게 목이 잘리는 것은 아쓰모리가 아니라 구마가이의 아들인 고지로小次郎이다. 구마가이의 진중으로 그의 아내인 사가미相模와 아쓰모리의 어머니 후지노가타가藤の方가 찾아온다. 아쓰모리가 구마가이에게 잡혀 죽었다고 알고 있는 후지노가타는 원수를 갚겠노라 칼을 잡고 구마가이에게 덤벼든다. 이를 말리며 구마가이는 아쓰모리의 최후의 모습을 자세히 이야기해 준다. 마침 찾아온 요시쓰네義経에게 아쓰모리의 목을 보여준다. 요시쓰네는 목을 보고 아쓰모리라고 단언하지만, 실은 그 목은 구마가이의 자식 고지로였다. 구마가이는 아쓰모리 대신에 자기 자식을 희생시킨 것이다. 여기에는 깊은 사정이 있다. 이전에 구마가이는 고시라카와後白河 상황上皇을 모시고 있었다. 그때 지금의 아내인 사가미와 사랑을 맺게 되었는데, 이 사실을 상황이 알게 되어 둘은 죽음에 이르게 되었다. 그러자 상황에게 종사하고 있던 후지노가타의 도움을 받아 목숨을 건지게 되었다. 당시 후지노가타는 상황의 아이를 배고 있었는데 그 아이가 바로 훗날의 아쓰모리였다. 한편 요시쓰네는 아쓰모리가 상황의 자식임을 알고는 아쓰모리의 목숨을 살리라고 겐지의 전군에 대해 미리 명령해 놓고 있었다. 천황의 혈통을 끊게 해서는 안 된다는 생각이었다. 구마가이는 후지노가타에게 은혜를 갚고 요시쓰네의 명령을 지키기 위해 자기 자식을 대신 희생시키는 수밖에 없었던 것이다. 이리하여 아쓰

弁慶上使[14], 『스시야』鮨屋[15] 등을 비교하면 일목요연하다. 이러한 비극

> 모리는 아무도 모르게 어머니 후지노가타에게 돌아가고, 구마가이는 세상의 허무함을 안고 무사의 신분을 버리고, 중이되어 입산한다. 이 장면에서 사랑하는 자식을 희생시켜 가며 은혜를 갚고 충절을 다하는 구마가이의 고통이 드러난다. (김학현 편, 『歌舞伎 가부키』 파주: 열화당, 1997, 81-84.) 정세대로라면 아쓰모리를 죽여야만 하지만, 관계된 모든 사람이 아쓰모리를 살리고 싶어 한다. 그러나 공개적으로 명령을 어길 수는 없기 때문에, 그중 한 사람인 구마가이가 자기 아들을 내놓고 목을 베어 죽이고는 모두가 아쓰모리가 죽은 것처럼 연기를 하는 것이다. 그래서 이런 극을 대역물 또는 대역이야기라고 한다.

14) [옮긴이] 원제는 『고쇼 자쿠라 호리카와 요우치』御所櫻堀川夜討로 이중 3막이 『벤케이조시』弁慶上使이다. 역시 처음에는 인형 조루리로 1737년 오사카大坂 다케모토 좌竹本座에서 막을 올렸다. 미나모토노 요리토모源賴朝와 요시쓰네義経가 불화하게 된 이유 중 하나는 요시쓰네가 헤이케의 다이라 노 도키타다平時忠의 딸 교 노 기미京の君를 아내로 맞이했기 때문이었다. 벤케이는 미나모토노의 가신 가지와라 가게토키梶原景時에게 교 노 기미의 목을 가져오기로 약속하고, 기미를 맡고 있는 시종 다로太郎의 관사를 향하여 갔다. 다로는 시녀 시노부信夫로 대신하려 하였다. 그런데 시노부의 어머니인 바느질하는 오사와는 시노부는 예전에 어느 남자와 부부의 연을 맺어 낳은 자식인데, 아버지와 대면하기까지 죽일 수 없다고 끝까지 버텼다. 그때 벤케이가 나타나 시노부의 목을 베었다. 벤케이가 바로 그 남자였다. 벤케이는 그 증거로 시노부와 부부의 연을 맺을 때 옷을 반으로 잘라 각자 나누어 가지고 있었던 한쪽 소매를 겉옷 아래서 오랫동안 몸에 지니고 있었다는 것을 보여주고, 이름을 밝히지도 못하고 자식을 죽인 슬픔에 통곡했다. 다로는 가짜 머리를 진짜로 보이도록 하기 위해 할복한다. (미즈오치 기요시水落潔, 『歌舞伎鑑賞辭典』 東京: 東京堂出版, 1999, 97.)

15) [옮긴이] 원제는 『요시쓰네 센본 자쿠라』義経千本櫻로 이중 3막 1장인 『스시야』鮨屋가 가장 자주 상연된다. 역시 처음에는 인형 조루리로 1747년 오사카大坂 다케모토 좌竹本座에서 막을 올렸다. 초밥집을 이어받을 장남은 이가미 노 곤타いがみの權太로, 의절한 몸이면서 아버지가 부재 중인 집에 돌아와 어머니로부터 돈을 뜯어냈다. 거기에 머리를 부둥켜 안은 아버지 야자에몬弥左衛門이 울면서 돌아왔다. 그동안 곤타는 빈 초밥통에 돈을 감추고 안에 숨었

의 두 작품군은 같은 비극이면서도 그 성격에서 전혀 다르다. 셰익스피어의 비극에 괴로움이나 슬픔은 있어도 **쓰라림**은 없다. 쓰라림이

다. 야자에몬도 다른 초밥통에 머리를 감추었다. 딸인 오사토お里는 야스케弥助가 몸을 숨긴 헤이케의 무장 다이라 노 고레모리平維盛인줄 모르고 그를 사랑하여 이미 깊은 사이였다. 부모도 혼례를 올려주겠다고 하여 마음이 들떠 있다. 거기에 고레모리의 정실인 와카바 노 나이시若葉の內侍와 친자식이 묵을 곳을 찾아 도망쳐 들어왔다. 고레모리는 불가사의한 만남에 놀라고, 오사토는 고귀한 사람에게 미치지 못하는 사랑을 하게 된 자신을 탄식했다. 거기에 가마쿠라鎌倉 쪽의 대장 가지와라 가케토키梶原景時의 도착이 알려졌다. 오사토는 고레모리 등을 이웃마을에 도망시켰다. 그런데 이를 안 곤타가 안에서 뛰쳐나와 고레모리 등을 잡겠다고 말하고 조금전 돈을 넣은 초밥통을 부둥켜 안고 달려 나갔다. 그런데 통을 잘못 잡아, 그가 가지고 간 통은 머리가 들어있는 통이었다. 가지와라는 야자에몬에게 고레모리의 머리를 내놓으라 따지고 있었다. 거기에 곤타가 고레모리의 머리와 나이시와 아들을 묶어 나타났다. 가지와라는 머리가 맞는지 검사하고 포상으로 요리토모賴朝가 갑옷 위에 착용했던 비단陣羽織을 주고 유유하게 떠났다. 이에 분노한 야자에몬은 칼로 곤타를 찔렀다. 그때 곤타가 바친 머리는 아버지 야자에몬이 가지고 들어와 초밥통에 숨겼던 고레모리의 예전 하인인 고킨고小金吾의 머리였고, 나이시와 아들로 보였던 것은 자신의 아내와 아들이었다고 진상을 밝힌다. 악해 보였던 곤타는 개심할 기회를 노리고 있었다. 이때 고레모리와 아들이 나타나 곤타가 상으로 받은 비단陣羽織을 가르니 안에는 염주와 가사가 들어 있었다. 요리토모가 시게모리重盛의 옛 은혜를 갚기 위해 그 아들인 고레모리의 생명을 도와준 것이다. 곤타는 가지와라가 모든 것을 승낙한 것도 알았고, 자기의 어리석음을 탄식했다. 고레모리는 인간세계의 윤회가 한심스러움을 깨닫고, 출가하여 고야산高野山에 머물기로 결심했다. (미즈오치 기요시水落潔, 『歌舞伎鑑賞辭典』東京: 東京堂出版, 1999, 203-204.) 이 이야기에서도 겉보기에는 요리토모는 고레모리를 죽이려고 하는 것 같지만, 실은 상대를 살려주려고 은밀히 생각하고 있었다. 그러나 주위 사람과 또 자기에게 명령한 상전까지 속위기 위해서는 누군가의 목을 치는 대역극이 필요했고, 그 대역극에 곤타가 자기 아내와 아들을 내놓은 것이다. 모두가 알고 있으면서도 모두가 모른 척하고 연극을 해야하는 이런 대역극의 이미지는 두터운 화장으로 본래의 얼굴이나 표정을 알 수 없게 감추는 가부키 분장과 매우 비슷하다.

야말로 일본 비극의 근본 성격이다.[16]

5

일본 비극의 근본인 '쓰라림'은 타자를 사랑해서 살리기 위해 자기를 괴롭히고 죽게 하거나 그렇지 않으면 자신이 사랑하는 자녀를 괴롭히고 죽게 하는 데서 실현된다. 게다가 그 괴로움을 자신 속에 간직해서 견디려고 하지만, 그 노력의 틈으로 새어나오는 통곡의 소리가 들리는 것이다. 이 통곡의 소리를 들을 때, 일본의 백성은 그치지 못하고 눈물을 흘린다. 일본 백성의 마음은 이러한 대상 이외의 것에 대해서는 엄밀한 의미로 감동하지 않는다.

    일본의 마음은 일본 서민의 마음으로 대표되며, 서민의 마음은 일본의 비극 문학 속에서 예술적 표현을 보이고, 일본 비극의 근본 성격은 '쓰라림'에서 극치를 이룬다. 정작 이 '쓰라림'을 이제 조금 일반적인 단어로 고쳐 말하면, **아픔**이란 단어를 꼽을 수 있을 것이다. 그리고 여기서 확언할 수 있는 것은 일본 비극의 유일한 관심사인 아픔이야말로 우리의 주제인 **하나님의 아픔**에 가장 깊이 호응한다는 것이다. 이것은 극히 객관적으로 말할 수 있다. 공평한 비교문학이라면 아마도 이것을 인정할 것이다. 상대자

---

16) 일본 비극을 서양 비극과 비교 연구한 요시무라 테이지吉村貞司, 『悲劇の系譜』(名古屋: 白馬書房, 1942)도 이 점에 관해 아직 충분하다 말할 수 없다.

인 인간의 가장 깊은 모습을 '아픔'에서 보는 일본의 마음은 절대자인 하나님의 가장 깊은 모습을 '아픔'에서 보게 될 것이다. 일본이라는 '거주의 경계'를 받은 우리는 하나님의 모습을 파악하여, 곧 신관에서 '아픔'에 대한 감각인 우리의 마음을 들어서 섬기게 될 것이다. 이것에 의하여 그리스적 교회의 신관에서 간과하고 있는 하나님의 결정적인 모습 하나가 우리나라의 교회에서 회복되어서, 오히려 '거주의 경계'가 달라서 하나님의 모습을 '찾아 발견하는' 일이 가능하게 될 것이다.

게다가 그리스적인 '본질'로서의 하나님과 '아픔'에 있어서의 하나님 간의 대조는 단지 하나의 상대적인 신관과 다른 하나의 상대적인 신관 간의 대립이 결코 아니다. 왜냐하면 하나님의 아픔은 **성서적** 신관에서 **결정적** 의의를 가지기 때문이다. 이 결정적인 것의 상실은 **세계 전체** 교회의 불행을 의미하는 것이다.

6

앞에서 일본을 매개하는 복음사의 고찰은 '거주의 경계'로서의 **공간적** 계기에 입각해서 이루어졌다. 그러나 이미 기술한 대로 복음사는 동시에 '시기의 한계'로서의 **시간적** 계기도 가지고 있다. 아래에서 이 점을 고찰하고 싶다.

모든 시대에는 삶과 죽음이 얽혀 있고, 기쁨과 아픔도 얽혀 있다. 그러나 어느 시대는 죽음에 대해 삶이 우세하고, 아픔에 대해 기쁨이 우세하다. 이러한 시대를 '삶의 시대' 혹은 '기쁨의 시대'라 부른다. 이에 대해 어떤 시대는 삶에 대해 죽음이 우세하고, 기쁨에 대해 아픔이 우세하다. 이러한 시대를 '죽음의 시대' 혹은 '아픔의 시대'라 부른다. 하나님의 아픔의 복음은 영원한 진리인 까닭에, 그것은 어떠한 시대에도 파악할 수 있을 것이다. 그러나 우리 인간의 연약함이 '삶의 시대'와 '기쁨의 시대'에서는 이 진리를 파악하기 곤란하게 한다. 그리스적 신학이나 근대주의적 신학이 탄생했던 시대는 이런 의미에서 하나님의 아픔을 파악하기 곤란한 시대였다고 할 수 있다. 그런데 우리가 살고 있는 **오늘날**은[17] 가장 우세한 의미에서 '죽음의 시대'이자 '아픔의 시대'이다. 내 눈에는 오늘의 세계가 넓은 하늘 아래 가로놓여 있지 않고, 아픔 아래에 가로놓여 있는 것으로 비친다. "인생 25년"[18]이란 말을 낳은 오늘날을 '죽음의 시대'라 부르지 않고서 어느 날을 그렇게 부르겠는가?

여기에 복음사가 '시기의 한계'를 그 계기로 삼는 이유가 있다고 생각된다. 하나님의 아픔은 '아픔의 시대'에서야말로 파악될 것이다. 오늘날 이 진리를 파악하지 못하면 어느 날에 이것을 파악할 수 있을까? '아픔의 시대'를 현실이 되게 만들기 위해서, 오늘날 실로 귀중한 자본이 무한히 쏟아져 들어가고 있다. 이것이 세

---

17) [옮긴이] 이 책은 대부분 1945년 일본이 아시아태평양전쟁(제2차 세계대전)에서 패전하기 전에 쓰여졌고, 1946년에 초판이 간행되었다.

18) [옮긴이] 사람의 인생이 짧다는 뜻으로 "인생 겨우 50년"人生僅か伍十年란 일본 속담이 있다. 일본이 전쟁에 몰두하던 1940년대 전반에는 "인생 25년"人生二十伍年란 말이 유행했다.

계의 아픔이다. 이처럼 귀중한 자본을 우리가 이렇게까지 헛되이 할 수 있는가. 오늘날 세계가 이룩한 것이 설령 헛되이 된다 하여도, 단지 세계가 오늘날 **괴로워한다**는 점, 더구나 과거 어느 때 보다도 괴로워한다는 점, 이 한 가지 일만은 결코 헛되이 되지 않을 것이다. 왜냐하면 세계의 고통은 **하나님의 고통**의 상징이며, 하나님의 고통은 세계를 구원하는 궁극의 소식이고 모든 진리의 왕이 되기 때문이다.

하나님의 아픔을 오늘에야말로 선명하게 우러러보게 될 것이다. 그러나 그렇다고 해서 하나님의 아픔이 오늘날이라는 한 때만의 진리는 아니다. 그것은 고금을 통하여 그르침이 없는 진리다. 게다가 이 영원한 진리는 **오늘날**을 매개로 하지 않고서는 현실이 되지 않았을 것이다. 하나님의 아픔은 일본의 마음에 의해서야말로 선명하게 우러러보게 될 것이다. 그러나 그렇다고 해서 하나님의 아픔이 일본이라는 한 나라만의 진리는 아니다. 그것은 나라안팎으로 베풀어서 어그러지지 않는 진리이다. 더구나 이 보편적인 진리는 **일본**을 매개로 하지 않고서는 현실이 되지 못했을 것이다.

하나님의 마음을 가장 깊이 보는 자는 동시에 **현실의 상태도** 가장 깊이 보는 자이다. 그리고 현실의 상태를 그 가장 깊은 곳에서 **해결**하는 것은 가장 깊은 하나님의 마음 외에는 없다. 참으로 '사람을 아는 자'(Menschen-kenner)는 '하나님을 아는 자'(Gottes-kenner)에 다름 아니다.

7

하나님의 아픔과 일본의 마음을 둘러싼 위와 같은 고찰은 아래에서 서술하는 것과 같은 **반성**을 수반해야 한다.

첫째, 일본의 비극에 있어서 '쓰라림' 곧 아픔은 타자를 살리기 위해 자기를 죽게 하거나 그렇지 않으면 자신이 사랑하는 자녀를 죽게 할 때 구체화되는 것이지만, 그러나 이때 타자는 자신에게 가장 **존귀**한 자였다. 그런데 하나님의 아픔이란 말은 이중의 의미로 사용되었다. 먼저 그것은 하나님이 **사랑할 수 없는 자**를 사랑하실 때의 마음이며, 다음으로 그것은 하나님이 그 사랑하시는 독자를 죽게 하실 때의 마음이었다. 그리고 전자를 위해서 후자가 생겨났다. 그런데 일본의 비극에서의 아픔은 오로지 후자만을 가리키는 것이다. 인간이 가치 없는 자, 사랑할 수 없는 자를 사랑하고 나아가 원수마저 사랑한다고 할 때 생겨나는 아픔에 대해서는 일본의 비극이라 하더라도 알지 못했다(가령 상대가 원수의 모양을 하고 있다 해도, 예를 들어 『데라코야』의 간 슈사이^{菅秀才}나 『구마가이진야』의 다이라 노 아쓰모리^{平敦盛}나, 『스시야』의 다이라 노 고레모리^{平維盛} 같은 이들은 사실 어디까지나 존귀한 자들이다). 그러므로 일본의 비극에서의 아픔은 하나님의 아픔의 한 측면만 가리키고, 다른 한 측면은 탈락되어 있다(롬 5:7-8 참조).

둘째, 아픔에 대한 감각으로 하나님의 아픔을 파악할 때, 그 감각은 하나님의 아픔을 섬기는 것이지만, 그러나 그것이 인간의 감각인 한 또한 거기에 자의와 착각이 숨어 있다. 아픔에 대한 감각이 가지는 불순종은 **하나님의 아픔 그 자체**에 의해 극복되어야만 한다. 하나님의 아픔은 아픔에 대한 감각이 가지는 불순종을 해결하면서, 이것이 자기를 섬기게 한다.[19] 앞에서 '아픔의 유비'에 대하여 말했던 것이 여기서도 그대로 타당하다.

셋째, 아픔에 대한 감각은 하나님의 아픔을 섬길 때 비로소 참으로 **생산적**이 되며, 진리로 **결실**한다. 아픔에 대한 감각은 그 자체로 방임할 때, **진실함**을 잃어버릴 위험성이 있다. 독일어 Spiel이나 영어 play는 극과 **유희**라는 두 가지 뜻을 가진다. 아픔에 대한 감각은 유희가 될 때 이미 치명적이다. 유희의 특질은 **윤리**와 절연하는 것에 있다. 일본 서민의 마음이 아픔에 대한 감각을 가지면서도 윤리와 절연하는 경향을 가지는 것은 오싹하고 두려운 일로서 반성해야만 한다. 이 경향은 아픔에 대한 감각이 하나님의 아픔을 섬기는 데 이르지 않기 때문에 일어난다고 생각된다. 하나님의 아픔만이 윤리의 근본인 아픔의 절실함을 가능케 하는 것이다.

---

19) 北森嘉藏, 『神學と信条』, 34쪽 이하 참조.

12장

하나님의 아픔과 종말론

1

"당신이 오심과 세상의 끝에는 어떤 징조가 있습니까?"(마 24:3) 이 질문은 가장 고유한 의미에서 종말론, 즉 그리스도의 재림과 세계의 종말에 대한 질문이다. 그러므로 이 질문에 대한 예수의 대답은 종말론 문제에 대한 가장 고유한 해결을 제공할 것이다. 마태복음 24장이 종말론의 고찰에서 결정적인 곳이 될 수 있는 까닭이다.

그렇다면 예수는 종말의 '징조'로서 어떠한 사항을 제시하셨는가? 14절의 말씀이 그 해답이다. "하늘나라의 **복음**은 여러 나라 사람들에게 증거되기 위하여 전세계에 선포되고 **그런 후 끝이 이르리니.**" 종말의 징조는 **복음**이 전 세계에서 철저해지는 것이다. 종말의 징조는 결코 거짓 그리스도의 출현이나 전쟁이나 기근이나 지진 등이 아니다. 과연 이러한 것이 '있어야' 한다(5-6). "**그렇기는 하나 아직 끝은 아니다**"(6절). 그것들은 모두 '출산의 고난의 시작'에 지나지 않는다(8절). 아직 결정적인 상황은 아니다. 그런데 예수의 이 명백한 성서 말씀이 어떻게 감추어져 온 것인가. 이러한 종말의 징조가 **아닌** 상황들이 얼마나 자주 종말의 징조인 것처럼 생각되어 온 것인가. "하나님 나라는 **보이는 현상**으로 오지 않는다"(눅 17:20)라는 예수의 명백한 가르침에도 불구하고, 얼마나 자주 하나님 나라의 징조가 '**보이는 현상**'으로 요청되어 온 것인가. 이러한 오류가 종말론을 구해내기 어려운 혼미에 빠뜨렸다. 우리는 오늘날 이 점에 관해 단연 명확함을 가져야만 한다. **종말은 복음과만**

상관이 있다. 모든 잘못된 종말론은 그것이 복음의 본질에서 괴리되어 설명된다는 점에서 치명적이다.

하나님 나라의 도래는 바로 하나님의 **지배**의 도래이다. 하나님의 지배는 무엇으로 이루어지는 것인가? 그것은 '힘'으로 이루어지지 않는다. 하나님의 지배는 **하나님의 사랑**으로 이루어지는 것이다. 그런데 하나님의 사랑은 구체적으로 말하면 하나님의 복음 이외에는 없다. 따라서 하나님의 지배의 도래는 하나님의 복음이 전세계에서 철저해질 때만 현실이 된다. 마치 공기가 지상을 채우듯이, 하나님의 사랑의 복음이 세계를 덮을 때, 하나님의 지배가 현실이 되는 것이다. 복음의 철저함, 이것이 종말의 징조이다. 종말은 궁극적인 것의 현실, 곧 세계에 결론이 지어질 때이다. 세계의 결론은 지금 세계가 짊어지고 있는 풀기 어려운 문제라는 무거운 짐이 해답을 받아 모든 의문을 해결하고 모든 눈물을 닦는 것이다. "그날에는 너희가 아무런 일도 나에게 묻지 않으리라"(요 16:23). 한 마디로 말하면 세계가 **구원받는** 것이다. 그러나 세계의 무거운 짐을 풀고, 이것을 구원할 수 있는 것은 복음 이외에는 존재하지 않는다.

세계의 구원으로서의 복음의 철저함, 이것만이 세계의 종말과 상관이 있다. 여기에 종말론의 핵심이 있다. 그 밖의 다른 모든 상황, 특히 '**보이는 현상**'으로 요청되는 모든 상황은 모두 아디아포라[1]이

---

1) [옮긴이] 무관심한 것, 중요하지 않은 것, 선도 악도 아니고, 명령도 금지도 아닌 것.

다. 이 핵심을 잊어버리고서 아디아포라만을 고집하는 데 이른바 '종말론자'가 빈약한 원인이 있다. "그 열심은 지식을 따른 것이 아니다"(롬 10:2).

2

예수에 따르면 종말의 때에 나타나는 모습은 '**고뇌**'(환난)[2]이다(참조. 마 24:21; 고전 7:26). 더구나 그것은 '큰' 환난이고 "세상의 창조로부터 지금에 이르기까지 이러한 환난은 없었고 또한 후에도 없다"(마 24:21)고 말할 정도의 것이다. 종말의 날은 '환난의 날'(막 13:19)이다. 이것은 앞에서 기술한 종말론의 핵심인 복음의 철저함과 얼마나 관련되어 있는가? 역시 이 두 가지 사항에 **필연적** 관련이 있는가? 이 점에 종말론의 최후의 문제가 존재한다고 생각된다.

복음의 본질은 무엇이었는가? 그것은 예수 그리스도의 십자가 곧 하나님의 아픔이며, 이렇게 말할 수 있다면 하나님의 '**고뇌**'였다. 종말은 하나님의 복음이 철저해질 때이지만 그러나 이것을 바꾸어 말하면 하나님의 '고뇌'의 소식 같은 것이 철저해진다는 의미이다. 하나님의 '고뇌'의 소식 같은 것이 철저해질 때, 그 증거로서 세계가 또한 '고뇌'에서 철저해지는 것이 필연적이지 않은가?

---

2) [옮긴이] 일본어 성서 본문은 患難이라고 쓰고 なやみ라고 읽는다고 표기해 두었다. なやみ는 고뇌 또는 고민이다.

예수가 종말을 이야기하는 중에 갑작스럽게 발하신 말씀, "하지만 인자는 우선 많은 **고난**을 받고, 또한 이 시대에 버림받아야 하리라"(눅 17:25)는 성서 말씀도 이로부터 생각될 수 있는 것이 아닌가? 하나님의 아픔의 복음이 갖는 철저함은 세계의 아픔의 철저함을 요구하고, 세계의 구원의 성취는 '인자' 예수의 괴로움을 전제로 한다. 여기서 하나님의 아픔과 종말론의 필연적 관련이 성립되는 것이다.

종말은 하나님의 아픔의 복음이 갖는 철저함과 상관이 있는 까닭에, 하나님의 아픔에 응하는 세계의 아픔이 철저해지지 않는 동안에는 종말이 도래하지 않는다. 종말이 도래하지 않는 것은 아픔이 철저해지지 않기 때문이다. 아픔이 철저해질 때, 종말은 도래할 것이다. 이것이야말로 종말이 도래하는 규준이다. 따라서 '보이는 현상' 속에서 종말의 규준을 구하려는 모든 기획은 물리쳐질 것이다. "그날과 그때를 아는 자는 없다"(마 24:36). 종말에 수반되는 여러 가지 특이한 현상도 그 자체로 우리의 관심사가 되어서는 안 된다. 이러한 상황들을 통하여 **속죄**의 사실인 하나님의 아픔이 철저하고 뚜렷하게 나타나는 것을 우러러보아야만 한다. "이러한 일들이 일어나기 시작하면, 우러러보며 머리를 들어라. 너희들의 속죄, 가까워지리니"(눅 21:28).

가령 우리는 그날과 그때를 알 수 없지만 그럼에도 그때가 **가까워지고 있다는 것**을 알 수 있게 될 것이다. "무화과나무, 또 모든 나무를 보라. 이미 싹이 트면, 너희들이 이것을 보고서 스스로 여름이 가까움을 안다. 이렇게 저런 일들이 일어나는 것을 보면,

하나님의 나라가 **가까움**을 알라"(눅 21:29-31). "땅에서 많은 나라의 백성이 고뇌"하고 있을 때(눅 21:25), 우리에게 때의 조짐을 보는 눈이 요구될 것이다. "그 시체가 있는 곳에 독수리가 모인다"(마 28:24).

22살의 루터가 학생생활을 중단하고 에르푸르트^{Erfurt} 수도원으로 달려갔을 때, 그는 "죽음의 공포와 불안에 둘러싸여 있었다."[3] 당시 루터는 죽음으로 "울타리를 두른 것처럼 둘러싸여(*circumvallatus*) 있었다." 이 '죽음의 시대'를 통과한 루터는 자기의 시대를 '황금시대'(*aurem saeculum*)로 생각하고, 이것에 뒤이어 '끝날'(*der jüngsttag*)이 온다고 믿었다.[4] 하지만 페스트로 괴로워했던 16세기보다도 오늘 이 세기의 고뇌가 확실히 더욱 크다.

신약성서의 일반 통칙에 따라, 종말 이야기에서도 인간의 '고뇌'(*thripsis*, 마 24:21)와 그리스도의 '괴로움'(*pathein*, 눅 17:25) 사이에 빈틈없는 용어의 구별이 이루어져 있다. 이것은 하나님의 아픔과 인간의 아픔이 질적으로 다름을 나타낸다고 생각할 수 있을 것이다. 그러나 질이 다른데도 불구하고 그 **사태**에 입각해서 말하면, '고뇌'와 '괴로움'이 어디까지 엄밀하게 구별될 수 있을까? 말의 구별을 최후까지 고집할 때 마침내 말의 유희에 빠져 오히려 사태를 어둡게 하는 결과가 될 것이다. 지금 이 경우에도 우리는 오히려 이 두 가지

---

3) 1521년 11월 21일자 아버지에게 보낸 편지.
4) Luther, *Tischreden*, *WA*, vol. 1, 108, #258.

말을 매개하여서 하나님의 아픔과 인간의 아픔 사이에 보이는 질적 다름과 사태의 동일성을 배워야 한다.

3

인간의 아픔은 하나님의 아픔을 증거하는 것이지만, 그러나 그것 자체로서 볼 경우, 인간의 아픔은 **하나님의 진노**의 현실에 다름 아니다. 종말에 있어서 '고뇌'도 그것 자체로서 '(하나님의) 진노'(눅 21:23)이고 '형벌'(21:22)이며 '멸망'(살전 5:3)이다. 만일 하나님의 진노의 현실이 하나님의 아픔에 대한 증언으로 사용될 수 있다면, 그것은 오로지 하나님의 아픔의 은총에 의해서이다. 앞의 '하나님의 아픔에 대한 섬김'에서 고찰한 것처럼 세계의 아픔은 하나님의 아픔에 대한 증거가 되는 것에 의해 비로소 그 아픔이 치유된다. 종말에 있어서의 '고뇌'에 대해서도 우리는 다만 이 길을 걸어가기를 희구하는 것이다.

하나님의 아픔의 철저함은 하나님의 아픔에 기초한 **사랑**에 있었다. 그러므로 '그 환난 후에' 나타나는 것은 "큰 능력과 영광을 가지고" 오시는 '인자'의 모습이다(막 13:24, 26). 이 사건이야말로 하나님의 아픔의 승리로서의 하나님의 사랑의 실현에 다름 아니다. 하나님의 사랑에 의해 하나님의 지배 곧 **하나님 나라**가 도래하는 것이다.

이미 본 것과 같이 하나님의 아픔에 기초한 사랑은 우리 신앙자에 대해 한결같은 사랑으로서 우리를 모든 고뇌로부터 **구출**했던 것이다. 그러므로 "이 날 덫같이 오는" 때도 신앙자는 "일어날 만한 모든 일을 **모면**"하도록 기도할 수 있다(눅 21:34, 36).

여기서 우리는 하나님의 사랑의 세 가지 질서가 종말론에서 적절하게 결합되고 관련되는 사실을 보게 된다. 첫째 질서인 하나님의 진노가 즉자적으로는 단적으로 어두운 현실인데도 불구하고, 둘째 질서인 하나님의 아픔의 증언으로서 그 속에서 지양되고 섭취攝取되어 하나님의 아픔은 자기를 하나님의 아픔에 기초한 사랑까지 전개시키며, 이 셋째 질서인 하나님의 사랑은 신앙자를 첫째 질서인 하나님의 진노로부터 구출하는 것이다.

4

종말론은 단지 교의학의 최후의 한 장을 차지하는 부분적 진리에 결코 머무르지 않는다. 종말론은 복음 내지 신앙의 전체 구조를 결정하는 성격이다. 최후로 이 점에 관해 기술해야만 한다.

하나님의 아픔으로서 죄의 용서는 우리 죄인을 완전히 정복하는 은총으로서 완전한 **해결**을 의미한다. 여기가 화해질서이다. 하나님은 **오직** 은총에 의해 모든 해결을 이루셨다. 우리는 이 은총을 믿는 **오직** 신앙에 의해 완전한 구원에 들어간다. '오직 은총', '오직 신앙'이라는 개신교주의의 표어는 이 진리를 말로 표현한 것이다. 이것이 신학적 **공리**의 측면이다. 따라서 이 진리에 주목할 때, 아픔의 현실인 예수 그리스도의 사실에 의해 이미 궁극적인 것, 곧 종말이 도래했다고 말할 수 있다(이 측면을 특히 강조한 것은 널리 알려진 대로 요한복음이다).

하지만 하나님의 아픔은 필연적으로 아픔에 기초한 사랑으로 전개된다. 곧 죄의 용서로서의 은총은 용서받은 죄인을 실제로 성화시키려 하는 은총으로 전개된다. 이것은 신학적 현실태로서의 성화 질서 내지 구속 질서이다. 하지만 이 현실태에서 본질적인 것은 그것이 미완결이고 개방되어 있다는 것이다. 곧 이 현실태는 **미해결**인 것이다. 하나님의 아픔의 전개인 하나님의 사랑, 곧 '간절한 인자'가 이사야 63:15에서 "억눌려서 나타나지 않습니다"라고 기록된 데서 이 현실태의 미해결성이 나타난다고 생각된다. 이 미해결성의 원인은 직접적인 하나님의 사랑, 곧 깨어진 창조질서에 있어서 우리 세계의 불순종이 더욱 여전히 자신의 고유성을 유지하고 있다는 데 존재한다. 그러므로 이 측면의 진리에만 주목할 때는 궁극적인 것, 곧 종말은 장래에 기다릴 만한 희망의 대상이 된다.

그런데 복음의 근본구조는 앞에서 기술한 두 가지 측면, 신학적 공리와 신학적 현실태가 **하나**로 결합되는 곳에 존재한다. 곧 해결과 미해결이 각가의 진실성을 보존하고 유지하면서 그럼에도 하나로 결합되어 있는 것이다. 지금까지의 내용은 다음과 같은 바울의 말 속에서 완벽하게 표현될 수 있다. "내가 이미 얻었다고, 이미 완수했다고 말하지 않고, 그저 이것을 붙잡으려고(파악하려고) **추구하며**, 그리스도는 그것을 얻게 하려고 **나를 붙잡으셨다**"(빌

3:12). 궁극적인 것 곧 종말은 한편에서는 이미 현실이 되어 있는데도 불구하고, 동시에 다른 한편에서는 장래에 추구해야 할 것으로서 나타나 있다. 이 두 가지 모순된 진리가 하나로 결합될 때, 여기서 생기는 긴장이야말로 가장 깊은 의미에서 **종말론적**이다. 이러한 풀기 어려운 모순은 그저 희망에 맡기는 수밖에 없다. 신앙의 긴장은 종말에서의 궁극적 해결을 바라면서 짊어지고 가는 것이다. 해결 속의 미해결, 이 현실 속에 살아 있는 신앙이야말로 가장 깊은 의미에서 종말론적이다. 그런데 이 구조는 복음에서 틀림없이 근본적이었다.[5] 그러므로 이 구조를 결정하는 종말론적 성격 또한 복음에서 근본적이다.[6]

하나님의 아픔은 철저하게 **감싸 안는** 원리였다. 이제 하나님의 아픔이 종말론과 결합되는 것에 의해 종말론 또한 철저하게 감싸 안는 성격을 획득하게 된다. 우리의 종말론이 '부정의 원리'나 '거절의 신학'으로서의 종말론과 근본적으로 다름은 명백할 것이다.

---

5) 참조. 北森嘉藏, 『神學と信条』, 46f.
6) 이 점에 관해서는 Paul Althaus, *Die letzten Dinge*, 4th ed. (Gütersloh: C. Bertelsmann, 1933), 48-51, *Theologische Autsätze*, vol. 1, 117-118을 참고하라.

13장

맺는 말

1

우리의 염원은 예레미야를 본받아 가장 깊이 하나님의 마음을 보는 것이었다. 그리고 이 염원은 예레미야를 본받아 하나님의 아픔을 보는 것에 의해서 충족된다. 하나님의 마음의 내용을 하나님의 아픔으로 보았을 때, 우리는 근저로부터 놀라게 되었다. 그러나 우리는 끝에서 또 하나의 놀라움에 대해 기록해야만 한다. 그것은 우리가 하나님의 아픔을 보는 것이 **허용되었다**는 것에 대한 놀라움이다. 이 놀라움은 내용에 대한 놀라움에 비추어 말하자면, **형식**에 대한 놀라움이다. 하나님의 마음의 가장 깊은 곳에 하나님의 아픔이 있다는 것은 확실히 놀랍지만, 우리에게 하나님의 아픔을 보는 일이 허용되었다는 것이 더욱 놀랍지 않은가? "하나님의 얼굴을 본 자는 죽는다!" 그런데 하나님의 마음을 본 자가 어떻게 오래 살 수 있을까? 실로 하나님의 아픔은 '죽음의 지혜'이다. 죽음을 걸지 않고서는 이것을 볼 수 없다. 죽지 않고 하나님의 아픔을 볼 수 없다면, 하나님의 아픔의 **신학**이 성립될 수 없다는 것을 의미한다. 본다는 것은 **안다**는 것이다. 아는 것 없이 학문은 성립되지 않는다. 아는 자가 반드시 죽어야만 한다면, 학문은 결코 성립될 수 없다.

하나님의 아픔의 신학이 성립되기 위해서는 이런 '보는' 것과 '아는 것'에 특수한 구원의 길 하나가 갖추어져 있어야 한다. 나는 이 구원의 길을 출애굽기 33:22의 말씀을 단서로 해서 제시한다.

─"내 영광이 그곳을 지나갈 때 나는 너를 바위 구멍에 넣고, 내가 지나갈 때 **내 손으로 너를 덮는다**." 우리가 하나님의 영광을 직접 본다면, 그 광채가 우리 눈을 태우고 우리는 그 빛에 맞아 죽게 될 것이다. "너는 내 얼굴을 볼 수 없으니, 나를 본 살아 있는 사람이 있지 않다"(출 33:20). 그런데 하나님은 자기 자신의 손으로 우리를 덮고, 이렇게 우리를 죽음으로부터 면하게 하면서, 그의 영광을 나타내신다. 따라서 우리는 하나님의 직접적인 영광을 볼 수 없으나 우리를 덮는 하나님의 손을 보는 것은 허용되었다. 그런데 우리를 덮는 하나님의 손이야말로 우리를 죽지 않게 하는 하나님의 **구원의 의지**가 나타난 것이다. 그런데 하나님의 마음 안에 하나님의 구원의 의지만큼이나 깊은 마음이 달리 있겠는가? 직접적인 영광에 있어서의 하나님의 마음보다도 더욱 깊은 것이 하나님의 구원의 의지이다. 우리를 덮는 하나님의 손이야말로 실은 가장 깊고 **본질적인** 하나님의 얼굴이다. 구원의 의지는 다른 어떤 것이 아니라 하나님의 아픔으로서의 예수 그리스도의 페르소나이다. 하나님의 아픔은 우리를 구원하면서 자기를 나타내는 하나님의 얼굴이다. 이 하나님의 얼굴의 광채는 십자가의 영광이다.

─모세에게서는 하나님의 마음이 아직 명확히 나타나지 않았기 때문에, 하나님은 "내 손을 뺄 때 너희는 **등 뒤**를 볼 것이며, 나의 얼굴은 보아서는 안 된다"(출 33:23)라고 말씀하셨다. 그런데 바울은 이 하나님의 마음을 예수 그리스도에게서 보게 된 까닭에, 그는 그리스도를 통하여 하나님의 영광과 대면하는 것을 소망의 대상으로 삼을 수 있었다. "우리들은 모두 얼굴 수건을 벗고 거울

에 비치는 것처럼 주의 영광을 보니, 영광에서 영광으로 나아가고, 주님인 영에 의해 주님과 같은 형상으로 변화하게 된다"(고후 3:18). "지금 우리는 거울로 보는 것처럼 보는 바가 흐릿하다. 하지만 그때는 **얼굴을 마주하여 서로 본다**"(고전 13:12).

—신약의 지혜에서 우리를 구원하려고 덮는 하나님의 손이야말로, 실은 하나님의 얼굴 그 자체이다. '영광의 신학'은 오직 '십자가의 신학'을 **통해서만** 우러러볼 수 있다. 하나님의 사랑은 오직 하나님의 아픔에 **기초해서만** 소망할 수 있다. 영광은 십자가 그 자체의 광채이며, 하나님의 사랑은 하나님의 아픔 그 자체의 승리이다. 그렇다면 우리의 임무는 하나님의 아픔으로서의 그리스도의 사랑의 깊이를 깨닫는 데 있다. 이 깨달음이야말로 참된 지식이며 지혜이고, 하나님의 영광을 섬기려고 하는 신학의 증언인 것이다. "아버지는 그 영광의 부유함에 따라서 [그의] 영에 의한 힘으로 너희들의 내적 사람을 강하게 하고, 신앙에 의해 그리스도를 너희의 마음에 살게 하며, 너희들로 하여금 사랑에 뿌리내리고, 사랑을 토대로 하여, 모든 성도와 함께 그리스도의 사랑의 넓이, 길이, 높이, 깊이가 얼마나 되는지를 **깨달아** 그 저울질할 수 없는 사랑을 알 수 있고, 하나님에게 가득한 모든 것으로 너희에게 가득하게 하시는 일을"(엡 3:16-19). 저울질할 수 없는 사랑을 알 수 있게 하는 것은, 사랑 그 자체의 힘 밖에 없다.

—하나님의 아픔의 신학은 그 **내용**인 하나님의 아픔에 대해 놀라는 것과 함께, 하나님의 아픔의 신학을 성립시키는 것이 하나님의 아픔이라는 **형식**에 대해서도 놀라야만 한다. 하나님의 아픔이

라는 내용은 신학의 성립이라는 **형식** 그 자체를 해결하는 것이다. 내용이 **서설**(Prolegomena)에까지 걸어 나와야 한다는 말이 이것이다.[1]

2

'하나님의 아픔의 신학'이 염원하는 바는 하나님의 아픔이 되는 것에 대해 감히 말하는 것이었다. 그러나 우리 인간이 하나님의 것에 대해 어떤 일을 감히 말하려 할 때에는, 우리 자신**의 인간적**인 것을 통하여 말해야 한다. 이것이 **증거**라는 개념의 본질이다. 하나님의 것을 오직 하나님의 것만으로 이야기해서는 증거가 성립하지 않는다. 증명은 하나님의 것을 인간의 것을 가지고 이야기함으로써만 성립한다. 왜냐하면 증거란 하나님의 것을 인간을 향해 말하는 것이기 때문이다. 증거하는 데서 하나님의 것에 인간의 것이 섬긴다. 하나님의 아픔에 대한 증거에서는 사람의 아픔이 이 섬김의 역할을 맡았다. 따라서 이 책의 논술에서 인간의 아픔은 매우 적극적으로 일하고 있다고 할 수 있다. 이 책의 의도가 '하나님의 아픔의 **신학**'인 한 이것은 당연한 일일 것이다.

그렇기는 하지만 지금 우리가 새삼 명기해 둘 만한 것은 인간의 아픔이 의의와 가치를 **받고 있음**은 오히려 하나님의 아픔 그

---

1) 北森嘉藏,『神學と信条』, 105쪽 이하 및 『十字架の主』의 「序說」 참조.

자체에 의한 것이라는 점이다. 참으로 인간의 아픔은 하나님의 아픔의 의의를 해명하기 위해 섬길 수 있다. 그러나 인간의 아픔이 의의를 가지는 것은 그 내재적 가치에 의해서가 아니다. 가치는 어디까지나 증거되는 하나님의 아픔 그 자체에 의해 주어지는 것이다. 인간의 아픔을 가치 있고 존귀한 것이 되게 하는 것은 하나님의 아픔이라는 초월적인 은총이다.

우리는 인간의 정신적 경험 중에서 아픔이 가장 귀중하고 깊다는 것을 인정한다. '눈물과 함께 빵을 먹은 경험이 없는 자'는 함께 이야기하기에 부족하다고 여기는 까닭이다(요한 볼프강 폰 괴테). 또한 비극이야말로 문학의 정수라고 여기는 까닭이다. 다시 성서의 입장에서 말해도 아픔의 경험이야말로 인간을 하나님께로 향하게 하는 계기가 된다. "그들은 환난으로 인하여 나를 찾고 원한다"(호 5:15). "내가 괴로워하기 전에는 헤매어 왔다 하나 이제는 내가 성서 말씀을 지킨다"(시 119:67). 그러나 인간의 아픔은 즉자적으로 나타날 때, 여전히 부서진 창조질서의 현실이며, 어디까지나 반가치적인 것이다. 비극도 포함하여 "모든 예술은 아담과 하와의 타락으로부터 유래한다"(폴 발레리, Paul Valéry) 인간이 낳은 가장 귀중하고 아름다운 것일지라도 그 궁극적인 형상에서는 여전히 어두운 것이다.

복음은 이 궁극적인 어둠을 처리하고 해결하는 구원의 소식이다. 게다가 복음의 내용인 하나님의 아픔이 인간의 아픔에 **호응**하는 것이었던 까닭에 즉자적으로 어둠의 현실인 인간의 아픔이 반대로 구원의 소식과 같은 증거로서 빛의 질서에 서는 것이 허용되었다. 어둠에서 빛으로의 질서의 전환은 아픔에 둘러싸인 하나님과 인간의 호응에 의해서만 가능해졌다. 그것은 결코 인간의 세계에 내재한 가치로 말미암지 않는다. 모든 것을 결정하는 것은 하나님의 **초월적인** 은총이다. 내재성의 모순을 구원하는 것은 초월성이다.

일본의 비극문학이 그리스 비극이나 그 밖의 여러 외국의 비극에 비해 특히 주목할 만한 가치를 가진 것은 그 내용이 하나님의 비극으로서의 하나님의 아픔에 가장 깊이 호응하기 때문이다. 순수하게 내재적으로 고찰한다면, 일본의 비극과 다른 여러 나라의 비극의 가치적 우열은 비교불가능하다고 해야 할 것이다. 무엇보다 일본의 비극이 가장 뛰어나다는 등으로 간단히 말할 수 없을 것이다. 순수하게 문학적인 가치판단에서라면 어쩌면 오히려 반대의 평가까지 생각할 수 있을 것이다(오늘까지 일본의 비극문학이 세계문학의 무대에서 어떤 결정적인 위치를 차지하지 못했다는 점 등도 생각해 보아야만 한다). 그렇지만 그 내용에 입각해 볼 경우, 일본 비극의 핵심인 '쓰라림'이 하나님의 아픔에 가장 깊이 호응하고 있음은 공평한 비교문학이라면 반드시 이를 인정하지 않을 수 없는 까닭에, 우리는 오늘 이 일본의 비극을 신학적 영역에서도 높이 들지 않을 수 없다. 우리의 고찰에서 일본 비극의 의의는 문학적 가치보다도 오히려 신학적 가치에 기초하는 것이다. 신학적 가치란 초월성에 기초한 가치이다.

위와 같이 원리적 순서가 확립되기만 한다면, 하나님의 아픔과 인간의 아픔의 관계에 대해 우리가 매우 자유롭게 생각하는 것도 허용될 것이다. 인간의 아픔이 하나님의 아픔의 상징일 뿐만 아니라, 오히려 하나님의 아픔이 인간의 아픔의 상징이라고 생각하는 것도 허용될 것이다.

> "그렇지만 여기 내 가슴을 강하게 쳤던 것이 또 하나 있다. 그것은 격통을 견디는 부상자의 표정이었다. 더러움에 찌든 수염투성이의 여윈 얼굴은 밤낮으로 격통과 씨름하고 있었기에 그림에 보이는 그리스도의 표정과 닮아 있었다."[2]

3

학문 곧 스콜라(*schola*)는 '여유'를 의미하는 스콜레(*schole*)란 단어로부터 유래한다. 스콜레는 단지 '한가함'을 의미하는 데 그치지 않는다. 학문을 영위하는 사람이 현실로부터 일정한 거리를 유지하고 학문을 영위하기 위해 탄탄한 지반을 확보하는 것, 이것이 바로 여유이다. 이런 의미의 여유가 없으면, 일반적으로 학문은 성립될 수 없다.

---

2) 日比野士朗,「野戰病院」,『嗚淞クリーク』, 中央公論, 1939. [옮긴이] 히비노 시로. 1903-1975. 중일전쟁에 소집되어 참전했다 제대한 후, 상하이 상륙작전을 그린 「우-숀 크리크嗚淞クリーク」로 이케다니신사부로池谷信三郎상을 받았고, 귀환작가에 속했으며, 다이세이요쿠산카이大政翼贊會에 참여하여 등 전쟁을 지원하며 활동하다가 패전 후에 절필하였다.

하나님의 아픔의 신학은 그 학문을 영위하는 우리가 **자기의 아픔**을 통하여 그것에 참여할 때만, 영위할 수 있다. 그런데 우리의 아픔이란 우리로부터 모든 여유를 빼앗아가 버리는 것이다. 여유는 학문에 필수임에도 불구하고, 하나님의 아픔의 신학은 이 여유를 우리로부터 빼앗아가는 아픔을 매개로 해서만 영위된다. 어떻게 해서 이러한 신학이 성립될 수 있는가? 하나님의 아픔의 신학은 그 **대상**인 하나님의 아픔의 힘에 의해서만 성립될 수 있다. 하나님의 아픔 곧 복음은 우리로부터 모든 여유를 빼앗아가는 우리의 아픔을 **처리**하며, 이것의 **해결**을 목적으로 한다. 아픔은 우리를 근저로부터 동요시키는 현실이다. 하지만 우리가 이 현실을 통하여 하나님의 아픔에 참여할 때, 하나님의 아픔은 근저로부터 동요하고 있는 우리를 지탱하는 것이다.

하나님의 아픔의 신학은 우리 자신의 아픔을 통해서만 영위된다. 우리 자신의 아픔을 통해서란 우리가 모든 여유를 빼앗는 파토스적인 현실 속에 자기를 놓아두는 것이다. 하지만 하나님의 아픔의 신학은 어디까지나 **신학**이며 **로고스**이다. 철저하게 파토스적인 현실 속에 있으면서 철저하게 로고스적일 수 있는 것은 우리의 로고스의 대상이 우리의 파토스적 현실을 구원하는 것이기 때문이다.

하나님의 아픔이 우리를 구원할 때, 그것은 이미 하나님의 아픔에 기초한 **사랑**이다. 하나님의 사랑 속에서 구원해내진 자만이 하나님의 아픔의 신학을 영위할 수 있다. 오직 이미 아픔을 **정복**한 자만이 아픔을 **인식**할 수 있다. 세상에는 두 종류의 사람이 있다. 첫째는 실제 아픔의 현실 속에 있으면서 그럼에도 이것을 인식하는 눈이 없는 사람, 둘째는 아픔의 현실을 인식하는 눈을 갖고 있지만 실제로는 아픔의 현실 속에 있지 않는 사람. 이 두 종류의 사람들은 함께 안온할 수 있다. 전자는 주관적인 안온이고, 후자는 객관적인 안온이다. 그러나 이런 사람들에 의해서는 **아픔의 학문**을 낳을 수 없다. 칸트식으로 말하면 전자는 형식이 결여되어 있고, 후자는 질료가 결여되어 있기 때문이다. 아픔의 학문이 성립되기 위해서는 아픔을 **인식**하는 눈을 가진 자가 **실제** 아픔의 현실 속에 들어가야만 한다. 이런 사람에 의해 비로소 아픔의 학문이 나온다. 그러나 이런 사람은 그 순간 **멸망해버리게** 될 것이다. 무릇 **인간**인 한 아픔을 인식하는 눈을 가지고 있으면서 실제 아픔의 현실 속에 들어가는 순간 필연적으로 그의 정신과 육체는 파괴될 것이다. 다만 이 순간 이 인간을 **초월적** 은총이 지탱할 때만, 그에 의해 아픔의 학문이 성립하는 것이다. "내 발이 미끄러졌다고 말할 때, 여호와여 **당신의 연민**이 나를 지탱하십니다"(시 94:18). 이 연민이야말로 하나님의 아픔에 기초한 사랑에 다름 아니다.

4

나는 밤이나 낮이나 하나님의 아픔에 기초한 사랑의 복음이 **현실이 되도록** 기도한다. 실로 이 복음 속에 **모든 것**의 해결이 포함되어 있는 까닭에, 이 복음이 현실이 되기만 하면 모든 것이 채워지는 것이다. 그러니까 '주여, 당신의 아픔에 기초한 사랑을 현실이 되게 하소서'라고 기도한다. 그리고 이 기도가 들려져서 복음이 한 걸음 한 걸음 현실이 되어가는 일만큼 큰 기쁨과 감사란 없다.

하지만 여기서 매우 주의해야 하는 것은, 이 복음이 현실이 될 때도 그것은 어디까지나 '**성문 밖에서**'라는 성격을 보존하고 유지한다는 것이다(히 13:12). 구약에서 희생이 되는 살아 있는 짐승의 몸이 '진영 **밖에서**' 불태워지는 것처럼, 예수도 자신이 피를 가지고 백성을 깨끗하게 하려고 '성문 **밖에서**' 괴로움을 받으셨다. 그러므로 우리 자신도 그의 수치를 짊어지고, 진영으로부터 **나가서** 그 곁에 가야만 한다(히 13:11-13). 복음이 현실이 되는 것은 복음이 성문 **안에**, 도시 중심에 들어가는 것이 아니다. 복음은 '밖에서'의 성격을 유지한 채로 현실이 되어야만 한다. '밖에서'의 성격을 잃어버리고 현실이 된다면, 그것은 이미 복음이 아닌 것이기 때문에 문제가 되지 않는다. 하나님의 아픔의 신학이 진정한 그 자신의 신학으로 머무르려 하는 한, 그것은 끝까지 '밖에서'의 성격을 유지해야만 한다. 하나님의 아픔의 신학은 결코 이른바 '지배적'인 신학 따위가 되어서는 안 된다. "우리는 **지금에 이르기까지** 세상의 쓰레기처럼, 만물의 찌꺼기처럼 되었고…"(고전 4:13).

부록

예레미야 31:20 그리고 이사야 63:15

여호와의 말이라. 에브라임은 나의 사랑하는 아들, 기뻐하는 자식이 아닌가. 내가 그에 대하여 말할 때마다 그를 생각하지 않을 수 없고, 이로써 나의 창자가 그를 위하여 **아프다**. 내가 반드시 그를 불쌍히 여기겠다(렘 31:20).

(エホバいたまう、エフライムは我が愛するところの子, 悦ぶところの子ならずや, 我彼にむかいて語るごとに彼を念わざるを得ず, 是をもて我が腸はらわたかれの爲に**痛む**, 我必ず彼を恤あわれむべし. 文語訳.)

에브라임은 나의 귀한 아들이다. 내가 가장 사랑하는 자식이다. 그를 책망할 때마다 더욱 생각나서, **측은한** 마음이 들어 불쌍히 여기지 않을 수 없었다. 나 주의 말이다(새번역).

에브라임은 나의 사랑하는 아들 기뻐하는 자식이 아니냐? 내가 그를 책망하여 말할 때마다 깊이 생각하노라. 그러므로 그를 위하여 내 창자가 **들끓으니** 내가 반드시 그를 불쌍히 여기리라. 여호와의 말씀이니라(개역개정).

에프라임은 나에게 귀한 자식이요 귀여운 자식이 아니던가! 그에 대해 이야기할 때마다 더욱 그가 생각난다. 그러니 내 마음이 그를 **가엾게** 여기고 그를 몹시도 가여워하지 않을 수 없다. 주님의 말씀이다(가톨릭 성경).

원컨대 하늘로부터 굽어보십시오. 그 영광스런 깨끗한 처소로부터 보아주십시오. 당신의 열심과 당신의 큰 능력 있는 행위는 이제 어디에 있는지. 당신의 **간절한 인자**와 연민이 억눌려서 나에게 나타나지 않습니다(사 63:15).

(ねがわくは天より俯ふしみそなわし、その榮光あるきよき居所すみかより見たまえ、なんじの熱心となんじの大能ちからあるみわざとは今いずこにありや、なんじの**切なる仁慈**と憐憫とはおさえられて我にあらわれず. 文語訳).

하늘로부터 굽어 살펴 주십시오. 주님이 계시는 거룩하고 영화로우신 곳에서 굽어보아 주십시오. 주님의 열성과 권능은 이제 어디에 있습니까? 이제 나에게는 주님의 **자비**와 긍휼이 그쳤습니다 (새번역).

주여, 하늘에서 굽어 살피시며 주의 거룩하고 영화로운 처소에서 보옵소서. 주의 열성과 주의 능하신 행동이 이제 어디 있나이까? 주께서 베푸시던 **간곡한 자비**와 사랑이 내게 그쳤나이다(개역개정).

하늘에서 굽어보소서. 당신의 거룩하고 영화로운 거처에서 굽어보소서. 당신의 열정과 당신의 위력이, 당신의 **연민**과 당신의 자비가 어디에 있습니까? 그것들이 이제는 저희에게 허락되지 않습니까?(가톨릭 성경)

1

예레미야 31:20 속에서 이상한 어구를 발견한 이래, 나는 밤낮으로 이 어구를 계속하여 생각해왔다. 그것은 나에게 문자 그대로 **이상한** 말이었다. 그 후에 이 어구가 이사야 63:15과 연관되어 있는 것을 알고서, 나는 이 어구에 담긴 비의에 점점 더 놀라게 되었다. 그 어구는 예레미야 31:20에서 "나의 창자가…아프다"로 번역되고, 이사야 63:15에서 "간절한 인자"로 번역된다. 나는 아래에서 이 어구를 가능한 한 객관적으로 고찰해 보려 한다.

예레미야 31:20의 hāmû mēʿāî(나의 창자가…아프다) 및 이사야 63:15의 hāmōn mēʿêkā(간절한 인자)를 구성하는 각각의 두 단어는 양자에서 완전히 공통이다. 곧 양자가 공히 명사 mēʿaîm과 동사 hāmāh로 이루어져 있다. 전자는 '창자'(腸はられた, bowel)를 뜻하고, 마음이 존재하는 장소, 나아가 '마음'의 뜻으로 사용되는 단어이다. 이 단어의 경우 거의 문제가 없다. 문제는 후자인 동사 hāmāh에 있다. 이 단어는 첫째, 여러 종류의 음성이 '울려 퍼지다(to sound)'란 뜻으로 사용된다(예를 들어 사 17:12; 렘 5:22의 바다의 함성, 사 59:11; 시 59:6의 짐승의 소리, 시 46:6 군중의 소음 등). 둘째, 이 단어는 인간의 (그리고 하나님의!) **심적인 상태**에 대해 사용된다. 문제는 이 둘째 용법이다.[1]

---

1) Gesenius, *Hebräisches und aramäisches Handwörterbuch über das Alte Testament*, 17. Auflage, 184, David Cassel, *Hebräisch-deutsches Wörterbuch*, 10. Auflage, 79.

*hāmāh*란 단어가 하나님 및 인간의 심적인 상태에 대해 사용된다고 했는데 그렇다면 도대체 **어떠한** 심적인 상태인가? 이것을 분명히 하기 위해서는 이러한 용법이 쓰인 곳을 하나하나 열거하여 보는 것이 가장 확실하다. 하나님에 대해 사용되고 있는 것은 처음에 들었던 예레미야 31:20과 이사야 63:15의 두 곳이다. 다른 것은 모두 인간에 대해 사용된다. 곧 예언자나 시편 작가 등이 자기 마음의 상태에 대해 이 단어를 사용한다. "아이고 내 창자야, 내 창자야, 아픔이 마음속에 미치고 내 가슴이 **뛰고**(*bōmĕh*)"(렘 4:19). "이러므로 내 마음이 모압을 위해 피리처럼 **탄식하며**(*yĕhĕmĕh*), 내 마음이 길 헤레스를 위해 피리처럼 **탄식한다**"(렘 48:36). "저녁에 아침에 낮에 내가 탄식하고 또 **슬픔에 신음한다**(*ĕhĕmĕh*)"(시 55:17). "이러므로 내 마음속(心腸)은 모압을 이유로 하여 거문고처럼 **울리고**(*yĕhĕmû*), 길 하레셋을 이유로 하여 내 속마음(衷) 또한 그렇다"(사 16:11). "내가 쇠약하고 끝에 심하게 상처 입어, 내 마음이 **평온하지 않아**(*nehāmāh*), 그리하여 신음하며 부르짖네"(시 38:8). "그 **생각하고 고뇌하는** 일은…"(시 39:6). "아! 내 영혼이여…어째서 내 속마음에서 **생각이 어지러운지**"(시 42:5, 11, 43:5). "내가 하나님을 생각하면서 **매우 고뇌한다**"(시 77:3). 그리고 "내 사랑하는 사람이 문구멍으로 손을 밀어 넣으면, 내 마음이 그이 때문에 **움직이고 있어**(*hāmû*)"(아 5:4) 등.

─이상 열거한 곳(마지막 아가서에서 나온 예는 잠시 제외하고)에서 예언자나 시편 저자 등이 *hāmāh*라는 단어로 가리키려는 한 가지 사실에 대해서, 어떤 결정적인 인상 하나를 받았다고 생각한다. 인간의 심적인 상태에 대해 기술된 이 구절들로부터 받은 이러한 인

상에 따라서 우리는 이 동일한 단어가 **하나님**에 대해 기술하는 경우에 어떠한 사실을 가리키는 것인지에 대해서도 유일한 실마리를 받는다. (그리고 이러한 인간의 심적인 상태로부터 미루어 하나님 자신에게서 일어나고 있는 사실에 대해 아는 것이 **허용되는** 것은 오로지 **하나님의 은총**에 의해서이다. 마치 방탕한 아들과 그 아버지에 대한 예수의 비유, 이 인간의 세계에서 일어난 사건으로부터 하나님의 마음을 아는 것이 허용되는 것처럼.)

지금 열거된 곳에서 *hāmāh*라는 단어가 가리키는 사실에 하나의 공통점이 있음도 부정할 수 없다. 더구나 이것이야말로 예레미야가 이 단어를 **하나님 자신**에게 적용한 31:20에서도 발견할 수 있는 것이 아니겠는가? 이곳에서 예레미야는 예언자나 시편 저자의 마음에서 일어난 하나의 사실이 하나님에게서도 일어나고 있음을 본 것이 아니겠는가? 그렇다면 어떠한 사실인가? 말하자면 **아픔**이라는 사실! 하나님의 아픔이라는 사실!!

우리는 '하나님의 아픔'이 무엇을 의미하는지 알 수 없다. 그러나 우리는 우리 **인간**의 마음에서 일어나는 '아픔'이라는 사실을 알고 있다. 우리에게 알려진 이 사실을 통해 하나님은 자신의 마음에서 일어나고 있는 사실을 우리에게 나타내려고 하시는 것이다. 방탕한 아들에 대한 아버지의 사랑이란 우리에게 알려진 **인간적** 사실로서 예수가 '하늘 아버지'에게서 일어나고 있는 우리에 대한 사랑을 나타내시는 것처럼 말이다. 이것은 토마스 아퀴나스 식의 '존재의 유비'가 아니라, 하나님의 **연민**이다.

이리하여 예레미야는 죄인에 대한 하나님의 사랑을 나타내려고 가장 엄밀한 표현으로서 이 '아픔'이란 단어를 사용하지 않을 수 없었을 것이다. 예레미야가 보았던 하나님의 사랑이라는 **현실**의 격렬함은 그저 이 '아픔'이라는 단어로만 지탱되어서 견뎌내는 것 같았을 것이다. 따라서 이 단어에서 이 격렬함을 잃어버리는 것 같은 방식으로 이 단어를 고쳐 말할 때, 그것은 이 단어가 가리키는 **사실 그 자체**도 잃어버리고 말 것이다. 가령 이것을 게제니우스Gesenius와 같이 '동정의 느낌'(*Sympathieempfindung*)으로 나타내든지, 카셀Cassell과 같이 '연민'(*Erbarmen*)의 정으로 나타낼 뿐이라면, 이 단어에서 결정적인 무엇을 잃어버리기에 이를 것이다. 예레미야가 보았던 현실은 '동정'이나 '연민'이란 단어로 번역되지 않고, 질식되는 것이다. (사람들은 여기서 하나님의 아들의 성육신이란 교리를 인간적인 정감을 일으키는 하나님의 '동정'의 눈물이라고 냉소한 포이어바흐Feuerbach나 '온정이나 선의'야말로 그리스도교적 신관에서 유래한 최악의 도덕이라 매도한 니체Nietzsche를 생각할 것이다!) 여기서 필요한 것은 이미 어학적 천착의 감각이 아니라 **은총에 대한 감각**이다. 우리는 이 은총에 대한 감각에 가장 예민했던 증인 두 사람에게서 듣는다. 곧 번역자로서의 루터와 주해자로서의 칼뱅이다.

　　루터는 예레미야 31:20을 다음과 같이 번역하고 있다. darum bricht mir mein Herz gegen ihn, dass ich mich sein erbarmen muss.[2] 그런데 이 mein Herz bricht mir[3]라는 독

---

2) [옮긴이] 그러므로 그를 불쌍히 여겨야만 하는, 그에 대한 내 마음이 깨어진다.
3) [옮긴이] 내 마음이 깨어진다.

일어는 다음과 같이 다른 말로도 표현된다. Ich empfinde den heftigsten Schmerz(나는 지극히 격한 아픔을 가진다). 개정영역[RV]의 mine bowels are troubled for him[4] 및 현행 일본어역(문어역)의 "내 창자가…아프다"는 대체로 이런 루터역과 일치한다. 70인역[LXX]의 ἔσπευσα 및 불가타역[Vulgata]의 *conturbata*도 어느 정도 달라도 거의 같은 방향을 나타낸다고 생각한다.[5] 더욱 앞에 든 카셀 사전에도 '탄식하다, 울부짖다'(klagen, jammern)의 의미가 나타나 있음도 부기해 준다. 루터의 번역과 나란히 주의해야 할 것은 칼뱅의 주해다. 예레미야 31:20에 대해 다음과 같이 말하고 있다.

─"하나님은 이곳에서 그의 큰 인자가 이스라엘인에게 아무런 영향도 주지 못했기에, 그들에 대해 탄식하고 계신다. 하나님이 그들을 아들로 삼으신 일은 비상한 은총이었기 때문이다. 그러나 그들은 배은망덕한 행위로 그 은총을 헛일로 만들고 말았다. 그래서 하나님은 거기서 스스로 물으신다. 이스라엘인은 도대체 어떠한 자들이었는가라고…에브라임은 아무런 존경할 가치도 없고 결코 사랑의 대상도 아니었다.…그들은 아들이 된 은총을 가능한 한 헛일로 만들었기에, 아무런 연민의 가치도 없었다.…이 아들은 존귀하지도 않고 존경할 가치도 없고 사랑의 대상도 아니었다.…이 아들은 성질이 사곡했기 때문에, 하나님은 그에 대하여 아무런 사랑도 가질 수 없었다. 이스라엘인은 마음이 악한 아들들이며 불순

---

4) [옮긴이] 내 창자가 그로 인해 괴롭다.
5) [옮긴이] ἔσπευσα는 '서둘렀다'이고 *conturbata*는 '혼란에 빠졌다'이다.

종하는 아들이고, 그저 그들의 아버지를 괴롭히고 그 감정에 상처 입히고, 그를 슬픔으로 가득하게 하는 데 그쳤던 아들이었다.… 그들의 사곡과 부패가 이렇게도 크기에, 의혹 하나가 일어날 것인데, 하나님이 여전히 그들을 인내하는 것이 가능하실까라는 것이다. 이런 까닭에 우리의 주의를 큰 연민의 샘으로 되돌리는데, 곧 하나님은 일찍이 그들을 선택하셨기 때문에 그들을 용서할 수 있다는 사실이다.…(이리하여 칼뱅은 "내 창자가…아프다"란 구절에 다다른다). 하나님은 그 화해의 은총을 더욱더 드높이신다. 그리고 말씀하시기를, 내 창자가 그를 위하여 울려 퍼진다, 내가 반드시 그를 불쌍히 여겨야 할 것이라고. 이런 까닭에 하나님은 자기 자신에게 인간적 감정을 돌리고 계신다. 왜냐하면 창자는 이상한 **아픔**(*dolor*) 아래서 요동하며 울리기 시작하기 때문이다. 그리고 큰 슬픔에 눌려있을 때, 우리는 깊이 탄식하며 신음하기 때문이다. 이리하여 하나님이 상냥한 아버지로서의 감정을 표현하실 때, 그는 말씀하신다. 나는 내 백성을 다시 은총 속에 수용하기를 바라는 까닭에 내 창자가 울려 퍼진다고. 이런 일은 확실히 본래 하나님에게 속하지 않는다. 그러나 하나님은 우리에 대한 그의 사랑의 크기를 다른 방법으로 표현할 수 없으신 까닭에, 우리의 무지에 당신 자신을 적응시키기 위해서 조잡하게 말씀하신다."[6]

이와 같이 루터나 칼뱅 모두 예레미야 31:20에서 '하나님

---

6) Calvin, *Corpus Reformatorum*, vol. 66, *Calvini Opera*, vol. 38, 675-677, *Commentary on Jeremiah* (Edinburgh: The Calvin Translation Society, 1854), vol. 2, 106-109.

의 아픔'이란 사실을 보았다. 더구나 이렇게 루터가 말하는 '아픔'(Schmerz)이나 칼뱅이 말하는 '아픔'(dolor)은 결코 '감상적'이지 않다. 무릇 루터나 칼뱅만큼 '감상성'으로부터 먼 사람도 없을 것이다. 여기서 논의되는 것이 다른 어떤 것일지는 몰라도 '감상적'이란 단어만은 들어맞지 않는다. 왜냐하면 '하나님의 아픔'은 우리가 알고 있는 모든 사실 중에 가장 **격렬**한 것이기 때문이다. '하나님의 아픔'에 대해 말하는 사람을 감상적인 사람이라 하는 자는 누가복음 15장이나 로마서 5장을 감상적이라 하는 사람뿐일 것이다.

위와 같은 칼뱅의 주해와 거의 동일한 방향으로 가는 두 세 주해자를 예로 들어보자.

"에브라임에 대해 야웨는 단지 말로 하는 위협이 아니라, 심판의 행위에 의한 형벌에 대해 말한다. 주님이 에브라임을 벌해야만 하는데도 불구하고, 아직 그의 일을 생각하신다면, 그것은 에브라임이 하나님에게 소중한 아들이라는 이유여야만 한다. 그러나 그것은 에브라임의 태도에 따라서도 아니고, 또 하나님에 대한 복종과 충성으로 하나님을 기쁘게 해서도 아니며, 아들을 놓지 않으려는 하나님의 불변의 사랑에 의해서다. 아들 되는 에브라임은 그 정도로 아버지 하나님을 **고통스럽게** 한다."[7]

"야웨의 이 아름다운 혼잣말에서 예언자는 가장 대담한 신인

---

[7] Carl Friedrich Keil, *Biblischer Commentar über den Propheten Jeremia* (Leibzig: Dörffling und Franke, 1872), 329.

동형론에 대해 머뭇거리지 않는다. 에브라임의 이름이 하나님의 입술을 지날 때, 항상 상냥한 추억이 그의 마음에 되살아나고 있다. 확실히 하나님은 에브라임의 행위에 대해 공포와 위협으로 말할 수밖에 없는데도 불구하고, 그 이름을 부르는 것으로 진노 속에서조차 예전 사랑을 모두 되살려낸다. 하나님은 **상극인 감정의 역설**에 놀라면서도, 그의 배은망덕과 불순종에도 불구하고 그의 이름을 부를 때마다 옛 애정이 불가항력적으로 솟아오르는 이유는 에브라임이 나의 사랑하는 아들이기 때문인가라고 스스로 물으신다."[8] "야웨 자신이 그의 마음속에서 에브라임에 대한 사랑을 발견하는 데 대해 괴이하게 여기신다."[9] (더구나 칼뱅Calvin, 카일Keil, 피크Peake, 기제브레히트Giesebrecht, 멩게Menge 등이 모두 20절 상반을 "에브라임은 나의 사랑하는 아들, 기뻐하는 자식**인가**"라 하고 있다. 현행 일본어 문어역 및 루터 번역의 "~ 아닌가"라는 번역보다, 이 학자들 및 개정영역RV 등의 "~인가"라는 번역이 적절하다고 생각된다.[10] 또 기제브레히트가 "내가 그를 향하여 **말할** 때마다…"를 "내가 그를 향하여 **화낼** 때마다…"로 고쳐 읽는 것은, 그 타당성이야 어찌되었든 시사하는 바가 풍부하다고 생각한다. 멩게의 번역에도 "내가 그를 위협할 때마다…"로 되어 있다.) 피크가 예레미야서 전체에 대해 기술하고 있는 다음과 같은 말도, 이 구

---

8) Arthur Samuel Peake, *Jeremiah* (Edinburgh: T. C. & E. C. Jack, 1911), vol. 2, 94.
9) Friedrich Giesebrecht, *Jeremia* (Göttingen: Vandenhoeck und Ruprecht, 1907), 160.
10) [옮긴이] 기타모리는 9장에서 이것을 자신의 사역으로 제시한다.

절에 대한 이해에 도움이 될 것이다.

　-"우리는 예레미야가 하나님에 의해 짊어지게 된 십자가의 중압 아래서, 곧 자기 동포의 죄와 슬픔, **하나님의 아픔**과 **자기 자신의 아픔** 때문에 생애 동안 계속되는 고뇌 밑에서 비틀거리고 또 비틀거리는 것을 본다."[11]

　이상에서 살펴본 대로 예레미야 31:20에서 언급되는 사실이 '하나님의 아픔'이라는 말로 지시되는 것과 같다는 데는 의심의 여지가 없다. 그러나 '하나님의 아픔'은 단지 하나님의 아픔의 강함이나 열렬함을 수식하려고 사용하는 '형용하는 말'이 결코 아니다. '하나님의 아픔'은 '하나님의 사랑'과 별개의 사실이어야만 한다. 곧 '하나님의 아픔'은 이미 '하나님의 사랑'을 일단 **등지고** 있는 사람에 대한 사랑이다. '하나님의 아픔'은 직접적인 '하나님의 사랑'을 부정적으로 매개하는 계기로서 자기 속에서 지양하고 있었고, 이것은 '하나님의 사랑'보다 한 단계 높은 차원의 것이다. 이러하므로 '하나님의 아픔'은 **십자가의 사랑**을 증명하는 것일 수 있다. 십자가의 사랑의 본질은 이미 하나님의 사랑을 일단 **등지고** 있는 자에게 쏟아 붓는 하나님의 사랑이라는 점에서 발견된다. 직접적인 '하나님의 사랑'은 바로 **율법**이다. 이 율법으로 증거되면서, 그런데도 이 율법 밖에서 나타나는 하나님의 사랑이야말로 복음으로서의 '하나님의 아픔'이다. '하나님의 아픔'과 십자가의 사랑이 함께 하나님의 사랑을 **부정**하고 있는 인간의 죄를 **부정**하면서

---

11) Peake, *Jeremiah*, vol. 1. 서론, 30.

쏟아 붓는 사랑, 곧 부정의 부정으로서의 **절대 긍정**의 사랑이다. 따라서 인간은 직접적인 '하나님의 사랑'은 등질 수 있어도, '하나님의 아픔' 곧 십자가의 사랑은 등질 **수 없다**.

    여기서 우리는 깊이 생각해야 한다. 하나님의 아픔을 등지지 않고서 살 수 없는 죄인이, 이런 그를 자기 자신의 것으로 가지시는 하나님의 사랑 곧 '하나님의 아픔' 속에서 파악될 때, 거기서 어떠한 일이 일어나는가? '하나님의 아픔' 속에 있는 죄인이 이미 어떻게 해도 하나님을 등질 **수 없을** 때, 거기서 일어나는 것은 이 죄인에 대한 '하나님의 아픔'의 완전한 **승리**이다. 죄인이 이미 어떻게 해서도 십자가의 그리스도의 사랑을 등질 **수 없을** 때, 거기서 일어나는 것은 그리스도의 완전한 승리 곧 **부활**이다. '하나님의 아픔'의 승리는 이 '아픔'도 꿰뚫은 하나님의 **사랑** 곧 '하나님의 아픔에 기초한 사랑'이다. 십자가의 그리스도의 승리는 이 십자가의 죽음도 정복했던 그의 부활이다. 이리하여 하나님의 '아픔'은 **곧바로** 하나님의 '사랑'이다. 그리스도의 죽음은 **곧바로** 그의 부활이다. 그리스도의 죽음이 그의 부활을 그 '이면'(Kehrseite)에 수반하고 있는 것처럼,[12] 하나님의 '아픔'은 하나님의 '사랑'을 그 이면에 함께 가지고 있어야만 한다. 여기서 이사야 63:15로 우리 눈을 돌리는 것이 필요하게 되었다.

---

12) Wrede, *Paulus*, 61.

2

이미 기술한 바와 같이 이사야 63:15의 "간절한 인자"는 예레미야 31:20의 "내 창자가 아프다"와 완전히 동일한 단어로 이루어져 있다. 위에서 우리가 오로지 예레미야 31:20에 대한 연구를 진행했고 그 결과 '하나님의 아픔'이란 개념을 확실히 할 수 있었다. 그런데 이제 눈을 돌려 이사야 63:15를 보면 완전히 동일한 단어가 하나님의 아픔으로서가 아니라 명확히 **하나님의 사랑**을 지시하는 단어로 쓰이고 있다. 이것에 대하여 70인역이 이 히브리어를 명백히 하나님의 '사랑'을 표시하는 ἔλεος[13]라는 그리스어로 옮겨 놓은 이래 모든 번역과 주해가 동일한 길을 걸어가고 있다. 그리고 이것이 타당하다는 것은 이 단어와 대치적으로 사용되는 '연민'이란 단어로부터 분명해진다. 마침 예레미야 4:19에서 $hāmāh$가 이것과 대치되어 있는 '아픔이 마음속에 미치고'로부터 그 의미를 결정할 수 있는 것과 같이 이사야 63:15에서 $hāmāh$는 이것과 대치되어 있는 '연민'으로부터 그 의미를 결정할 수 있다. 또한 다음 16절의 놀라운 말 곧 '속량주'로서의 하나님에 대한 부르짖음에서도 같은 통찰이 주어질 수 있을 것이다. 요컨대 문제의 $hāmāh$란 말이 이사야 63:15에서는 하나님의 '사랑'을 지시한다는 것은 의심할 수 없다. 더구나 이 경우 하나님의 '사랑'은 인간이 즉각적으로 등질 수 있는 것 같은 직접적인 '하나님의 사랑'이 아니라 "아브라

---

13) [옮긴이] 자비 또는 인자.

함은 우리를 모르고 이스라엘은 우리를 인정하지 않아도, 그렇기는 하나 여호와여, 당신은 우리의 아버지이니"(사 63:16)와 같은 사랑, 곧 **한결같은** 하나님의 사랑이다.

이렇게 고찰해 온 *hāmāh*란 단어가 동시에 '아픔'과 '사랑'으로 **바꾸어 쓸 수 있는** 것이라는 점도 발견할 수 있다. 하나님의 사랑을 등지고 있는 인간에게 쏟아 붓는 하나님의 사랑, 곧 '하나님의 아픔'은 이런 인간의 반역을 완전히 정복한다는 의미에서 또 즉각적으로 하나님의 '사랑'이 된다. 따라서 *hāmāh*란 단어가 동시에 '아픔'과 '사랑'을 의미하는 것은 단순히 어학상의 비의가 아니라, 이 단어가 지시하는 **은총의 사실**의 비의이다. 곧 십자가의 그리스도가 즉각적으로 부활의 그리스도이며, 칭의가 즉각적으로 성화라는 은총의 비의이다.

>이와 같이 동일한 단어가 동시에 두 의미를 포함함으로써 오히려 사실의 구체적 이해에 도움이 된다는 것도 흥미로운 일인데, 이런 경우의 뚜렷한 한 가지 예를 철학사에서 구한다면 칸트 철학에 있어서의 transzendental이란 단어이다. 널리 알려진 대로 이 단어는 칸트 철학에서 근본적 역할을 담당하고 있는데, 이전에 이 말은 오로지 '선험적'이란 의미로 이해되어왔다. 그러나 요사이 이 말을 엄밀히 '초월론적'이란 뜻으로 이해해야만 한다고 주장하기에 이르렀다. 이 주장이 옳다. 그러나 실로 칸트 인식론의 진수는 transzendental이란 말에 '선험적'과 '초월론적'을 **함께** 포함시킬 때 비로소 능히 파악되는 것이라 하겠다.

그런데 *hāmāh*란 히브리어가 동시에 '아픔'도 '사랑'도 지시하는 단어라는 것은 대체로 분명해졌지만, 그러나 여기서 확실히 해둘 것은 이 말이 '사랑'도 지시한다는 이유로, 예레미야 31:20의 경우도 단지 하나님의 사랑의 강함을 형용하는 데 지나지 않는다고 결론지어서는 안 된다는 점이다. 이 단어가 인간의 심적인 상태에 대해 사용되는 예는 앞에서 든 열한 구절에 대체로 다 들어 있다고 생각하지만, 그 안에서 적어도 열 구절(아 5:4 제외)의 예는 이처럼 '아픔'을 나타내는 방향으로 사용되고 있고 '사랑'의 뜻에는 전혀 사용되고 있지 않다. 이것은 주해자들이 다음과 같이 인정하고 있는 바이다. 예를 들어 예레미야 4:19의 "내 가슴이 뛰고"는 (이미 기술한 것처럼) 이와 대치되어 있는 "아픔이 마음속에 미치고"(불가타Vulgata는 *doleo*, 개정영역RV은 I am pained, 유대역Jewish Version은 I am twisted with pain.[14])라는 말로 미루어 분명히 '아픔'이란 뜻이며, 카일Keil은 이를 '탄식'(Klage)이라고 주해하고, 피크Peake는 '고뇌'(anguish)라고 주해하고 있다. 또 이사야 16:11의 "내 마음 속은…울리고"를 칼뱅은 '아픔'(*dolor*)이라고 주해하고,[15] 델리취Delitzsch도 '아픔'(Schmerz)으로 주해한다.[16] 시편 55:17의 "슬픔에

---

14) [옮긴이] *doleo*는 '나는 아프다', I am pained는 '나는 고통스럽다', I am twisted with pain는 '나는 고통으로 일그러진다'.

15) Calvin, *Corpus Reformatorum*, *Calvini Opera*, vol. 36, 309.

16) Franz Delitzsch, *Biblischer Commentar über den Propheten Jesaja* (Leipzig, Dörffling und Franke 1869), 224.

신음한다"를 칼뱅은 동일하게 '아픔'(dolor)이라고 주해하고,[17] 브릭스Briggs도 '아픔'(pain)이라고 주해하고 있다.[18] 다시 시편 77:3의 "매우 고뇌한다"도 칼뱅은 동일하게 '아픔'(dolor)이라고 주해하고 있다.[19] 이렇게 거의 모든 곳에서 *bāmāh*는 '아픔'의 뜻으로 이해되고 있다.

문제로 유보해둔 아가 5:4의 "내 마음이…움직이고 있어"도 정말로 '사랑'의 뜻으로 기울어 있는지는 의문이다. 이 구절의 번역을 보면 루터는 떨기 시작하다(erzittern), 슈태르크Staerk는 전율하다(beben), 카우취Kautzsch는 파도가 일다(wallen), 개정영역RV은 움직이다(to move)로 되어 있고, 다만 유대역Jewish Version만이 그리워 찾다(to yearn for)란 뜻을 취하고 있다. 오히려 이 경우도 시편 38:8의 "평온하지 않은 일" 정도의 의미일지도 모른다. 한 걸음 양보해서 이 구절을 '사랑'의 뜻으로 이해한다 해도, 열한 곳의 예 중 단 하나에 지나지 않는다. 이렇게 살펴본 대로 *bāmāh*라는 말은 대다수의 경우에 '사랑'보다도 '아픔'의 뜻으로 사용되었다고 해야 한다. 따라서 예레미야 31:20도 먼저 일차적으로 '아픔'이란 뜻을 취할 만하며 그런 후에 앞서 기술한 은총의 비의에 어울리는 것으로서 '사랑'이라는 뜻에 이어진다고 생각해야만 한다. (20절 끝부분

---

17) Calvin, *Corpus Reformatorum*, Calvini Opera, vol. 34, 224.

18) Charles Augustus Briggs, *A Critical and exegetical commentary on the Book of Psalms*, International Critical Commentary (Edinburgh: Clark, 1906), vol. 2, 25.

19) Calvin, *Corpus Reformatorum*, Calvini Opera, vol. 31, 712.

에 있는 "내가 반드시 그를 **불쌍히** 여기겠다"는 이를 전한다고 할 수 있다.) 확실히 '아픔'은 즉각적으로 사랑이지만, 이 '사랑'은 어디까지나 '아픔'에 **기초한** 것이어야 한다.

그런데 '아픔'을 통하는 일이 **없이** 직접적인 '사랑'만을 보고서, 예레미야 31:20도 단지 "그리워 찾다"와 같이 '사랑'을 형용하는 데 지나지 않는다는 것은 실로 단지 언어적 석의에 빠져 있을 뿐만 아니라, 이 말이 지시하는 **은총의 사실** 그 자체에 걸려 넘어지고 있는 것이 아닌가? 곧 거기서 일하고 있는 것은 그리스도의 십자가에 대하여 베드로로 하여금 "주님, 그것은 안됩니다"(마 16:22) 라고 말하게 한 사탄의 영이 아닌가? 우리는 예레미야 31:20을 반드시 하나님의 '아픔'으로서 받아들여야만 한다(이미 70인역과 불가타가 이 올바른 길을 걸었다). 게다가 이 동일한 단어가 이사야 63:15 에서 **명확히** 하나님의 '사랑'을 나타내고 있는 것은 이 단어를 사용하여 봉사하게 하는 은총의 사실에 대응하는 비의이다. 이렇게 생각했다면 성서 석의뿐만 아니라 **성서번역**도 이미 신앙의 고백이다.

이상에서 매달렸던 석의적 연구의 결과를 더욱 확실히 하기 위해서, 예레미야 31:20이 **예레미야서 전체**에서 차지하는 지위를 보려 한다. 먼저 예레미야서의 **외적 구성**으로부터 보면, 전체 52장 가운데 이 31장은 (약간 불명료하지만 30장도) 전체의 **최종적인 부분**을 형성하고 있으며, 연대로 말하자면 예레미야의 소명인 기원전 626년부터 바빌론 포로인 기원전 586년에 이르는 예레미야의 예언적 활동 중에 이 31장은 최후인 586년의 예루살렘 함락 후에 기록된 것이라고 생각된다. (델리취Delitzsch나 오렐리Orelli 등의 학자는 31:15-22을 40:1의 기사와 연결하고, 바빌론 포로로 가는 도중 라마를 지난 후에 예레미야에게 임한 '여호와의 말'이라고 이해하고 있는데, 시사하는 바가 풍부하다. 이 구절들을 억지로 31장 전체에서 잘라내어 초기의 것이라고 하는 피크의 견해를 나는 채택하지 않는다.) 이렇게 31장을 전체로서 예레미야의 최후의 말로 볼 때, 여기에 나타나 있는 진리가 **궁극적인** 것이라고 예상할 수 있을 것이다. 31장은 예레미야가 나타낸 진리 속에서 **최고의** 것을 말하고 있다.

이것은 다음에서 예레미야서의 **내적 구성**을 봄으로써 뒷받침된다. 예레미야서는 31장을 제외하고는 대부분 '**하나님의 진노**'의 선언으로 일관하고 있다. (3장도 예외가 아니다. 30장은 물론 대체로 31장도 동일한 하나의 무리를 이룬다고 생각되지만, 14절이나 22절 이하를 보면 상당한 의문이 있다.) 하나님의 진노가 **완전히** 모습을 지우고 하나님의 사랑만이 지배하고 있는 것은 31장뿐이다. (이것은 분명히 이 구절들이 586년 예루살렘 함락이라는 하나님의 진노의 파국이 완료된 후에 기록되었다는 사실에 대응하고 있다.) 예레미야의 40년간에 이르는 예언활동 속에서 하나님의 진노가 완전히 하나님의 사랑에 의해 극복되었다는 선언이 이 구절들에서 처음으로 시작되었다. 40년간에 걸친 '하나님의 진노'의 선인, 얼마나 참혹한 사명인가! 이 예레미야가 비로소 '하나님의 진노'의 선언으로부터 해방되었다. 그리고 이 결정적 순간에 예레미야가 들었던 하나님의 말이 바로 "나의 창자가 아프다!"였다. 하나님의 진노는 이미 지나갔다(제2이사야의 "위로하라, 위로하라"라는 소식을 상기시킨다). 하나님의 사랑은 하나님의 진노를 완전히 극복했다. 이제 야웨의 백성은 다시 그의 사랑 속으로 복귀하게 될 것이다. 남왕국 유다만이 아니라 북왕국 이스라엘(에브라임)도 또한! 이제 하나님이 새로운 일을 창조하실 것이다. 곧 남편 되는 야웨를 버렸던 아내 이스라엘이 다시 남편에게 돌아가는 일이다(이것이 22절의 의미이다).

이러한 '하나님의 아픔'을 알린 **후에**, 우리는 놀라운 알림, 곧 '구약성서적 종교의 최고봉'이라고 불리는 진리, 곧 **새로운 계약**(31절 이하)에 도달하는 것이다. 이 '새로운 계약'의 존재가 예레미야서 31장, 아니 나아가 예레미야서 전체로 하여금 성서 전체 중에서 가장 중요한 지위를 차지하도록 하는 것은 논의할 필요도 없다. 그렇지만 이 '새로운 계약'은 20절의 '하나님의 아픔'을 전제로 하고 있지 않은가? 왜냐하면 '새로운 계약'(구약의 로마서 8장!) 이야말로 '하나님의 아픔에 기초한 사랑'의 구체적 표현이기 때문이다. 이 연관은 다음과 같이 표현할 수 있다. 인간은 직접적인 '하나님의 사랑'을 등질 수 있다(32절 "이 계약은 내가 그들의 선조의 손을 붙잡고 이집트로부터 그들을 이끌어 내던 날 세운 바와 같지 않고, 내가 그들을 아내로 맞아들였어도 그들은 그러한 나의 계약을 깨뜨렸다"). 그러나 하나님의 사랑을 등지고 있는 인간에게 쏟아 붓는 하나님의 사랑 곧 '하나님의 아픔'은 등질 수 없다(34절 "내가 그들의 불의를 용서하고 그 죄를 다시 기억하지 않으리"). '하나님의 아픔' 속에 있는 하나님은 틀림없이 인간을 이겨내신다(33, 34절 "그렇지만 이날 후에 내가 이스라엘 집안과 세우려는 계약은 이러하니, 곧 내가 나의 율법을 그들의 속마음에 두고 그 마음 위에 기록하여 나는 그들의 하나님이 되고 그들은 나의 백성이 되리니…사람이 각자 그 이웃과 그 형제에게 가르쳐 너는 여호와를 알라고 다시 말하지 않으리니, 그것은 작은 사람부터 큰 사람에 이르기까지 이처럼 나를 알 것이므로"). 이런 의미에서 하나님의 '아픔'은 또한 곧바로 하나님의 '사랑'이다(37, 40절 "만일 위로 하늘을 잴 수 있고, 아래로 땅의 기초를 헤아릴 수 있다면, 또한 나도 이스라엘의 모든 자손을 그 여러 가지 행위 때문에 버릴 수 있으리라.…영원에 미치기까지 다시 뽑히고 또 쓰러지는 일이 없으리라").

― 이리하여 '새로운 계약'을 정점으로 하는 예레미야서 전체의 내적 구성은 '하나님의 아픔에 기초한 사랑'이라는 한 마디로 응축될 수 있을 것이다. 이사야는 하나님의 거룩을 보았고, 호세아는 하나님의 사랑을 보았으며, 아모스는 일반적으로 하나님의 의를 보았다고 한다. 우리는 이것에 더하여 예레미야는 하나님의 아픔을 보았다고 말하지 않을 수 있을까? 더구나 하나님의 '아픔'은 바로 하나님의 '사랑'이다.

(지금까지 예레미야의 '새로운 계약'의 의의를 오로지 종교에 있어서의 **개인성**의 도입이라는 점에서 찾아왔지만, 오히려 그 일차적 의의는 이 '새로운 계약'이 어떻게 해도 인간에 의해 깨뜨려질 수 없다는 점, 곧 이 계약에 나타나 있는 하나님의 **무석의 사랑**에서 찾아져야 하지 않겠는가?)

이상의 석의적 연구를 마치면서 여기서 한 가지 중요한 주의를 해 두어야만 한다. 하나님에게 적용된 *bāmāh*라는 단어가 '아픔'과 '사랑'을 동시에 의미한다는 것은 하나님의 '아픔'과 하나님의 '사랑'이 다르면서도 동일하고, 동일하면서도 다르다는 것을 나타낸다. 양자가 함께 *hāmāh*라는 단어인 한, '아픔'도 '사랑'도 동일하다. 게다가 이 동일한 단어가 한편으로는 '아픔'을 나타내고 다른 한편으로는 '사랑'을 나타내는 한, 양자는 **다른** 것이다. 동일한 측면에서 보는 경우에는 '아픔'도 '사랑'도 **한 가지** 사실 속에 포함되어 있다. 따라서 이 경우에 이 한 가지 사실로부터 '아픔'과 '사랑'이 **분석적**으로 나온다고 생각하는 것도 가능하다. 이 분석적인 면에서는 '아픔'도 '사랑'도 이런 한 가지 사실의 **장소**에 존재한다고 생각할 수 있다. 그러나 다르다는 측면에서 볼 경우 '사랑'은 '아픔'과 **별개**의 사태로서 그대로 '아픔' 속에 흡수되어 끝나는 일은 허락되지 않는다. 따라서 이 경우에는 '아픔'과 '사랑'을 각각의 장소에서 성립되게 하는 것 같은 한 가지 사실은 **종합적**이어야만 한다. 이리하여 한 가지 장소적 사실은 '아픔'과 '사랑'을 둘러싸고 있는 동시에 분석적이면서 종합적이다.

단어에 관하여 전개된 위와 같은 사실은 그 단어가 지시하는 **은총의 구조**에 상응하는 것이 아닐까? 하나님의 '아픔'이 죄인을 완전히 정복할 때, 이 '아픔'의 승리가 하나님의 '사랑'이다. 하나님의 '사랑'이 **하나님의 '아픔' 그 자체의 승리**인 한, '사랑'은 '아픔'의 연장이거나 여운이며, '아픔'이라는 한 가지 사실로부터 **분석적**으로 나오는 필연적인 결과이다. 이런 한에서 '사랑'은 '아픔'의 '뒷쪽'(브레데^{Wrede})에 수반하며 기다리고 있으며, '아픔'은 '사랑'에 있어서 존재하는 장소이다. 하지만 그럼에도 불구하고 '사랑'이라는

현실은 어디까지나 '사랑'이었고, '아픔'이라는 현실 속에 흡수되어 끝날 수 없다. 현실이란 측면으로부터 보는 한, '사랑'은 '아픔'과 **별개**의 사태이다. 따라서 그런 한에서 '아픔'과 '사랑'을 자기에게서 성립시키는 한 가지 사실은 어디까지나 **종합적**이어야만 한다. 지금까지 내가 '한 가지 사실'로 불러 온 것은 곧 '하나님의 아픔에 기초한 사랑'이다. 이렇게 해서 '하나님의 아픔에 기초한 사랑'은 분석적인 동시에 종합적이다.

위와 같은 은총의 구조 연관이야말로 그리스도의 **죽음**과 **부활** 사이에서 성립되는 관계이며, 또한 **칭의**와 **성화**의 사이에서 성립되는 관계이다. 그리스도의 죽음이 그 사랑에 의해 모든 것을 정복하는 한, 그 승리로서 **필연적**으로 그의 부활을 수반한다(막 9:31 참조). 그럼에도 그리스도의 부활은 그의 죽음과 **별개**의 사실이다. 칭의가 죄인의 불순종을 완전히 정복하는 한, 그 승리로서 **필연적**으로 성화를 수반한다. 그럼에도 성화는 칭의와 **별개**의 사실이다.

'사랑'은 '아픔'의 승리이다. '아픔'의 승리 이외에 '사랑'은 없다. 여기서 우리가 지상에서 사는 한, 아무리 해도 '사랑'에 대한 '아픔'의 **우위**를 인정하지 않을 수 없다. '사랑'은 확실히 현실로 성립될 수 있지만, 그럼에도 **완전히** 성립될 수 없다. 하나님의 **완전한** 승리는 '아픔'(칭의)뿐이다. '사랑'(성화)은 끊임없이 **패배한다**. '사랑'이 패배할 때에도 하나님이 여전히 승리자이실 수 있는 것은 그의 '아픔'에 의한 것이다.

3

이상에서 얻은 석의적 고찰의 결과에 대하여 약간의 **성찰**을 더하고 싶다.

첫째, 하나님의 사랑을 등지고 불순종하는 자를 하나님이 사랑하여, 그를 완전히 자기에게 순종하는 자로 정복하시는 것, 이 사실을 가리키는 것이 '하나님의 아픔에 기초한 사랑'이라고 한다면, 이 말은 성서 전체가 말하는 바에 관련될 수 있다. 성서 전체는 이 사실 이외에 아무 것도 말하려 하지 않기 때문이다. (이것은 관념적이 아니라 **실증적**이라고 말할 수 있다.) 이와 같이 이 말이 가리키는 **사항**은 성서 전체를 덮는 포괄성을 가지지만, 그러나 이 어구 자체는 어디까지나 성서의 **텍스트**에 속박되어 있는 것으로, 이러한 포괄성을 가질 수 없다. 텍스트는 예레미야 31:20 및 이사야서 63:15로 **국부적**인 것이며, 이 국부적인 것에 포괄성을 가지게 하여 성서 전체를 덮으려 하는 일은 자의에 속하므로 허용될 수 없다. 결국 성서 석의의 영역에서 이 말은 국부성에 속박된다. 이 어구 자체가 사항에 응하는 **포괄성**을 가지기에 이르는 것은 그것이 신학적 용어가 될 때이다. **신학적 용어**가 될 때 비로소 텍스트의 말은 그 텍스트의 국부성으로부터 해방되어 성서 전체를 덮게 된다. 결국 석의학의 영역으로부터 교의학의 영역으로 옮겨질 때 비로소 텍스트의 말은 포괄성을 가지기에 이르는 것이다. '하나님의 아픔에 기초한 사랑'이 이러한 신학적 용어가 되는 것, 이 어구의 **이상함**과 '아픔'이 곧 '사랑'이라는 구조의 **비의**에 의해서다.

둘째, '하나님의 아픔에 기초한 사랑'에서 결정적인 위치를 차지하는 '아픔'이란 말은 **상징적**이다. '상징'이란 "본래의 인간적 의의를 파기하면서 이런 세상 바깥에 있는 함축을 지시하는" 것이다.[20] 여기서 앞에서 인용한 칼뱅의 주해를 상기하고 싶다. 칼뱅에 따르면 예레미야 31:20의 하나님의 '아픔'에 대해 말하는 곳에서, "하나님은 자기 자신에게 **인간적 감정**(humanus affectus)을 돌리시고 있다"고 하며, "이런 것은 확실히 본래(proprie) 하나님에게 속하지 않는" 것이라고 한다.[21] 이것이 상징의 첫째 성격이다. '아픔'은 어디까지나 '인간적 의의'에 속한다. **더구나** 이 말이 이 인간적 의의를 파기하면서 '이 세상 바깥에 있는 함축을 지시한다'는 점이 상징의 둘째이면서도 결정적인 성격이다. 칼뱅은 곧바로 "그러나 하나님은 우리에 대한 그의 사랑이 큼을 다른 방법으로는 (aliter) **표현하실 수 없다**"[22]라는 이유라고 말을 잇는다.

이상에서 일단 우리가 반성해 두었지만, 이 반성은 정말로 **완전한 것일까**? 우리는 완전하지 **않다**고 솔직하게 말해야 한다. 지금 기술한 첫째나 둘째 모두 **문제로 가득 차 있다**. 실로 참된 반성은 여기서 끝나지 않고, 도리어 여기서 **시작되는** 것이다.

첫째에 대해 말하자면, 과연 텍스트의 어휘가 신학적 용어가

---

20) 波多野精一,『宗教哲学』(東京: 岩波書店, 1936), 47. [옮긴이] 하타노 세이이치. 1877-1950. 철학사가이자 종교철학자. 니시다 기타로와 함께 교토학파를 이끌었다. 수많은 제자가 있으며, 미키 기요시도 큰 영향을 받았다.

21) Calvin, *Corpus Reformatorum*, *Calvini Opera*, vol. 38, 677.

22) Calvin, *Corpus Reformatorum*, *Calvini Opera*, vol. 38, 677.

될 때 비로소 포괄성을 가지게 되지만, 그러나 신학적 용어가 **되게** 하는 우리 자신의 행위는 그렇다면 문제를 포함하고 있지 않은가? 이 행위 속에 **자의**는 전혀 숨겨져 있지 않은가? 이 자의야말로 하나님의 말에 대한 불순종이다. 그런데 우리는 하나님의 말에 대한 불순종을 한순간이라도 끊어낼 수 없다. 불순종이란 티끌을 일으키지 않고서는 한 걸음이라도 전진할 수 없다. 하나님의 은총을 증거하려는 노력에서도 우리의 불순종이 머리를 쳐든다. 저 바울이 탄식하는 소리는 **여기서** 최후의 모습으로 나타난다. 오호라, 나는 고뇌하는 사람이로다, 이 죽음의 육체에서 나를 구원할 자는 누구인가?

둘째에 대해서도 마찬가지다. 과연 인간적 사실을 상징으로 하여 하나님의 사실을 가리킨다고 하더라도, 그렇다면 **가리키는** 우리 자신의 행위는 문제를 포함하고 있지 않은가? 또한 여기서도 자의라는 불순종이 숨겨져 있지 않은가? 칼뱅이 의미 깊게 "우리의 무지(ruditati)에 자기 자신을 적응하도록 하기 위해 조잡하게(crasse) 말씀하신다"라고 기술하고 있을 때,[23] 이 '무지' 속에야말로 우리의 불순종이 잠입할 틈이 있지 않은가? 이 '조잡함'을 하나님께 억지로 떠맡기는 중에 우리의 허물이 만들어지지 않는가? 상징이 하나님에게 수용된다는 **보증**을 우리는 어디서 가지는가?

이와 같이 돌아갈 곳은 결국 **죄의 문제**이다. **신학적 행위**에 있어서의 죄의 문제이다. 이것이 해결되지 않는 한, 하나님에 대해

---

23) Calvin, *Corpus Reformatorum, Calvini Opera*, vol. 38, 677

말하는 데 선결문제(Vorfrage)가 해결되지 않은 것이다. 내용에 관계되는 각각의 구체적 문제(materiale Frage)에 앞서 이 선결 문제가 해결되어야만 한다. 이것이 해결되지 않는 한 **성서 석의**마저도 불가능하다. 왜냐하면 석의도 **인간**의 행위이기 때문이다. 이 선결 문제가 **서설**(Prolegomena)의 문제이다. 프롤레고메나는 내용에 들어가서 말하기 **전에**, 이 말하는 자 자신이 서 있는 **장소**를 반성하는 것이다. 말하는 **내용**은 하나님의 말씀에 순종하는 것처럼 보여도 그것을 말하는 자가 서 있는 **입장**은 여전히 불순종이 아닌가? 이런 반성이 '서설'이다. 따라서 '서설'에서 기술되는 것이야말로 '혼네'(本音, 속마음)이다. 가령 말하는 내용이 '복음적'이어도 그것을 말하는 자가 서 있는 장소가 율법적이라면, 율법적인 것이야말로 '혼네'이다. '서설'에서 **모든 것**이 다 언급되었다고 하는 이유이다.

자, 그래서 신학적 행위에 있어서의 죄의 문제는 어떻게 해야 해결되겠는가? 무엇이 해결할 것인가? 다름 아니라 **복음**이 해결한다. 복음 이외에 '우리가 의뢰하여서 구원받아야 할' 다른 것은 없다. '서설'에서도 복음 이외에는 해결이 없다.

─불순종에 빠지는 일 없이 하나님의 말씀을 말할 수 없는 자도, 이런 그를 사랑하여 자기 자신의 것으로 가지시는 하나님의 사랑 속에서는 더이상 그 불순종을 행할 **수 없게** 된다. 왜냐하면 불순종이란 하나님의 사랑으로부터 떨어지는 것에 다름 아니지만, 이 하나님의 사랑으로부터 떨어져 있는 자를 사랑하시는 하나님의 사랑 속에서는, 더이상 어떻게 해도 하나님의 사랑으로부터 떨어질 **수 없기** 때문이다. 하나님의 사랑으로부터 떨어질 수 없다면, 순

종하게 된다. 순종은 하나님의 사랑 속에 머무는 일이기 때문이다.

―불순종에 빠지는 일 없이 신학할 수 없는 인간도, 이런 그를 사랑하여 자기 자신의 것으로 가지시는 하나님의 사랑 속에서는 그 신학적 행위가 더이상 불순종 속에 빠질 **수 없게** 된다. 텍스트의 말을 신학적 용어가 **되게 하는** 것도, 인간적 사실을 하나님의 사실의 상징이 **되게 하는** 것도, 이제 함께 불순종으로부터 **해방**되었다. '우리 주 예수 그리스도를 의뢰하고 하나님께 감사한다!'

이리하여 **첫째**도 **둘째**도 함께 해결되었다. '하나님의 아픔에 기초한 사랑'은 성서 전체를 덮는 **포괄성**을 가지며, 또한 '겁내지 않고 의심하지 않고' 문자 그대로 **하나님**의 아픔에 기초한 사랑이란 것을 확실히 할 수 있게 되었다. 이제 이 말은 **사심 없이 대담하게** 하나님을 섬긴다. 상징의 자유성은 중성적인 종교철학 속에서가 아니라, 오직 **십자가의 신학** 속에서만 주어진다.

우리는 여기서 놀라운 사실을 발견한다. '하나님의 아픔에 기초한 사랑'이라는 말을 순종의 증거, 따라서 **올바른** 증거가 되게 하는 것은 이 말이 가리키는 **사항 그 자체**이다. 이 상징으로 하여금 순종하는 상징·올바른 상징이 되게 하는 것은 이 상징이 가리키는 **사항 그 자체**이다. **사항이 상징을 구원하고 이것을 지탱한다.** 상징은 사항에 의해 구원되면서 사항을 지시한다. 증거는 증거되는 사항에 의해 지탱되면서 그 사항을 증거한다. 내용이 서설에까지 **걸어 나오는** 것이다. 말해지는 복음이 말하는 신학자를 구원하려고 **걸어 나오는** 것이다. 이것이 은총의 **근원적**인 모습이다. 그리스도가 우리를 '극한까지' 사랑하신다는 것은 이러한 것을 의미한다(요 13:1). 은총은 철저하다.

여기서 역사적 회고 하나를 덧붙이고 싶다. 그것은 루터의 '숨겨진 하나님'(*Deus absconditus*)이라는 개념이다. 이것을 실례로 해서 이상의 논술을 측면에서 확실히 해 두고 싶다. 특히 최근에 이르러 이 개념이 루터 신학의 근본적 성격을 이루고 있다고 주목받아 왔고, 카텐부쉬Kattenbusch와 같이 "'숨겨진 하나님'이란 표현을 올바로 이해한 자만이 루터를 완전히 이해한 자이다"라고 말할 정도이다.[24] 루터는 '숨겨진 하나님'이란 말을 신앙의 대상으로서의 하나님이 자기의 행위를 인간의 이성이나 개념과 상반되는 것 같은 방식으로 행한다는 의미로 사용하고 있다. 이리하여 하나님의 힘은 약함 아래에, 지혜는 어리석음 아래에, 자애는 엄격함 아래에, 의는 죄 아래에, 연민은 진노 아래에 숨겨져(*absconditus*) 있는 것이다.[25] 이렇게 하나님의 행위가 우리의 생각에 거스르는 모습 아래에서 행해지는 까닭에, 이것에 대한 인간의 태도는 엄밀하게 '믿는' 것이어야 하며, '보는' 일이어서는 안 된다. 이것은 실로 신앙의 근본적 성격이고, 루터가 전 생애를 걸고 싸워 얻은 신앙의 진리가 이 짧은 한 마디 속에 응결되어 있다고 해도 좋은 것이며, 이 개념이 갖는 중요성이 여기에 있다. 이 중요한 개념을 루터가 얻은 깃은 라틴어역 이사야 45:15의 말씀

---

24) Kattenbusch, *Die deutsche evangelische Theologie seit Schleiermacher*, 151.
25) Luther, *Römerbrief*, vol. 2, 204, 208, 219, *WA*, vol. 18, 663 등.

에서였다(*Vere, tu es Deus absconditus*[26]). 이 텍스트의 말씀이 루터에게서 **신학적 용어**가 되고, 포괄성을 가지게 되었다. 또 이 불가해한 말이 **상징**으로서 하나님을 섬기게 되었다.

　─그러나 이 텍스트의 원뜻이 루터의 해석을 그대로 보증할 것인가? 이 구절에 대해서는, 이것을 앞의 14절부터 이어지는 이방인의 발언으로 보거나 또는 예언자 자신의 발언으로 보는지에 따라 주해자의 의견은 둘로 나뉜다. 에발트Ewald, 힛지히Hitzig, 둠Duhm, 체인Cheyne, 마리Mari, 화이트하우스Whitehouse 등의 학자는 이것을 14절로부터 연속되는 것으로서 이방인(스바인)이 이스라엘의 하나님을 향해서 한 발언으로 본다. 이 해석이 올바르다면, 여기서 말하는 '숨겨진 하나님'은 단지 이방인으로서는 알 수 없는 성질의 하나님이라는 데 그치고, 루터의 해석은 참뜻으로부터 완전히 일탈한 것이 된다. 게다가 이 설을 채택하는 앞에서 든 학자들은 모두 유력한 사람들이다. 다른 한편 키텔Kittel, 딜만Dillmann등은 둘째 설 곧 이것을 예언자 자신의 말로 보는 설을 채택한다(현행 일본어역도 이것을 따른다). 그러나 이 둘째 설의 경우에도 '숨겨진 하나님'이란 말은 단지 인간의 예견을 허락하지 않는 위대한 일을 행하는 하나님이라는 의미에 불과하고, 루터가 포함시킨 것과 같은 깊은 의미가 그대로 생겨나는 것은 아니다.

　─따라서 이상의 두 설의 어느 쪽이든 루터의 해석은 객관적으로 보증되지 않는다. 그렇다면 루터의 '숨겨진 하나님'은 신학적 용

---

26) [옮긴이] 진실로, 당신은 숨겨진 하나님이라.

어로서도, 상징으로서도 자의적이며 불순종한 것인가? 여기서 우리는 루터가 서 있는 **장소** 그 자체를 돌아보아야 한다. 그는 '오직 신앙'의 신학자로서 항상 **신앙의 순종** 속에 서 있었다. 그는 이 순종 속에서 신학을 했다. 이미 그에게 불순종이 **죽어** 있다는 것을 잊지 않은 자는 이런 신학적 용어에서도 그를 책망하지 않을 것이다. 오히려 그를 연민으로 자기를 섬기게 한 은총의 하나님을 찬미할 것이다. 루터에게서도 상징은 그 가리키는 **사항**에 의해 구원받고 지탱되고 있다. '숨겨진 하나님'이란 말은 그것의 불확실함에도 불구하고, 이 **하나님 자신**의 은총이라는 사항 그 자체로 지탱되고 있는 것이다.

그렇다 하더라도 우리는 곧바로 덧붙여 말해야 한다. "그러므로 무엇을 말하리오. 은혜를 더하기 위해 죄 안에 멈춰 있어야 하는가? 결코 그렇지 않다. 죄에 대해서 죽은 우리들이 어떻게 다시 그 안에 살리오?"(롬 6:1-2) 사항 그 자체가 상징의 불순종을 죽게 하기 때문이라고 해서, 이런 상징을 여전히 불순종 속에 방임해 두는 것은 있을 수 없다. 우리는 은총의 사실을 알고 있기에 그야말로 더욱더 진지하게 순종을 향해 노력해야만 한다. 단지 신앙에서 시인될 뿐만 아니라, 객관적으로 **학문적으로도** 시인되도록 세심한 주의와 충분한 연구를 다해야만 한다. 정직하게 말해서 루터의 '숨겨진 하나님'은 이 객관성에 대한 노력이 충분했다고 말할 수 없을 것이다. 단순히 실증주의자라 해도, 단순히 정신주의자라 해도 일면적이다. 이 문장의 석의적 고찰 부분이 그다지 치밀하였다고 말할 수 없는 이유이다.

사항 그 자체가 상징을 지탱한다. '하나님의 아픔에 기초한 사랑'이란 말이 가리키는 사항 그 자체가 이 말을 지탱한다. 이렇게 말하는 경우에 상징이나 증거하는 말은 극히 **소극적인** 것이 되고, 오히려 지시되는 사항 쪽이 적극적이다. 그러나 이 측면은 결코 **주제**가 아니며, 주제를 이끌어내는 **예상**에 지나지 않는다. 주제는 상징이나 증거하는 말의 **적극성**을 말하고 있다. 실은 이 적극성을 자각하기에 이르러 비로소 사항 그 자체의 **은총**을 자각했다고 말한다. 왜냐하면 은총은 상징에 대하여 어떠한 때에도 불순종에 빠지지 않는다고 보증하고, 기쁘고 자유로운 생각으로 섬기는 것을 허용하기 때문이다. 이런 자유로부터 생기는 사심없음과 대담함이야말로 은총에 대한 **신뢰**이며, 이것이 상징을 적극적이게 한다.

인간의 '아픔'과 하나님의 '아픔'은 **완전히** 다른데, '개와 시리우스처럼' 완전히 다르다('우리의 십자가와 예수의 십자가의 관계'를 참조. 막 8:34). 인간의 '아픔'은 빛의 측면을 수반하지 않는 단순한 어둠이며, 말하자면 비생산적이다. 하나님의 '아픔'은 구원하는 빛을 뒤쪽에 수반하는 어둠이면서 생산적이다(하나님에게서 '아픔'이 곧바로 '사랑'으로 이어지는 이유이다). 그러나 이 두 가지 '아픔'이 서로 다른데도 불구하고 '아픔'이라는 **사태**는 공통이다. 성격은 다르지만 사태는 공통이다. 이러한 '아픔'이라는 사태 속에 있으면서 (그리고 **실제로** 우리가 이 아픔 속에 있다!) 우리는 하나님의 은총 속에서 일어나고 있는 사태의 **영상**을 여기서 보는 것이다. **하나님이 아파하고 계신다**. 예수 그리스도가 하나님의 아픔의 페르소나이다. 그리고 우리는 '하나님의 아픔'에 대해 **감히 말하려** 한다. 왜냐하면 (칼뱅의 말로 하면) "하나님이 우리에게 대한 그의 사랑의 큼을 다른 방법으로는 표현하실 수 없는 까닭에!" 예레미야와 함께 우리도 하나님의 은총을 '아픔'이라는 사태 속에서 보려 한다. 그렇기는 하지만 하나님의 아픔을 **보았던** 눈이 얼어붙지 않는가? "그 면모가 상하여서 다른 사람과 다르고, 그 모습이 쇠약하여 인자와 다르다"(사 52:24). 하나님의 아픔은 '죽음의 지혜'(오버벡Overbeck)이다. 죽음을 걸지 않고서는 이것을 볼 수 없다. 사람은 '하나님의 아픔'이란 말을, 이 말을 발음하는 것이 마치 일생에 단 한 번 밖에 허락되지 않는 것처럼 발음해야 한다. 하나님의 아픔을 보았던 자는 요설가이기를 멈춘다. 앞으로 그의 입을 열게 하는 것은 증거하기 위한 열정 뿐이다.

하나님의 아픔을 보았던 사람이 죽는 일 없이 여전히 살아가는 일이 허용되는 것은 '아픔'이 곧 '사랑'이기 때문이다. '사랑'에서 인간의 '아픔'은 정화되고 하나님의 '아픔'과 닮아간다('예수의 십자가와 우리의 십자가의 관계'를 참조하라).

'하나님의 아픔에 기초한 사랑'은 대상적으로 우리 바깥에 두고서 감상할 수 없다. 우리 자신이 그 속에 **살고** 있기 때문에 바깥에서 이것을 보는 방법은 없다. 이 글의 처음에서 '객관적으로' 고찰하는 것을 표방하면서도, 지금 극히 **주관적인** 논술로 마치는 이유가 여기에 있다.

神の痛みの神学

해설[1]

나는 이 책의 '맺는 말'에서 다음과 같이 썼다. "나는 밤이나 낮이나 하나님의 아픔에 기초한 사랑의 복음이 **현실이 되도록** 기도한다." 이 기도가 이루어졌는지는 이 책의 메시지가 국내와 국외에서 어떤 반응을 일으켰는지 보아서 판단할 수 있을 것이다. 이 '해설'은 이런 반응을 실마리로 하고 있다.

먼저 이시하라 겐石原謙 박사의 『일본 그리스도교 사론』(1976년)을 들어보려 한다. 이시하라 박사는 '일본신학의 과제'라 이름한 장에서 다음과 같이 쓰고 있다. "기타모리 씨는 확실히 신관에 있어서 지금까지의 교의학적 해석에 반항하여 그리스주의를 거부하고, 복음의 본질론에 얽매이는 태도를 기피하고 초월하며, 직관에 따라 일본인의 인간적인 '마음'을 가지고 하나님과 인간의 관계를 파악하고, 비극적 요소를 강조하여 마침내 '쓰라림'이라는 특유의

---

[1] 고단샤講談社판에 실린 기타모리의 해설

용어를 원용하였다. 기타모리 씨의 이 시도는 특히 일본인 자신 사이에서 깊이 이해되고, 전개되고, 또 수정 보충되어야만 할 것이라고 생각한다. 일본의 교의학자가 이를 소홀히 하면, 스스로 그 문을 닫는 결과를 가져올 것이다."[2]

이시하라 박사의 지적은 이 책의 3장 '하나님의 본질로서의 아픔' 및 11장 '하나님의 아픔과 복음사'를 소재로 하고 있다. 이 두 장에서 나는 다음과 같은 바를 주지로 하여 썼다. 지금까지 그리스도교 신관은 하나님을 '본질'로서 보는 그리스적 사고에 의해 형성되어, 거기서 간과되고 있는 것은 하나님의 참된 본질인 '아픔'이었다. 그래서 그리스적 사고에 의해 형성된 서구적 그리스도교로부터 해방되어, 성서적 신관으로 직행하는 비서구적 신학이 생각되어 왔다. 그 하나의 시도가 '하나님의 아픔의 신학'이다.

그런데 이 이시하라 박사의 견해와 통하는 신학적 입장이 1960년 쯤부터 서구 특히 독일 신학계에 나타나기 시작했다. 가톨릭 측에서는 K. 라너Karl Rahner, H. 뮐렌Heribert Mühlen, 폰 발타자르Hans Urs von Balthasar, H. 큉Hans Küng 등이고, 프로테스탄트 측에서는 E. 윙엘Eberhard Jüngel, J. 몰트만Jürgen Moltmann, H. 오트Heinrich Ott 등이다. 이 신학적 입장은 다음과 같다. 구약성서의 신관의 근본은 '괴로워하시는 하나님'이며, 그것은 예수 그리스도의 십자가에서 정점에 이른다. 그리스도교 신학은 이 성서적 신관을 보존·유지·

---

2) 石原謙, 『日本キリスト教史論』(東京: 新教出版社, 1976), 195. [옮긴이] 이시하라 겐, 1882-1976. 일본의 그리스도교 사학자. 도쿄대, 도쿄여대, 아오야마학원대학 교수. 일본학사원 회원.

전개해야 함에도 불구하고, 고대교회 이래 아리스토텔레스로 대표되는 그리스 철학의 '괴로워하지 않는 하나님'(theos apathes)이라는 신관에 영향받아왔다. 20세기 후반이 되어서 하나님과 고난의 결합에 의한 '괴로워하시는 하나님'을 전개하기에 이르렀다. 몰트만의 표현을 사용하면 그것은 바로 '하나님 개념의 혁명'이다. 이 표현은 몰트만의 『십자가에 달리신 하나님』 속에 나오며, 몰트만은 이 책 속에 나의 『하나님의 아픔의 신학』을 언급하고 있다.[3] 이 밖에 『하나님의 아픔의 신학』은 오트의 『현실과 신앙』,[4] 큉의 『하나님의 성육신』[5]과 『하나님은 존재하는가?』,[6] D. 죌레의 『괴로움』,[7] H. 틸리케(Helmut Thielicke) 헌정논문집에 실린 H. J. 마르굴(Hans J. Margull)의 『예수의 죽음과 하나님의 아픔』,[8] R. 보렌(Rudolf Bohren)의

---

[3] Jürgen Moltmann, *Der Gekreuzigte Gott: das Kreuz Christi als Grund und Kritik christlicher Theologie* (München: Chr. Kaiser, 1972), 49, 喜田川信 訳, 『十字架につけられた神』, (東京: 新教出版社, 1976), 75. 김균진 역, 『십자가에 달리신 하나님』(서울: 한국신학연구소, 1979(2011)), 75.

[4] Heinrich Ott, *Wirklichkeit und Glaube* (Zürich: Vandenhoeck & Ruprecht, 1966) vol. 1, 355.

[5] Hans Küng, *Menschwerdung Gottes: eine Einfhrung in Hegels theologisches Denken als Prolegomena zu einer künftigen Christologie* (Freiburg: Herder, 1970), 666.

[6] Hans Küng, *Existiert Gott? Antwort auf die Gottesfrage der Neuzeit* (Piper: München, 1978), 787. 성염 역, 『신은 존재하는가?』 (왜관: 분도출판사, 1994).

[7] Dorothee Sölle, *Leiden* (Stuttgart: Kreuz Verlag, 1973), 58이하, 西山健路 訳, 『苦しみ』 (東京: 新教出版社, 1975) 64이하, 채수일, 최미영 공역, 『고난』 (서울: 한국신학연구소, 1993), 50 이하.

[8] Hans J. Margull, "Tod Jesu und Schmerz Gottes" in *Leben angesichts*

『성령론적 사고와 실천』[9] 등에 언급되어 있다. 또한 여기서 일본인이 쓴 독일어 저서도 말해두어야만 한다. 오가와 게이지<small>小川圭治</small> 씨의 『일본에 있어서의 근대복음주의 신학의 과제』[10]와 모모세 후미아키<small>百瀬文晃</small> 씨의 『십자가의 신학』[11]이 그것이다. 모모세 씨에 따르면 몰트만의 '십자가의 신학'과의 "놀라운 일치가 기타모리의 『하나님의 아픔의 신학』 속에 선취되어 있다."

독일의 신학잡지 『복음주의 신학』 1973년 1호의 특집은 '십자가의 신학'으로 그중 R. 베트<small>Rudolf Weth</small>는 「하나님의 아픔에 대하여: 기타모리 가조의 『하나님의 아픔의 신학』에 관하여」[12]라는 논문을 썼다. 베트에 따르면 이 책은 두 가지 카이로스(時)를 가지고 있다. 하나는 '일본적 카이로스'인데, 제2차 대전 중에 쓰여, 종전 직후에 간행된 점이고, 다른 하나는 '독일적 카이로스'인데,

---

    des Todes; beiträge zum theologischen Problem des Todes; Helmut Thieliche zum 60 Geburtstag, edited by M. L. Henry (Tübingen: Mohr, 1968), 269-76.

9) R ボレン, 加藤常昭, 村上伸 訳, 『聖霊論的思考と実践』(東京: 日本基督教団出版局, 1980), 199. [옮긴이] Rudolf Bohren의 일본 방문시 설교와 강연 5편 및 일본신학자와의 좌담을 수록 출판.

10) Keiji Ogawa, *Die Aufgabe der neueren evangelischen Theologie in Japan* (Basel: Friedrich Reinhardt, 1965), 24 이하.

11) Peter Fumiaki Momose, *Kreuzestheologie : eine Auseinandersetzung mit Jürgen Moltmann, mit e. Nachw. von Jürgen Moltmann* (Freiburg im Breisgau, Basel, Wien: Herder, 1978), 91 이하.

12) Rudolf Weth, "Über den Schmerz Gottes. Zur Theologie des Schmerzes Gottes von Kazoh Kitamori", *Evangelische Theologie*, 33, 1973, 431-46.

이 책의 독일어 번역(1972년)이 "현대의 십자가 중심에 기초하고, 철저하게 삼위일체론적인 하나님 이해를 얻으려고 노력하고 있는 직접적인 관심"과 만났다는 점이다. 그리고 이 신학은 라너, 윙엘, 뮐렌, 몰트만 등의 신학과 직접 이어진다고 말한다.[13]

이상은 신학계의 상황이지만 교회 회의에서는 『하나님의 아픔의 신학』이 1979년 '개혁파교회세계연맹'World Alliance of Reformed Churches의 신학협의회에서 받아들여졌다. 그 보고는 기관지 『개혁파 세계』Reformed World 1980년 1호에 게재되었다. J. M. 로흐만Jan Milič Lochman은 주제강연 '희망: 인간의 고투에 있어서의 하나님의 괴로움'에서 다음과 같은 주지로 말했다. 그리스적인 '괴로워하지 않는 하나님'(theos apathes)에 대한 그리스도교 신학의 싸움은 고대 이래 자주 이루어졌으나 오늘에 이르기까지 충분하지 않았다. 오늘 세계 교회는 제3세계, 특히 아시아 신학자들이 이 주제에 대해 공헌하기를 기대하고 있다. 그리고 로흐만은 내 이름을 언급하고 있다(『그리스도신문』キリスト新聞, 1980년 6월 14일 참조).

다시 국내로 돌아가자. 사토 도시오佐藤敏夫 씨는 『그리스도교 신앙개설』(1976년)에서 다음과 같이 기술하고 있다. "일본에서 괴로워하는 하나님에 대하여 말해 왔다는 점에서 기타모리 가조 교수는 선구적 존재이지만…유럽의 많은 신학자가 기타모리 교수의 저서로부터 자극받고 있음은 흥미로운 사실이다."[14] 잡지로는

---

13) Weth, "Über den Schmerz Gottes", 431이하, 436.
14) 佐藤敏夫, 『キリスト教信仰概說』(東京: 福音と現代社, 1976), 61.

『일본의 신학』日本の神學 5(1966)에서 J. 헤셀링크 I. John Hesselink 씨의 "서방으로 창을 연 일본의 신학"西方に窓を開いた日本の神學, 같은 잡지 14(1975)에 사토 도시오 佐藤敏夫, 오가와 게이지 小川圭治, 다카모리 아키라 高森昭 씨들의 좌담회, 도호쿠학원 東北學院 대학논집 『교회와 신학』教會と神學 5호(1974)의 구라마쓰 이사오 倉松公 씨의 "루터의 '속성의 공유'에 대하여 ルタ の『屬性の共有』について" 등이다.

신학자 이외의 발언을 하나 들어보자. 미학자인 이마미치 도모노부 今道友信 교수와 나의 대담의 한 토막이다. "일본의 비극을 관계의 비극으로 보고 거기에 숨쉬고 있는 '쓰라림'을 일본 비극의 본질로 생각한 선생이 그 '쓰라림'과 구조적으로 비상하게 닮은 '하나님의 아픔'을 바탕으로 새로운 신학을 만든 일은 비교연구의 입장에서 보아도 비상하게 흥미로운 사건이다. 지금까지 유럽 세계에서만 진전되어 온 신학이 일본 가운데, 일본의 사랑하는 마음에 뿌리내린 신학이 되어 처음으로 세계를 향해 새로운 결실을 내놓은 게 아닌가라고 생각한다.…"(『국문학』国文學, 1981년 4월호, 21). 이마미치 교수의 새 저서『동서의 철학』[15]에서도 이 책을 들고 있다. 여기에 대해서는 후일을 기한다.

『하나님의 아픔의 신학』이 '현실이 된다'는 것은 구체적으로 말하면 **대중화**된다는 것이다. "성서의 하나님에게 있어서 역동적인(dynamic) 사랑의 형태와 활동을 '아픔'으로 학문적으로 밝힌 기타모리 교수의 『하나님의 아픔의 신학』은 이미 세계적인 업적으

---

15) 今道友信, 『東西の哲學』 (東京: TBSブリタニカ, 1981).

로 저명하지만, 그 학문적 가치는 무엇보다도 이상과 같은 성서의 진리·복음적 진리로 굳게 뒷받침되고 있기에 소중하다"(『신도의 벗』信徒の友, 1981년 4월호, 10).

문학작품 속에서 들고 있다는 것도 대중화의 하나로 나타난 것일까? 가가 오토히코加賀乙彦의 『선고』[16]의 주인공인 사형수는 편지로 알게 된 젊은 여성에게 다음과 같이 썼다.

"종일 책을 읽었습니다. 무엇을 읽었다고 생각합니까. 가톨릭의 책은 아닙니다. 프로테스탄트 목사님이 쓴 『하나님의 아픔의 신학』입니다. 세 번째이지만, 또 다시 여러 가지를 배웠습니다"(하권, 227). "『하나님의 아픔의 신학』, 좋은 책입니다. 괴로움 없는 사랑이 없다는 것도 진리겠지요"(하권, 229). "제가 당신에게 책을 두 권 보냈습니다. 『하나님의 아픔의 신학』과 『이토 시즈오伊藤靜雄 시집』인데, 모두 십여 년 애독해 왔기에 조금 더러워졌지만은 제 영혼이 페이지를 태웠다 생각하고 너그럽게 봐주세요"(하권, 268).

아오야마 코지青山光二의 『우리들이 광인의 스승』[17]도 이 책을 들고 있다.

1981년 9월

---

16) 加賀乙彦, 『宣告』 (東京: 新潮社, 1979). [옮긴이] 가가 오토히코, 1929-. 본명. 고기 사다타카小木貞孝. 정신과의사(범죄심리학). 의대교수. 1979년부터 소설가 전업. 『선고』로 일본문학대상 수상.

17) 青山光二, 『われらが風狂の師』 (東京: 新潮社, 1981). [옮긴이] 아오야마 코지, 1913-2008. 소설가. 『われらが風狂の師』는 철학자 도이 도라카즈土井虎賀壽가 모델.

해제

내가 이 책을 알게 된 것은 2014년 봄이었다. 그리고 얼마 지나지 않아 세월호가 침몰했다. 사람들이 다시금 고통에 대한 이야기와 함께 이 책을 입에 올리기 시작했다. 이 책을 다시 번역하자는 이야기가 나온 건 그때쯤이었다. 수색은 길어졌고, 배는 물속에서 올라오지 않았다. 번역을 위해 책을 꼼꼼히 다시 읽어가면서 사람들이 이 책에서 읽어내고 싶어 하는 이야기와 이 책이 하고 싶어 하는 이야기가 때로는 미묘하게 때로는 꽤 많이 다르다는 점을 알게 되었다. 번역하는 과정에서 그 미묘함을 드러내려 노력했지만 재주가 모자라 잘 드러나지 않았다. 그래서 이 글을 쓰게 되었다.

기타모리 가조는 '아시아 신학' 또는 아시아인에 의한 신학을 추구하여, 세계적 보편성을 얻은 첫 번째 신학자이다. 잘 알려진 대로 이 책은 영어, 독일어, 스페인어, 이탈리아어, 한국어로 번역되었고 수많은 신학자들이 인용할 정도로 큰 영향을 끼쳤다. 이 책이 널리 호응을 얻은 이유는 무엇보다 이 책이 가진 조직신학적 기여와 일본적이라는 특징이 잘 균형을 이루고 있기 때문이기도 하다. 이 글은 이 책이 가진 일본적인 특징과 전쟁이라는 배경이 어떤 영향을 주고받는지 비판적으로 검토하고 있다. 어떤 이름으로 부르든지 한국과 한국인의 경험과 존재가 녹아들어간 신학이 그 어느 때보다 요구되고 있지만, 응답은 요원하기만 하다. 아시아 전체로 보아도 신학적인 목소리가 점차 가라앉고 있다. 이럴 때일수록 한 발 앞서 아시아 신학 또는 일본 신학으로 보편 신학을 추구했던 기타모리 가조의 궤적을 세세히 살피고 그 기여와 한계를 따져보는 것이 앞으로 나아가는 디딤돌이 될 것이다. 결코 가벼이 여길 수 없는 큰 기여를 한 기타모리 가조의 신학을 여러 각도에서 재검토하는 일이 반드시 필요하다고 하겠다. 무엇보다 기타모리 가조는 서구 신학을 받아들여 신학을 추구한 1세대 신학자로서 일본에서 성서와 서양 철학과 신학을 번역을 통해 또는 외국어 습득을 통해 접하면서 한 걸음, 한 걸음 나아갔다. 성서의 번역, 주요한 신학자들의 작품을 번역이나 외국어로 읽으면서 이해하고, 독일 등 유럽에서 유학하면서 본격적으로 공부한 철학자들의 지적 세례를 받았으며, 동시에 서양 철학과 일본적인 것을 결합하려고 노력하던 교토대학의 분위기 속에서 성장한 기타모리 가조가 이들 모두를 결합하려고 시도한 것은 너무나 당연한 일이라고 하겠다. 그리고 그로부터 기타모리 가조는 본격적으로 일본적인 신학을 내놓게 된다. 이 점에서 아직도 대부분의 신학서가 번역에 의존하고 있고, 성서 번역에서도 여러 의견이 충돌하면서 진전이 없는 한국 신학계에서, 기타모리는 번역을 통해 서구 신학을 수용하면서도 이를 극복하는 신학의 한 모범을 보여준다고 평가할 수 있다. 이 짧은 글 말고도 또 다른 각도에서 기타모리 신학이 재검토되고, 또 재검토되어야 한다고 생각한다.

기타모리 가조의 『하나님의 아픔의 신학』은 너무나도 잘 알려진 책이다. 특히 북미와 유럽에서 이 책에 대한 호응이 컸다. 이 책은 1960년대 칼 마이클슨에 의해 영어권에 소개되고, 몰트만에 의해 언급된 후, 대표적이면서 독창적인 일본 신학자, '아픔' 또는 넓게 보아 '고통'이나 '고난'을 해석한 신학으로 알려지기 시작했고, 특히 일본의 패전 직후 출간된 것으로 알려지면서, 전쟁에서의 고통에 대한 반성적 신학화의 대표적 사례로 소개되고 있다. 그는 일본 밖에서 가장 많이 알려진 신학자 중 한 사람으로, 일본 안에서는 비단 신학과 기독교계에 그치지 않고 비그리스도인이 다수인 일본인에게 널리 알려졌다. 기타모리 붐이 일었다고도 말한다.

하지만 말하고자 하는 바와 읽어내고자 하는 바가 다른 건 흔한 일이다. 말하는 사람과 읽는 사람은 서로 다른 역사적 경험과 상황 속에 처해 있기 때문이다. 읽는 사람의 역사적 경험이 압도적일 때, 책을 읽는 사람과 책을 쓰는 사람은 미묘하게 엇갈린다.

이 책이 처음 한국어로 번역된 건 1987년이다.[1] 출간은 그해

---

1) 기타모리 가조의 신학은 일본에 유학한 많은 신학자와 목사들을 통해 이보다 훨씬 먼저 한국에 알려졌다. 역자인 박석규 목사도 도쿄신학대학 유학시절을 회상한다. 문헌으로 보면, 연세대학교 연합신학대학원에서 발간한 『현대와 신학』 1권, 1호(1964) 27-38에 "동양에 있어서의 신학의 방향"이라는

12월 10일, 6월 항쟁의 열기를 지나 대통령 선거로 향해가던 즈음이었다. 도쿄신학대학에 유학했고 기타모리 가조에게 배웠던 역자 박석규 목사는 역자의 말에서 이 책이 쓰인 1940년대를 인류 역사의 가장 어두운 시간이자 지옥문이 무방비 상태로 열려 인간이 광란하던 시기였다고 말하고, 1986년 노벨평화상을 받은 엘리 위젤의 이야기로 뒤를 잇는다. 교수대에 매달렸으나 가벼운 몸무게로 버둥거리면서 죽음과 사투하던 소년을 가리켜, 하나님이 매달려 있다고 했던 그 말. 사람과 더불어 고통당하는 하나님. 그리고 이야기는 다시 1987년의 한국으로 이어진다. 책은 12월에 출간되었지만, 역자의 말을 쓴 건 그보다 얼마 전이었다.

> "이 책의 번역의 소감을 쓰는 즈음, 우리의 한 대학생이 고문으로 죽었다. 수명의 고문 경찰관이 그의 팔을 휘어 감고 그의 머리채를 잡고 욕조 물에 담그어 죽였다. 압박(repression), 이 압박이 어찌 경부 압박만이겠는가? 인간 생명에 대한 압박이요, 인간의 자기를 정당하게 지킬 권리의 압박이요, 인간 존엄성에 대한 압박이다. 이 어찌 인

논문이 北森嘉藏 저, 민경배 역으로 실려 있다. 내용은 그리스적 신학이 형이상학적임을 주로 비판하고, 말미에 프로테스탄트 신학의 인간론적 경향을 언급한 후, 루터의 십자가 신학에서 예외점인 하나님의 아픔으로부터 다시 시작한 것이 '하나님의 아픔의 신학'이라고 매우 간결하게 언급하고 있다. 마삼락[Samuel H. Moffett]에게도 간략한 기록이 있다. 마삼락박사 회갑기념 논문집 『아세아와 선교』 (서울: 장로회신학대학 선교문제연구원, 1976)에서 마이클슨의 기타모리 비판을 인용하면서 기타모리의 신학은 선교신학으로, 그 목적은 기독교를 참다웁게 만들어 현대 일본과 관계를 맺게 하려는 것이라 평가한다.(237)

간의 압박뿐이겠는가? 하나님의 형상인 그를 압박하여 죽이는 것은 하나님의 자유와 존엄을 압박하여 죽이는 것과 같다. 그의 죽음 속에서 우리는 다시 골고다에서 죽임 당하신 하나님의 죽음을 본다. 숨이 끊어지고 욕조의 물이 일그러질 때 거기는 하나님의 얼굴이 일그러지고 있었다. 교수대, 욕조, 이 얼마나 하나님이 계시기에 적당치 않은 곳인가! 어찌 하나님의 마음을 거기에 두고 금십자가를 향해 그를 찬양할 수 있겠는가? 고통이 있는 곳, 차가운 거리, 야위고 지친 얼굴들, 판자촌이 밀려버린 폐허, 거기에 서성대며 인간과 더불어 아파하시는 하나님을 만나러 가자. 그와 함께 아픔의 일을 하러 가자. 이것이 그 분을 찬양하는 길이 아니겠는가?"[2]

1987년의 한국은 2014년의 한국으로 이어졌다. 그렇다면 우리의 질문은 이 두 시간이 1940년대 초반의 일본으로, 기타모리 가조가 본 일본으로 이어지는가여야 한다. 지금까지는 아주 당연하게 받아들였던 이 전제에 의문을 품어야 한다.

기타모리 가조의 신학이 북미와 유럽, 그 외 나라에 어떻게 수용되었는지에 대해서는 여러 차례에 걸친 서문들과 해설을 통해서 알 수 있다. 알다시피 기타모리 가조의 이름을 영어권에 가장 먼저 알린 인물은 칼 마이클슨Carl Michalson으로, 『그리스도교 신학에 대한 일본의 기여』*Japanese Contribution to Christian Theology*라는 책에

---

2) 北森嘉藏, 박석규 역, 『하나님의 아픔의 신학』 (서울: 양서각, 1987), 9-10.

서 기타모리의 『하나님의 아픔의 신학』에 한 장을 할애하고 있다. 마이클슨의 기타모리 소개는 꽤 충실하다. 그는 기타모리 신학의 두 가지 특징, 조직신학적 특징과 일본적인 특징 두 가지를 꽤 상세하게 소개하고 있다. 뒤에서 언급하겠지만, 기타모리의 아픔의 일본적 특징 또는 기원이 되는 가부키, 쇼토쿠 태자의 『유마경의 소』에 나오는 불교적 태도, 모토오리 노리나가가 말하는 슬픔의 표현, 즉 '모노노아와레'에 대해서도 간략하게 언급한다.[3] 그런데 왜 기타모리의 신학이 일본에서 그렇게 대중적이 되고 많은 사람이 이해했는가에 대해서는 아주 간략하게만 말할 뿐이다. 일본에서는 꼭 종전이라고 표현하는, 그러나 실상은 패전 직후에 나왔기 때문에 그리스도교도와 아닌 사람들 모두에게 오해를 샀다고 말한다. 사람들은 기타모리가 전쟁 중에 그리고 전후에 그리스도교의 하나님이 아파하면서 사람들과 함께 고통 받았다고 기술했다고 믿었다. 그러나 이것이 오해이며, 기타모리는 실제 사람의 아픔은 하나님의 진노의 표현이라고 말했다고 설명한다.[4] 물론 이 진노에 의한 고통은 구원으로 이어진다. 이 책이 출판된, 전쟁이 끝난 직후 일본인들은 기쁨의 시대가 아닌 아픔과 죽음의 시대를 보내고 있었기 때문에, 아픔의 신학 곧 아픔의 복음을 받아들일 수 있었다.[5] 일본인들은 아팠고, 아픔 가운데 있었기 때문에, 아픔의

---

3) Carl Michalson, *Japanese Contributions to Christian Theology* (Philadelphia: The Westminster Press, 1960), 86-88.
4) Michalson, *Japanese Contributions*, 80.
5) Michalson, *Japanese Contributions*, 83.

신학과 아픔의 복음은 아주 쉽게 보편적으로 널리 받아들여졌다.

전쟁과 패전의 경험, 가난과 빈곤, 죽음의 고통이 너무나 압도적이었기 때문에, 역사적 경험이 책을 읽는 사람들을 짓누르면, 사람들은 때로 글쓴이가 말한 바를 벗어나 자기 나름대로 이해하기 시작한다. 이는 이 책이 처음 서구 세계에 소개되는 순간부터 시작되었다.

기타모리의 신학이 본격적으로 유명세를 얻게 된 것은 몰트만이 『십자가에 달리신 하나님』에서 언급하면서부터이다. 몰트만은 본회퍼의 처형과 함께 비슷한 시기에 비슷한 정치적 상황에서 형성된 기타모리의 신학이 하나님의 고통이 우리를 치유하고, 그리스도의 고난 속에서 하나님 자신이 고난당하신다는 출발점을 가진다고 지적한다. 그러면서 라틴 아메리카의 원주민으로서 미국 남부에 살던 흑인 노예들로 그의 신학을 전개해 나간다.[6] 몰트만의 기타모리 인용은 기타모리 신학의 오해의 한 전형을 낳게 되는데, 몰트만을 통해 본 기타모리 신학은 잘못된 전쟁의 패배로 인한 고통으로부터 출발한 신학이다. 즉 특정한 역사적 경험과 상황 속에서 형성된 신학이다. 오늘날 대부분의 사람들이 이렇게 이해하고 있다.

반면 기타모리를 인용하는 또 한 사람인 도로테 죌레는 기타

---

6) Jürgen Moltmann, 김균진 역, 『십자가에 달리신 하나님』 (서울: 한국신학연구소, 2011), 29-30.

모리가 말하는 고통이 특정 역사적 맥락에서 형성되고 인정된 고통이 아니라 보다 보편적인 신학적 명제로부터 산출된 것임을 분명히 인지하고 있다. 그러면서 자기의 고통으로 하나님의 고통을 섬기는 일이 제자도임을 지적한다. 고통에서 달아나지 않고, 오히려 고통을 통해 강해진다. 고통을 찾고 희망해야 한다. 이는 고난이 사적인 데서 벗어나 인간들이 서로 유대를 맺는 행위라고 지적한다. 그러면서 죌레 역시 고통을 통해 스스로 강해지는 사례로서 저항의 상징이 된 베트남 민족을, 베트남 전에서 미군의 행위를 들고 있다.[7] 죌레는 기타모리의 입장을 인정하면서, 자신의 맥락으로 특수한 역사적 사건으로 그의 신학을 끌고 온다.

기타모리 신학 이해에 대한 또 하나의 예로 알리스터 맥그래스를 들 수 있다. 그 역시 고난당하는 하나님의 맥락에서 몰트만과 함께 기타모리 신학을 언급하고 있다. "몰트만과 마찬가지로 기타모리도 루터의 '십자가의 신학'에 크게 의존하고 있으며, 십자가의 신학이 제2차 세계대전에서의 패배와 핵폭발로 인한 국민들의 희생으로 충격에 휩싸인 일본에 특히 적합하다고 보았다."[8]

기타모리의 신학을 이해하는 또 하나의 흐름이 있는데 나약한 하나님, 축소된 하나님 이해로의 길을 열었다고 보기도 한다. 하이데거로부터 지안니 바티모$^{Gianni\ Vattimo}$에 이르는 사상에 그를 두는

---

7) Dorothee Sölle, 채수일·김미영 역, 『고난』, (서울: 한국신학연구소, 1993), 50-53.
8) Alister McGrath, 김기철역, 『신학이란 무엇인가』 (서울: 복있는 사람, 2013), 493.

것이다. 이는 유대교 사상인 카발라의 '침춤'Zimzum(제한 또는 수축)을 원용하여 말하는 몰트만과 시몬 베유Simone Weil의 논의 등에서 구체적으로 나타난다.9) '침춤'에서 출발한 하나님의 축소는 아우슈비츠를 경험한 유대인 철학자 한스 요나스Hans Jonas의 '아우슈비츠 이후의 하나님 개념'Der Gottesbegriff nach Auschwitz에서 가장 두드러졌다. 이런 새로운 하나님 이해는 아우슈비츠 이후 나치즘과 홀로코스트에 대한 반성에서 말미암는 것인데, 기타모리의 신학과 연결되는 부분이 없는 것은 아니지만, 기타모리의 신학에 전쟁의 참화와 군국주의 및 학살 등에 대한 이해가 충분하다고 할 수 없다.

이런 일련의 반복적인 이해 또는 오해는, 즉 기타모리 신학이 전쟁과 패배 그리고 원자폭탄이라는 참혹한 역사적 배경 속에서 탄생했다는 생각은, 어쩌면 서구인들이 가지고 있는 일본에 대한 이미지, 또한 동시에 일본이 만들어내고 그려내려 했던 자신에 대한 이미지로부터 출발하는지도 모르겠다. 자신들이 무모하게 일으킨 전쟁의 패전 후에도 일본은 일관되게 자신을 전쟁의 희생자로 묘사했고, 원폭의 피해자로 그려 왔다. 그래서 기타모리의 신학에 대한 이야기를 듣는 사람은 기타모리가 전쟁에 대해서 반성하는 것처럼 지레짐작해서 생각했을 수 있다. 알려진 대로 기타모리 자신은 매우 경건하고 금욕적인 삶을 살았으며 항상 겸손하고 청

---

9) 芦名定道,「日本の宗教哲学とその諸問題: 波田野, 有賀, 北森」,『アジア・キリスト・多元性現代キリスト教思想研究会』, 第九号, 2011년 3월, 89~111. 이 논문을 소개하고 번역도 제공해준 일본의 홍이표 목사에게 감사한다.

빈하게 행동했기에, 그리고 특히 일본에 유학한 한국인들이 여러 도움을 받았기에 그렇게 생각할 수도 있었을 것이다. 그러나 적어도 『하나님의 아픔의 신학』의 그 어느 곳에서도 이 전쟁이 발발한 원인, 이 전쟁에 책임을 져야 할 자들, 이 전쟁이 낳은 결과 등에 대해서 구체적으로 언급하지 않는다. 전쟁에 대해 반성하거나 구체적으로 사안을 특정해서 비판하지도 않는다. 전쟁 가운데 있는 현실, 전쟁이 가져온 파괴적 효과에 대해 안타까워하고 있을 뿐이다. 그리고 고통 가운데서 아픔을 느끼고 있는 데서 세계의 구원의 희망을 말한다.

나는 여기서 기타모리 신학과 전쟁이 가진 관련성을 일본적 맥락을 따라 보다 상세히 말하려고 한다. 특정 신학에 대해 전쟁과의 관련성을 묻는 것은 지나친 요구일지도 모른다. 그러나 기타모리 신학에 대해서만큼은 이야기가 다르다. 본인의 의도이든 아니든 간에, 기타모리 신학은 전쟁 특히 패전의 산물로, 그것도 패전을 긍정적으로 극복한 산물로 잘 알려져 있기 때문이다. 누구나 기타모리 신학을 언급할 때는 전쟁 문제를 언급한다. 따라서 이에 대한 기타모리의 견해를 살펴보는 일, 그리고 실제 하나님의 아픔의 신학이 구체적으로 어떤 주장을 하고 있는지를 살펴보는 일은 꽤 중요하다. 나는 여기서 기타모리 신학이 전쟁 책임을 의도적으로 외면했다고 비판하려는 것이 아니다. 다만 많은 사람들이 지레짐작으로 추측하는 것과는 달리 그의 신학에 전쟁에 대한 책임 혹은 패전에 대한 책임 문제가 없다는 점을 지적하려는 것이다. 나는 역설적으로 바로 그랬기 때문에, 패전 이후 일본에서 기타모리의 신학이 비그리스도인들에게까지 광범위하게 환영받을 수 있었다고 생각한다. 그 이유는 무엇일까? 그것은 기타모리의 신학이 너무나도 일본적이었기 때문이다. 거듭 말하지만 이는 비판이 아니다. 이 점은 기타모리 신학 이해의 중요한 출발점이다.

가장 먼저 기타모리 신학이 지나치게 일본적이라고 비판한 사람은 칼 바르트였다. 그는 자신의 책 *Einführung in die Evangelische Theologie*의 일본어 역본 『福音主義神學入門』[한국어 번역본 『개신교신학 입문』]의 일본어판 서문(1962년)에서 기타모리 신학의 문제를 지적한다. 그는 마이클슨의 책을 언급하며, 일본 신학의 독창성 문제에 대하여, 신학이 국민적 특성을 반영하지 않을 수 없지만, 그렇다고 신학이 고유성을 가지면서도 복음주의적이고 성서에 근거하고 세계교회적으로 타당해야 한다고 말하면서, 특히 기타모리의 신학은 지나치게 일본적이라고 지적한다.[10] 아마도 기타모리의 바르트 비판, 곧 바르트가 루터와 바울이 중시한 죄인을 돌보는 데 기인하는 하나님의 아픔을 간과했고, 십자가가 바르트 신학에서 방법론적으로 1순위가 아니라는 비판[11]에 대한 응답이리라.

마이클슨이나 칼 바르트 모두 기타모리 신학이 '일본적'이라고

---

10) Karl Barth カル・バルト, 加藤常昭 訳, 『福音主義神学入門』(東京: 新教出版社, 2014), 3-5.
11) Michalson, *Japanese Contributions*, 77-78.

지적한다. 기타모리가 쓴 해설에서 언급한 이시하라 겐도 기타모리가 일본인의 '마음' 곧 '쓰라림'을 이해하고 이를 신학적으로 활용했다고 지적하고, 미학자 이마미치 도모노부 역시 관계의 비극에서 발생하는 '쓰라림'과 '하나님의 아픔'의 구조적 유사성을 통해 신학을 개척하여 비로소 세계적으로 인정받는 신학이 되었다고 말한다. '일본적' 특징이야말로 기타모리 신학 이해의 핵심이다.

기타모리의 신학에서 일본적인 특징은 어떻게 나타나는가? 첫째, 일본의 고전 연구를 통해서 일본적인 것의 특징을 밝힌 국학國学의 영향, 둘째, 일본에 뿌리를 내리고 토착화된 일본 불교의 영향, 특히 정토진종淨土眞宗과 신란親鸞의 영향, 셋째, 에도 시대 이후 대중화된 연극인 가부키의 비극적 장면들에서 보이는 일본인의 정서와 비극 이해, 넷째, 서양 철학과 종교를 소화하여 일본의 전통사상 및 종교와의 결합을 시도한 교토학파의 영향. 이 네 가지 모습이 기타모리가 『하나님의 아픔의 신학』을 전개하는 과정에서 모두 드러난다. 이를 하나씩 간략하게 살펴보려 한다.

국학의 영향. 한국에만 국학이 있는 것이 아니라 일본에도 국학이 있다. 어쩌면 한국에서 국학이 생겨난 것도 일본 국학의 영향이 크다고 보아야 할 것 같다. 일본 국학의 문을 연 사람은 모토오리 노리나가本居宣長(1710-1801)로서 메이지 유신 1세기 전부터 '국체' 내셔널리즘의 씨앗을 만들고 그것이 잘 배양될 수 있는 사상적 조건을 탐구해간 일본 국학의 집대성자라 불린다. 노리나가

는 훗날 국체國體론, 국체 내셔널리즘이 되는 "일본 사회에서 만세일계万世一系의 황통皇統을 정통으로 하는 '신국神国 일본'이라는 황국사상의 완성자"인 동시에 "불교·유교·도교 등 외래의 사상·문화가 전해져 일본인의 생활과 사고가 혼탁해지기 이전의 일본 고유의 생활과 사고를 발견하여 거기서 아름답고 참다운 일본인·일본문화·일본어의 모습을 체계적으로 묘사해낸 국학자"로 알려져 있다.[12] 일본 국학 연구의 토대가 되는 작품들이 흔히 '기기記紀'로 불리는 『고사기』古事記와 『일본서기』日本書紀 그리고 고대 일본의 문학작품인 『겐지이야기』源氏物語와 『만엽집』万葉集 등이 중요한 텍스트이다. 이 중에서 노리나가는 당시까지 읽지 못한다고 알려진 『고사기』古事記를 수십년 연구하여 『고사기전』古事記伝을 냈고, 『겐지이야기』源氏物語를 독해하여 '모노노아와레もののあはれ'를 주장한다. 그리고 그의 국학이 히라타 아츠타네平田篤胤로 이어지고, 메이지 국체론으로 또 교토학파의 근대초극론으로 이어지게 된다.

따라서 기타모리가 노리나가를 인용하고, 또 『만엽집』의 한 구절을 인용하는 것은 매우 중요하다. 기타모리는 『하나님의 아픔의 신학』 1장 5절에서 『고사기전』 27권을 다소 길게 인용하여 다음과 같이 말한다.

모토오리 노리나가本居宣長가 야마토타케루노미코토日本武尊의 비운悲

---

12) 모토오리 노리나가, 『일본 '국체' 내셔널리즘의 원형: 모토오리 노리나가의 국학』, 고휘탁 외 역, (서울: 동북아역사재단, 2011), 212 이하. 이 책은 노리나가의 『다마쿠시게』玉くしげ, 『비본 다마쿠시게』秘本玉くしげ 등의 번역이다.

運과 관련해 기술하는 다음과 같은 말에 충분히 주목해야 한다. "이후에도 용기는 조금도 휘어지지 않으시고 성공을 거두고서도 아버지 천황의 대명을 어기지 않는 용기 있고 올바른 마음이면서도, 이렇게 원망해야 할 일을 원망하고 슬퍼해야 할 일을 슬퍼하여 우시니, 이것이야말로 사람의 참된 마음이다. 이것은 만일 중국인漢人이라면, 이 정도인 사람은 마음 뒤편으로 깊이 원망하고 슬퍼하면서도 그것을 감싸 숨기고 기색을 보이지 않으며, 이런 때에도 그저 여느 때처럼 시끄럽게 무용武勇만 대강 운운하니, 이로써 오랑캐戎人의 겉모습을 꾸미는 거짓과 황국皇國 옛 사람古人의 진심이 만사에 생각나고 깨닫게 된다." 일본적인 것은 "슬퍼해야 할 일을 슬퍼하며 우는" 데 있고, 이를 "감싸 숨기고 기색을 보이지" 않는 데 있지 않다.

본문에서는 역주로 간략히 설명했지만, 야마토타케루노미코토日本武尊는 전설적인 비운의 황자皇子로 죄를 지어 아버지에게서 쫓겨나 동쪽을 정벌하여, 일본 통일에 기여하는 인물이다. 기타모리가 여기서 아직 분명히 말하고 있지 않지만, 천황인 아버지에게서 쫓겨나서 버림받았으나 아버지의 명령을 완수하는 인물을 그림으로써 그 배경에 아버지가 죽게 한, 죽음으로써 구원을 완수한 예수 그리스도가 있음을 암시하고 있다. 그리고 이 인물은 자기의 슬픔을 있는 그대로 드러낸다. 예수 그리스도가 어찌하여 나를 버리셨느냐고 외치듯이.

여기서 일본인 특유의 슬픔의 미학이자 공감의 정서인 '모노노아와레'(もののあはれ라 쓰며 모모노아와레라 읽는 것이 보통이나, 경우

에 따라 모모노아하레로 읽기도 함)가 나타난다. '모노노아와레'란 "어떤 사물이나 상황에 접했을 때 마음 깊은 곳에서 흘러나오는 절절한 느낌을 말한다. 예를 들면 계절에 따른 자연의 변화, 자신의 불우한 처지, 부모자식 또는 남녀 간의 애정 등 인간이 보고 듣고 만지고 겪게 되는 온갖 일에 대해 느끼는 감정으로, 특히 어딘지 모르게 덧없고 쓸쓸한 애상감을 일컬을 때가 많다."[13] 노리나가에 따르면 "사람이 무슨 일이든 감동할 만한 일에 직면해서 감동해야 하는 마음을 이해하고, 감동하는 것을 '모노노아하레'를 안다고 한다. 반드시 감동해야 하는 일을 접하고도 마음이 움직이지 않고 감동이 없는 것을 '모노노아하레'를 모른다고 하고 또 마음이 없는 사람이라고 한다. 헤아릴 수 있는 마음이 있는 사람은 감동해야 하는 일에는 절로 감동하는 법인데, 그렇지 않다는 것은 분별하지 못하고 감동해야 하는 마음을 알지 못하기 때문이다."[14] 이런 감정을 일으키는 일에는 때론 인륜이라 도리를 벗어나는 일도 있다고 말한다.

    신학과 전혀 무관해 보이는 듯 한 이런 이야기가 의미를 가지는 이유는 바로 이 정서가 '아픔'을 이해하는 접점이기 때문이다. 기타모리는 진노의 대상인 사랑할 수 없는 사람을 사랑해야 하는

---

13) 모토오리 노리나가, 『모노노아와레: 일본적 미학이론의 탄생』 김병숙 외 역 (서울: 모시는 사람들, 2016), 5. 이 책은 노리나가의 『겐지모노가타리 타마노오쿠시』源氏物語玉の小櫛 1, 2권과 『이소노카미 사사메코토』石上私淑言의 번역이다.

14) 모토오리 노리나가, 『모노노아와레』, 79.

아픔을 예수 그리스도 안에서 발견한다. 이는 하나님의 아픔이다. 이런 하나님의 아픔은 어떻게 구성되는가? 바로 일본인들이 관계에서 발견하는 바로 그 아픔에서 구성된다. 그리고 이 아픔의 정서를 하나님과 사람이 공감하게 된다. 이런 공감이 없으면 그저 사람이 느끼는 일상의 고통을 하나님이 공감한다는 신학으로 이해되고 만다. 이것이 바로 기타모리 신학이 오해되는 전형적인 지점이다.

반면 기타모리가 국학 또는 국체론의 일방적인 영향을 받았다고 볼 수 없는 부분도 있다. 5장 6절에서 『만엽집』万葉集의 한 구절인 '하늘과 땅이 영화로운 때天地の榮ゆる時'라는 표현을 인용하여 이스라엘의 포로기 이후 역사를 지칭한다. 다윗과 솔로몬의 시대는 지나갔으나 오히려 자기희생적 교회가 된 이스라엘, 쇠퇴하는 이스라엘이야말로 최고의 시대라는 말로 해당 구절을 인용한다. 특히 이 구절은 1943년 일본 천황제, 즉 황국사관을 강조하기 위해 문부성에서 발간해 전국에 300만부 이상 배포한 「국체의 본의」国体の本意 서문에서 일본 역사의 여명기를 찬양하는 말로, 그에 빗대어 세계로 뻗어나가는 일본을 찬양하는 말로 사용되었다. 따라서 가장 고통스럽던 때가 오히려 최고의 시대라는 역설을 일본인들에게 익숙한 시가의 구절을 따라 설명하고 있다. 실은 이 『만엽집』은 노리나가가 꼭 읽어야 한다며 칭송해 마지않던 책이기도 하다.

몇 구절의 인용으로 기타모리에게 국체론자의 혐의를 씌울 생각은 없다. 그러나 그 맥락을 이해하지 않으면, 기타모리가 말하는 아픔의 의미를 명확하게 알 수 없다. 다만 기타모리에게서 국체론에 대한 반성을 발견할 수 있는지의 여부는, 그가 전쟁을 어떻게 보았는지의 여부는 물론 『하나님의 아픔의 신학』이 전쟁을 신학적으로 반성한 결과인지 평가하는 기준이 된다.

둘째, 불교의 영향. 기타모리는 1972년 고단샤판 서문에서 소가 료진曾我量深이라는 승려이자 불교사상가와의 대화를 언급한다. 이 책의 1장 4절에서 쇼토쿠 태자聖德太子의 『유마경의소』維摩経義疏를 매개로 불교의 '슬픔悲'과 하나님의 '아픔'에 대한 비교 서술이 불교 쪽으로부터 응답을 받았다고 평가한다. 중생의 실제의 병実病을 구제하기 위한 보살의 대응하는 병応病은 아무리 대비大悲에서 일어난다고 해도, 어디까지나 실제의 병이 아니므로, 실제의 아픔인 '하나님의 아픔'과는 비교할 수 없다는 평가다. 불교의 '슬픔'은 기타모리가 말하는 하나님의 '아픔'의 모티프 중 하나였다.

뿐만 아니라 기타모리는 불교의 술어들을 굳이 변경하지 않고 드러내어 사용한다. 이런 용어들은 대부분 번역본에서 일반적 단어로 바뀌어서 드러나지 않지만, 이 번역에서는 굳이 일일이 표시했다. 가장 먼저 나타나는 것이 '절복折伏' 곧 나쁜 사람이나 외도·사도를 꺾어 굴복시키는 일과, '섭수攝受' 곧 자비로운 마음으로 중생을 거두어 들여서 보살핌이다. 이들 단어는 이전 한국어 번역에서는 '교화'와 '섭리로 받아들임'으로 썼고, 영역본에서는 각각 'win over/persuade'와 'acceptance'로 번역했다. 의미 상 하나님의 아픔의 신학이 아픔이 없는 신학을 굴복시키면서 포용·해야 한다는 뜻이 된다. 섭취攝取를 불교식으로 사용하여 자비심으로 거두어들인다는 의미로 사용한다든지, 현세에서 정토를 향해가는 왕상住相과 반대로 정토에서 현세로 오는 환상還相을 사용해서 역사적 예수에게서 하나님의 아픔으로 또는 그 반대로의 운동 또는 움직임을 설명한다든지, 심지어는 그리스도가 아버지인 하나님의 사랑에서 떨어져 세상으로 오는 것을 세속과 관계를 끊는다는 뜻에서 출가의 다른 말인 출리出離라 하기도 한다. 여기서는 아버지를 떠났다 혹은 떠나보냈다는 뜻이다. 이외에도 나의 지식이 짧아다 발견하지 못했을 뿐이다.

이런 방식은 교토 학파에서는 전형적인 방식이다. 불교의 술어를 통해 서양 그리스도교를 설명한 교토 학파의 가장 유명한 이야기가 그리스도의 케노시스를 불교의 공空으로 설명하는 것이다. 니시다 기타로의 제자인 니시타니 게이지가 이 이야기로 유명하다. 말할 필요도 없이 불교와 그리스도교의 대화에서 중요한 개념이나 술어를 각자의 전통에서 해석하고 그 바탕 위에서 대화해야 하는 것이지, 각자의 전통에서 의미를 분명히 하지 않으면 오해가 발생하기 쉽다. 이정용은 이 점을 분명하게 지적한다.[15]

기타모리가 불교 용어를 사용하거나 불교의 개념을 원용하여 신학적 이해를 확장시키거나 대중의 이해를 확산시키는 것은 매우 바람직한 일이다. 실제로 일본은 불교 신앙과 사상이 매우 깊이 뿌리박혀 있고, 삶의 태도를 형성하고 있다. 불교 용어를 사용함으로써 그리스도인이 아닌 독자들에게까지 다가갈 수 있었을

---

15) 이정용, 『마지널리티: 다문화 시대의 신학』, 신재식 역 (서울: 포이에마, 2014), 130, 295.

것이다. 다만 그렇게 하는 과정에서 때로 의미가 변형되거나 의도하지 않게 의미가 확장될 수 있다는 점에 주의해야 한다.

여기서 주의해야 하는 쪽은 읽는 사람이다. 특히 일본인이 아닌 사람들, 불교에 대해 잘 모르는 사람들이다. 이 책을 읽을 때 이런 점들을 음미하면 조금이라도 지평이 넓어질 거라 생각한다. 그러나 분명히 의미를 이해하면서, 특히 전통의 차이에 따른 의미의 차이를 이해하면서 음미해야 한다. 그렇지 않으면, 의미가 뒤섞이게 된다.

셋째, 일본 비극인 가부키歌舞伎, 『데라코야』寺子屋, 『구마가이진야』熊谷陣屋, 『벤케이조시』弁慶上使, 『스시야』鮨屋. 이들 네 작품에 대한 자세한 내용은 본문 중에 역주로 삽입해 두었으므로 참고 바란다. 11장에서 기타모리는 일본 비극인 가부키야 말로 셰익스피어의 4대 비극에 비견되는 작품들이며, 일본인들 그것도 저잣거리의 평범한 일본인의 정서를 가장 잘 드러낸다고 이야기한다. 모든 일본인들이 공감하는 이야기들이라는 것이다. 이 네 편의 비극적인 이야기에는 모두 한 가지 스토리가 숨겨져 있다. 과거 언젠가 은혜를 입은 옛 주군의 자식을 지키기 위해 자기 자식이나 가족을 대신하는 희생물로 내놓는다는 점이다. 때론 자신의 칼로 때론 벗의 칼로 자기의 친자식의 목을 베거나 친자식의 목이 베이는 장면을 보면서도 마음으로 슬퍼할 뿐이다. 이런 죽음은 상대방이 있어, 그를 속이기 위한 것이기 때문에 눈앞에서 아들의 목이 달아나도 눈물이나 슬픈 기색조차 보이지 말아야 한다. 흥미롭게도 목을 베는

상대방 혹은 벤 목을 건네받는 상대방이 이 모든 것이 속이는 상황극임을 알고 있지만, 가짜 목을 대신 건네받고 짐짓 속아준다는 이야기다. 이런 종류의 이야기를 일컬어서 '대역극 혹은 대역물, 미가와리모노身代わり物'의 광기라고 하는데, 일본인들이 특히 공감하고 연민을 보내는 이야기이다.

여기서 기타모리는 '쓰라림つらさ'을 찾아낸다. 이것이 바로 일본인들이 느끼는 '아픔'이다. 특히 '쓰라림'은 무엇보다 가족 관계, 그중에서도 부모자식관계에서 느끼는 아픔이다. '아픔'에서 하나님과 하나가 되고, 하나님의 아픔에 봉사하려면, 사람에게는 자신의 아픔이 있어야 한다. 이 아픔 중에서 참된 아픔은 절실한 아픔, 직접적 관계 즉 혈연관계로 연결된 가족, 특히 자녀를 잃는 아픔이다. 이를 일본인들에게 가장 잘 설명하는 방법으로 그는 '쓰라림'을 선택했고, 여러 사람의 동의와 찬사를 받았다. 물론 이런 가부키로 대표되는 일본 비극에 담긴 '쓰라림'의 한계도 지적한다. 이는 원수를 사랑하지 못하고, 자의적이고 착각할 때도 많으며, 유희이기에 비윤리적이다. 노리나가는 윤리적이지 않을 수 있다고 말하지만, 기타모리는 이것을 비판하고, '하나님의 아픔'만이 이를 극복할 수 있다고 말한다.

가부키의 비극적 장면들을 통해 하나님의 '아픔'을 소개하고 설명하는 장면은 『하나님의 아픔의 신학』 전체에서도 백미이다. 그러려면 우선 한국인에게는 지루하더라도 가부키 이야기들을 좀 이해할 필요가 있다. 가부키를 이용한 설명이 가진 가장 큰 장점은 아버지 하나님과 아들 하나님의 관계를 가장 가시적인 방법으로 드러낸다는 점이다. 여기서 기타모리는 아버지 하나님이 예수 그리스도를 죽게 하는 과정과 아브라함이 이삭을 묶어 제단에 바치는 과정, 그리고 일본인들이 공감하는 가부키 이야기들을 비교한다. 그러면서 그는 내재적 삼위일체를 관계적 삼위일체로 효과적으로 전환하여 보여주고 있다. 아버지 하나님과 아들 하나님의 아픔을 기타모리는 어디까지나 관계에서 말미암은 아픔, 즉 관계적 아픔으로 해석해 낸다. 무엇보다 이런 지점이야말로 기타모리의 신학이 대중의 가슴 속으로 직접적으로 파고들어서 그들의 세계를 흔들고 공감을 얻어내는 기반이 어디인지 보여주고 있다. 니체의 『비극의 탄생』을 연상시키는 장면들이다.

넷째, 교토학파의 영향. 기타모리가 교토학파의 자장 속에 있었음은 분명하다. 그는 교토제국대학에서 다나베 하지메田辺元에게 철학을 배웠다. 이때 다나베 하지메에게 배운 헤겔 철학의 흔적이 『하나님의 아픔의 신학』에도 매우 뚜렷하게 나타나 있다. 칼 마이클슨은 일본 사람들이 기타모리 신학을 '보자기ふろしき 신학'이라고 불렀다고 하는데. 헤겔적인 변증법으로 반대를 감싸버리는 기타모리의 신학 기술이 모든 것을 감싸버린다는 이유에서이다.[16] 이 책 곳곳에서 니시타니 게이지, 다나베 하지메, 미키 기요시, 하타노 세이이치 등 교토 학파와의 직간접적으로 연계된 점이 엿보인다. 앞에서 지적된 불교의 개념이나 술어들을 과감하게 차용하

---

16) Michalson, *Japanese Contributions*, 74-75.

여 신학적 의미를 확대하는 일 등은 교토학파의 전형적인 방법이다. 다만 나로서는 교토학파에 대한 이해가 깊지 못해 신학적 구조가 어떤 공통점이나 영향을 주고받았는지까지는 설명하지 못하겠다.

기타모리는 11장에서 복음사를 다루면서 그리스도교를 3단계로 나누어 그리스-로마적인 그리스도교가 게르만(독일) 그리스도교가 되고 마침내 일본적 그리스도교가 된다는 놀라우면서도 다소 황당한 주장을 펼친다. 그리스-로마적 그리스도교는 본질을 추구하는 그리스 철학과 형이상학 및 그리스 비극에 근거한 그리스도교이고, 이것이 퇴락한 후 그리스 바깥에서 게르만이 새로운 복음사적 운동을 일으켰고, 이것이 종교개혁이다. 종교개혁은 하나님에게서 사람에게로 방향을 전환한 사건이다. 그러나 이 둘 모두 아파하는 하나님을 발견하지 못했기 때문에, 이제 일본인의 대중적 정서가 담긴 일본 비극인 가부키에서 아픔의 신학이 발견된다는 주장이다. 가히 비극의 계보라고 할 만하다. 다만 기타모리의 이런 주장은 교토학파의 어두운 부분인 전시의 '쇼와연구회'를 통해 군국주의와 소위 대동아전쟁을 지지한 '근대의 초극'과 그 궤를 같이하고 있다는 점에서 문제가 있다.[17] 기타모리는 아픔의 신학 전체에서 끊임없이 근대주의 신학을 비판하면서 이를 넘어서야 한다고 주장한다. 근대주의 신학, 곧 자유주의 신학에 문제가

---

17) 교토학파의 근대초극론에 대해서는 나카무라 마츠오 · 니시타니 게이지 외, 이경훈 외 역, 『태평양전쟁의 사상: 좌담회「근대의 초극」과「세계사적 입장과 일본」으로 본 일본정신의 기원』(서울: 이매진, 2007).

없는 것은 아니지만, 그걸 극복하는 방법은 철저하게 일본적인 방식이라는 데서 의심이 완전히 벗어지지 않는다.

그러나 기타모리 신학의 일본적 맥락에 주목하면서도 동시에 기타모리가 일본의 군국주의 파시즘이나 아시아·태평양 전쟁을 찬성하거나 또는 이를 옹호하는 일본 기독교계의 전향에 동조했다고 보아서는 안 된다. 가사하라笠原芳光는 전시 기간 일본기독교단의 성립과 함께 나타난 이 시기의 '일본적 기독교'는 일본의 전통적인 정신, 사상, 종교와 기독교의 접합을 의미하는 사상의 총체이며 이를 '일본적 기독교', '일본 기독교', '일본신학', '기독교 일본', '재패니즈 이스라엘주의' 등으로 표현하여 기독교를 일본의 전통 사상과 관련시키거나 기독교를 일본의 정신 풍토에 토착시키고자 하는 의도, 넓게는 일본의 내셔널리즘과 관계된 문제라고 말한다.[18] 그리고 실제로 1930년대 일본 신학자들이나 목사들이 일본적 기독교라는 이름으로 기독교의 정신과 일본 천황, 황실, 국체, 일본 정신 등을 연결하고 옹호했다. 하지만 기타모리는 1943년 이런 일본 기독교를 비판한다. 아직 일본 기독교가 이름을 붙일 만큼 스스로의 특징과 실력을 지니지 못했다고 에둘러 비판한다. 그러나 기타모리도 제1계명과 천황제 국체의 문제에 대해서는 명쾌하게 답하지 않았다는 비판을 받는다.[19] 기타모리의 '아픔의 신학'도 이런 자신의 신학적 입장의 연속선상에 있는 것이 아닌가 생각된다.

---

18) 하라 마코토原誠, 『전시 하 일본 기독교사: 국가를 넘어서지 못한 일본 프로테스탄트 교회』, 서정민 역 (서울: 한들출판사, 2009), 59-60.
19) 하라 마코토, 『전시 하 일본 기독교사』, 74-75.

이와 같은 기타모리의 사유전개 과정에서 가장 큰 문제는 변화의 단위에 있다. 그리스-로마, 게르만, 일본으로 넘어가는 일련의 과정에서 그는 '나라 사람들'(国人)이라는 다소 애매해 보이는 표현을 사용하는데, 아마도 민족이나 국민이라는 말로는 과거의 사례를 포괄하기 어렵기 때문인 것 같다. 그러나 그 주장의 내용을 다소 거칠게 말하면 민족성 또는 국민성, 그보다 더 넓게 말하면 일종의 문화적 특성을 가리키는 것이다. 하나의 정치, 경제, 문화적 공동체를 이루는 사람들에게 있는 문화적인 특징이 신학적 발전을 규정하고 가능하게 한다는 주장인데, 동의하기 어렵다. 그러나 반대로 20세기는 흔히 이런 주장이 통용되던 시기이기도 하다. 그리 오래 전이 아니라도 촛대가 움직여서 복음이 서진한다는 이런 종류의 주장이 통속적인 수준에서는 흔히 행해졌다.

흥미로운 것은 다나베 하지메의 패전 후 활동이다. 1945년 가을 다나베 하지메는 『참회도의 철학』을 발표한다. 다나베는 서문에서 "참회란 내가 행한 잘못을 뉘우치고, 저질러진 악의 죄, 그 무엇으로도 갚을 수 없는 죄를 자신의 온몸으로 끌어안아 괴로워하며, 스스로의 무력과 무능을 부끄러워하면서 절망적으로 자신을 버리는 것"이라고 말한다. 이런 행위는 나를 부정하는 것이라 타자가 행하는 타력에 의한 행위이며, 타력이 시키는 대로 몸을 맡겨 참회를 행하고, 타력을 신뢰하면서 스스로 전환부활하는 것을 참회도라고 말한다.[20] 이는 그리스도교가 말하는 '메타노이아'에

---

20) 다나베 하지메, 『참회도의 철학: 정토진종과 타력철학의 길』, 후지타 마사카

대한 일본적 해석이다. 실제 본문에서 '메타노이아'에 대해 상세히 논한다. 그러나 그는 그 사상적 기반으로 정토진종의 신란에게 의지한다. 패전 직후 일본에서는 한때 1억 총참회를 외치는 움직임까지 나왔다고 하는데. 다나베의 '참회도'와 기타모리의 '아픔의 신학'은 꽤나 비슷하다. 이 둘은 같은 시기에 서로 다른 곳에서 집필되어 세상에 나왔지만 말이다.

기타모리의 신학과 교토학파의 연관성을 간과하면 안 되는 이유는 기타모리 신학이 위치하고 있는 지점을 잘 보여주기 때문이다. 기타모리의 신학은 당시 일본의 주류철학에 근거하고, 주류철학의 움직임에 기대서 전개되고 있다. 그의 신학은 독일 철학과 독일 신학을 직접 흡수하고 이를 번역해서 소화해낸 일본의 철학계와 종교학계에 기대면서 동시에 자신이 스스로 독일 신학을 직접적으로 소화하고 흡수하여 개척해낸 그의 독창적인 번역신학이다. 이 점을 간과하면 기타모리의 신학을 핵심을 놓칠 수 있다.

전쟁에 대해 기타모리는 어떻게 인식하고 있는가? 보통 사람들이 이 책을 보고 기대하는 바와 달리 『하나님의 아픔의 신학』이 전쟁에 대해 직접적으로 언급하는 구절은 몇 되지 않는다. 하나는 이토 다케오의 수기를 인용하는 부분으로 전쟁 중에 죽음이 임박해 있는 상황에서 죽음을 직면하고 죽은 자에게 나름의 경의를 표

츠 편, 김승철 역 (서울: 동연, 2016), 10.

하는 것을 통해 인간됨을 확인한다는 구절이다. 또 다른 하나는 역시 체험에 의거한 히비노 시로의 소설 한 구절로 야전병원에서 고통스럽게 죽어가는 군인의 모습을 그리스도에게 비견한 장면을 인용한다. 이런 소설이나 수기는 당시 전쟁을 찬양하던 일본 국내의 분위기 속에서 써진 것들이다.

기타모리가 직접 전쟁을 언급할 때, 그는 모든 시대에는 삶과 죽음이 얽히고 기쁨과 아픔도 얽혀 있는데, 오늘날은 가장 우세한 '죽음의 시대'이자 '아픔의 시대'라 말하면서, '인생 25년'이란 말로 전쟁의 참화가 수명을 절반으로 줄일 정도로 큰 영향을 미친다고 에둘러 표현한다. 그는 어디까지나 전쟁이란 말을 직접 꺼내기를 삼가고 51년판의 서문에서만 전쟁은 분열이라고 말할 따름이다. 이때는 한국전쟁이 한창 진행되고 있을 때였다.

전쟁을 단지 간접적으로만 언급한다는 것, 당사자의 입으로 전쟁이 언급되지 않는다는 건 이 책을 읽는 사람들에게 적지 않은 충격이다. 이 책을 소개받을 때 또 기대했던 바와 다르다. 물론 그것은 소개와 기대의 잘못이지 기타모리의 잘못은 아니다. 각자 자신이 생각하고 기대하던 것이 있었을 뿐이다.

기타모리는 아픔에서 시작한다. 죽음에서 시작한다. 즉 전쟁의 결과에서 시작한다. 물론 이 시대는 커다란 어두움과 아픔의 시대, 죽음의 시대이다. 그는 이런 아픔들 중에서 참된 아픔, 즉 관계에서 생겨나는 아픔에 대해 상술할 뿐이다. 그러나 이 모든 것은 어디에서 시작되었는가? 단지 기타모리는 아주 일반적으로 다음과 같이 말할 따름이다. "사람의 아픔은 죄에 대한 하나님의 진노의 현실이며, 하나님과 사람의 단절로부터 생겨난 결과다." 물론 이 해석은 전적으로 옳다. 하지만 이 해석은 모든 사람은 죄인이다라는 명제와 동일하다. 물론 그렇다. 그렇다면 이 해석은 우리가 삶에서 접하는 문제를 도대체 얼마나 더 해석하고 해결하게 해주는가?

세월호가 침몰되었을 때, 갑작스레 아픔과 고통에 대한 신학적 붐이 일었다. 결국 어떤 해결책이나 진전도 가져오지 못하고, 언제 그랬느냐는 듯 조용해졌다. 고작 할 수 있는 이야기는 '우는 사람과 함께 울라'는 공감의 메시지 정도였다. 그나마 다행스러운 것은 고통의 문제가 제기될 때마다 흔히 튀어나오는 '고통에는 뜻이 있다'든지 '고통이 결국은 유익하다'는 종류의 설명들이 전면에 나오지 못하고 비난을 받고 쑥 들어간 일이다. 차라리 한 발짝 더 나아간 것은 신학자나 목사들의 이야기가 아니라 오랫동안 미수습자로 있었던 한 여학생의 아버지가 쓴 "하나님은 제 마음 아실 거예요. 하나님도 제 아들 잃어보셨으니까"라는 글귀였다. 이것이 바로 기타모리의 메시지였다. 기타모리에 대한 관심이 이는 것도 당연했다.

그러나 신정론과 고통의 신학은 문제 앞에서 여전히 헤매고 있다. 왜 고통이 생기는가? 이 고통을 어떻게 해결할 것인가의 문제 앞에서 그냥 서성이고만 있다. 죄의 결과라는 이야기나 서로 돌보자는 한 마디 외에는. 실제로 고통의 신학은 기타모리에게서 크게 앞으로 나아간 것 같지 않다. 왜 그럴까? 어떤 문제를 해결해야 하는 것일까?

고통의 신학에서 빠져 있는 것은 고통 받는 자나 고통 받는 자의 목소리가 아니다. 고통 받는 자의 목소리는 고통의 신학 한 가운데에 있다. 그곳에서 그들은 하나님과 함께, 그리스도와 함께 있다. 고통의 발견, 고통 받는 자의 목소리가 그들의 출발점이기 때문이다. 그러나 여기서 시선을 돌려 고통을 주는 자, 즉 가해자의 문제, 가해자의 책임 문제로 시선을 돌리는 경우가 전혀 없지는 않지만 아주 드물다. 오히려 이렇게 말하기 십상이다. 모든 사람이 고통 받는 자이다. 누구나 고통을 받으면서 주고 있다. 즉 누구나 가해자이면서 피해자인 고통의 관계의 연쇄 속에 있다. 그러므로 누가 누구를 정죄하거나 비판하거나 판단하기에 앞서 서로 우리를 돌보자. 그리고 하나님이 이 고통을 통해서 우리를, 나를, 당신을 어떻게 성숙하게 만들지에 대해 생각하자. 고통으로 가득한 세상에서 고통이 주어진 상황 속에서 늘 생각하고 출발한다.

여기가 바로 기타모리의 출발점이었다. 기타모리가 바라본 아픔에는 두 가지가 섞여 있다. 하나님을 떠난 죄인인 인간이 받을 수밖에 없는 아픔과 당면한 전쟁이 일본인들에게 주는 아픔, 이 두 아픔은 정도와 강도와 피해가 비교할 수 없을 만큼 다르다. 전쟁이 가져다준 고통은 직접적이면서 자멸적이다. 전쟁이 없더라도 사람은 아픔과 고통 가운데서 살아가지만, 전쟁이 있으면 인간은 파멸의 고통을 느끼면서 부서져간다. 그런 전쟁이 끝난 후에, 그것도 패전으로 끝난 후라면 보통 사람들은 당연하게 수많은 질문을 던질 것이다. 이 전쟁은 왜 일어났는가? 이 전쟁은 누구의 책임인가? 이 전쟁에서 그렇게 많은 죽음과 아픔을 당한 것은 누구의 어떤 잘못이며, 나의 어떤 잘못인가? 그러나 패전한 일본은 바로 그런 질문을 던지지 않았다. 그들은 처음에는 극동국제군사재판, 즉 도쿄 전범재판에서 유죄판결을 받고 처형된 몇몇에게만 책임을 물었을 뿐이다. 그러나 곧 그들도 피해자로 변해갔다. 원자폭탄의 참화 속에서 모든 일본인들은 스스로 피해자로 자임했다. 일본인들끼리만 서로서로 공감하는 '공감의 공동체'가 형성되었다.[21] 일본인들은 이 전쟁에 궁극적 책임이 있는 히로히토 천황에게 전쟁 책임을 묻지 않았고, 미국도 그에게 책임을 묻지 않았기 때문에, 결국 아무에게도 책임을 물을 수 없는 무책임의 구조, 무책임의 순환 속으로 빨려 들어갔다. 그래서 그들은 역설적으로 패전을 인정하지 않았기에 패전으로부터 벗어나지 못하는 지경에 이르렀다.[22] 그리고 그들은 패전 이후 갑작스럽게 다시 생겨난 일본이라는 국민국가 속에서 스스로 피해자임을 자임했다. 그들이 한국, 중국, 대만, 동남아시아의 수많은 나라들에게 입힌 전쟁 책임도 곧 잊혀졌다. 전쟁의 책임을 인정하는 사람들이 없었던 것은 아니지만, 이런 사람들은 일본 국내에서 환영받지 못했다. 일본인들 대부분에게는 피해자 정서만 남아 있다. 그리고 바로 여기가 기타모리의 출발점이자 도착점이었다. 아마도 이 점이 기타모리의 신학이 그리스도인과 비그리스도인을 막론하고 많은 일본인들에게 환영받고 널리 읽힌 이유였을 것이다.

---

21) 사카이 나오키, 최정옥 역 『일본·영상·미국』(서울: 그린비, 2008).
22) 白井聰, 『永続敗戦論』(東京: 太田出版, 2013), 정선태 외 역 『영속패전론』 (서울: 이숲, 2017)

한국과 한국 기독교 역시 이 점에서 조금도 자유롭지 못하다. 한 국가 전체가 그리고 교회 전체가 피해자인 양하는 것도 마찬가지다. 한국은 식민지로부터의 독립에서 냉전에 의한 분단국가의 수립을 지나 동족상잔의 전쟁에 이르기까지 모두 피해자였다고 말하면서, 피해자 입장에 서 있다. 그러나 국가 전체가 그리고 구성원들이 모두 피해자인 것만은 아니었다. 모든 상황과 모든 국면에서 피해자이기만 한 것도 아니었다. 독립 후 국가를 수립하는 과정에서 곳곳에서 피를 흘렸다. 전쟁 중에도 전선이 아닌 후방 곳곳에서 보복의 살육이 있었다. 어처구니없는 부정과 부패로 사람들이 죽어가기도 했다. 거대한 악의 덩어리는 권력을 장악하고 구성하는 사람들 속으로 금세 파고들어갔고 이들을 장악해버렸다. 사람들은 한쪽으로는 피해자요 다른 한쪽으로는 가해자이면서, 서로가 서로에 대해 늑대가 되어 오직 생존만을 목적으로 하는 사회를 만들어 나갔다. 서북 지방에서 주류를 이루었고, 공산당과 좌파로부터 피해를 입으면서 시작한 해방 이후의 한국 개신교는 모든 것을 빼앗기고 월남한 사람들이 한 축을 이루면서, 스스로 피해자임을 자리매김하고 동시에 피해자로서의 권리를 주장하면서 성장하기 시작했다. 그리고 주류 개신교는 권력과 결탁하고, 반공냉전의 이데올로기 속에 사람들을 사로잡아갔다. 때로 국가가 폭력을 휘두를 때, 눈을 감거나 동조하거나 정당화하기도 했다. 발전과 성장의 과실을 함께 누리면서 환호했고, 베트남전 참전의 부당성과 폭력에는 눈을 감으며, 그 전쟁이 가져온 경제적 과실을 누리기에 바빴다. 권력과의 관계에서 꼭 필요한 긴장이나 국가폭력에 대한 비판은 극히 일부를 제외하면 없었고, 거대한 악에 대해 침묵했을 따름이다.

한국과 한국인 그리고 한국 기독교를 관통하는 피해자 정서는 일본과 일본인 그리고 일본 기독교가 가지는 피해자 정서와 그 맥을 같이한다. 특히 한일관계가 결부되면 한국과 한국인 그리고 한국 기독교는 매우 당당하게 피해자임을 자처하면서 피해자로서의 권리를 내세우며, 상대방 일본과 일본인 그리고 일본 기독교가 가해자라는 두드러지지 않는 힐난의 눈초리를 보내기도 한다. 그러면서 한국과 한국인 그리고 한국 기독교 역시 스스로 가해자라는 사실을 망각하고 외면한다. 이는 비단 한일관계 만의 문제가 아니고, 한국 기독교가 한국 사회 내에서 하는 행동들에서 흔히 발견되는 모습과 정서다. 이는 한국 기독교가 미묘하게 가지고 있는 우월감과도 연결된다. 피해자로서의 정당성에 한층 더하여, 급속한 성장을 통해 가지게 된 부와 권력을 다른 한 손에 움켜쥐고, 때론 당당하게 권력과 돈과도 결탁하면서, 심지어 가해자의 편이 되어 가해자를 옹호하는 지경에 이르기까지 한다. 이때도 그 정당성은 출발점에서 입은 피해나 고난에서 가져온다.

한편으로 피해자연하고 있지만, 어느 순간에 너무나 큰 가해자인 자신의 모순적 존재를 자각하면서, 이를 아픔으로 승화시켜 상처입은 자를 감싸안고 보살피는 제자도로 승화되지 못하면, 자신은 물론 다른 가해자들과 한편이 되어, 피해상황, 고난의 현장을 덮어버리고 아무 일도 없는 듯 행동하거나 때론 피해자들을 비난하는 지경에 이르게 된다. 가해, 즉 죄에 대한 자각 없는 용서와 화해가 너무 쉽게 남발된다.

신학적 통찰이 더 요구되는 곳은 고통의 현장, 고통받은 자의 자리만은 아니고, 가해의 현장 즉 범죄의 현장, 가장 은밀한 그 자리일지도 모른다. 죄의 원인을 지나치게 단순화시켜서 곧바로 회개로 이끌어가기 이전에 범죄가 발생하는 구체적인 구조와 과정을 고통스럽고 욕지기가 나더라도 살피고 또 살펴서 그 과정에 관계된 모든 어두움이 드러나도록 죄를 파헤치는 일, 죄를 신학적으로 성찰하는 일이 더 절실하다. 사람이 죄를 벗어날 수 없다고 해도, 적어도 어떤 죄가 어디서 발생하고, 이를 사회적으로 정치적으로 할 수 있는 데까지는 통제하려는 노력이 필요하다.

고통의 신학이, 아픔의 신학이, 신정론이 오늘날 더 큰 의미를 가지려면 고통의 원인에 대한 더 섬세하고 더 현실적인 분석이 필요하다. 가난은 왜 생겨나는가? 전쟁의 아픔 및 테러의 공포는 왜 생겨나는가? 고통당한 이후에 서로 울며 위로하기에 앞서서, 이 고통을 없애지는 못할지라도 조금이라도 줄이고, 막을 수 있는 건 막을 방법에 대해서 생각해야 한다. 비록 그 노력이 막대하고, 성과는 아주 적을지라도, 그러나 그런 노력으로 단 한 사람이라도 위안을 얻는다면 무가치한 일이 아닐 것이다. 멈추어 선 그 자리에서 한 걸음 더 나가고, 출발한 그곳에서 더 앞에 있는 출발점을 돌아보아야 한다.

완전히 우연이라고 생각하지만, 박근혜가 파면당해서 전 대통령이자 일반 시민으로 되돌아가던 날, 세월호는 3년 만에 물위로

올라왔다. 박근혜가 구속되어 구치소로 가던 날, 세월호는 뭍으로 올라와서 목포신항에 놓였다. 새 대통령을 뽑으려고 할 즈음, 한 사람, 한 사람 유골로나마 돌아오기 시작했다. 모든 정의가 회복되지 않더라도 한 발짝, 한 발짝 앞으로 나아갈 때, 그때 비로소 아픔의 치유도 일어난다. 정의가 회복된다고 아픔이 모두 치유되는 것은 아니지만, 정의의 회복 없이 공감과 돌봄으로 이루어지는 아픔의 치유 역시 공허할 뿐이다.

하나님의 아픔의 신학

Copyright ⓒ 새물결플러스 2017

1쇄 발행 2017년 8월 31일
3쇄 발행 2023년 2월 15일

지은이 기타모리 가조
옮긴이 이원재
펴낸이 김요한
펴낸곳 새물결플러스

편 집 왕희광 정인철 노재현 이형일 나유영 노동래
디자인 박인미 황진주
마케팅 박성민 이원혁
총 무 김명화 이성순
영 상 최정호 곽상원
아카데미 차상희

홈페이지 www.holywaveplus.com
이메일 hwpbooks@hwpbooks.com
출판등록 2008년 8월 21일 제2008-24호
주 소 (우) 04118 서울시 마포구 마포대로19길 33
전 화 02) 2652-3161
팩 스 02) 2652-3191

ISBN 979-11-6129-032-4 93230

책값은 뒤표지에 있습니다.